Miteinander reden 3

Das "Innere Team" und situationsgerechte Kommunikation

Kommunikation, Person, Situation

談話聖經

符合情境的溝通術

我與內心團隊的溝通心理學

Friedemann Schulz von Thun

費德曼・舒茲・馮・圖恩——著

彭意梅——譯

目錄

前言 007
序 我如何「正確地」與人溝通？ 009
第1章 內心團隊模型導論 019
1.1 兩個靈魂，啊！內心的多重性無所不在 020
1.2 內心團隊的成員是誰？ 029
1.3 內心的多重性和現代生活 047
1.4 內心團隊模型的先驅和路標 050
1.5 工作團隊和心靈團隊：兩者之間平行對應點的假設 067
第2章 由領導人在內心領導 071
2.1 領導人的本質和任務 072
2.2 內心意見紛雜多歧時，對外建立聯繫的方法 076
2.3 和自己協調一致：團隊會議和內心議會會議 090
2.4 合作式的自我領導 114

2.5 基本譬喻的轉變 121
2.6 所有人都有「多重人格」甚至「精神分裂」？ 123

第3章 內心的團隊衝突和衝突管理 129
3.1 對接觸和溝通所產生的後果 131
3.2 處理內心的團隊衝突 158
3.3 內心的衝突性：人類的宿命 170
3.4 跟內心的敵對者打交道 186

第4章 內心團隊模型觀點下人格的建構和動力 199
4.1 內心舞台上的劇團 200
4.2 基本演員和主要演員，以及他們被隱藏起來的對手 203
4.3「整治一新」或性格相反者的災難 215
4.4 驅逐的第一個階段 225
4.5 驅逐的第二個階段 233
4.6 驅逐的第三個階段 247

4.7 內心團隊的發展處於內心和諧和外在能力的緊張關係中　252

第5章　內心團隊的陣容變化　255

5.1「像是換了一個人似的！」日常生活中的變換　257
5.2 因人而異的基本陣容　265
5.3 依照主題編組球隊陣容　286

第6章　內心團隊和情境內容　299

6.1 溝通情況與情境吻合　300
6.2 人際情境中的真理和邏輯：一個模型　307
6.3 情境受制於系統間的相互關係　316
6.4 針對某些特定情境的錯誤陣容　320
6.5 和諧一致的理想狀態：一個四格公式　335
6.6 雙重觀察方向的溝通諮商　351

參考書目　361

前言

常常，只有經年累月的沁透，
才會呈現盡善盡美的樣貌。
——歌德《浮士德》，劇院的序曲

本書真的經過多年的「沁透」：特別是內心團隊的模型長時間來（一九九一至一九九八）縈繞我心頭，無論在心理輔導、研究、教學、學術論文、文學作品裡，還是在私人生活和工作上，不曾須臾稍離。不久它就成了成人教育心理學裡一提到就讓人豎直耳朵傾聽的專題。現在，所有這些知識之樹結的果實被採集下來，井然有序地擺在籃子裡，無論如何都值得為此舉辦一次感恩收穫的慶典。但是樣貌使否盡善盡美？作者內心團隊裡的完美主義者一直憂心忡忡——他現在必須安靜下來，要不然沒有一篇文章能公諸於世。

文章是一回事，本書裡的圖片也扮演了一個重要角色。歌德說，我們的胸膛間住了不同的靈魂啊！我把他字面上的意思當真，把這些靈魂畫進書裡，用這個方式明顯具象地表現內心舞台上演的心事。「溝通」包含人際之間和個人內心當中兩個不同面向；我試圖在這裡將這兩個面向做一個整體的呈現。雖然這裡大部分只能用縮小的黑白版本，我希望讀者至少跟參加演講的聽眾一樣高興看到薇蕾娜・哈爾斯（Verena Hars）的插圖。我在一系列的大學演講課程後，因為學期報告而發現了薇蕾娜・哈爾斯：雖然她不是職業畫家，但是她的插圖比我的插圖要來得美麗又有表現力。從此以後四年多的時間裡，我們至少聚在一起五十次，討論如何將這個或那個情況以「內心戲」表達出來。

這一集與前一集密切相關，書裡可以看到許多參照，不過你也可以顛倒順序，從這集開始讀起，並不會有太多理解上的困難。因為溝通心理學的模式是互補關係，不是線性排列的關係。

這裡要感謝所有那些曾出力促成這本書的人：卡琳・凡德・拉安（Karin van der Laan）幾星期前在艾雪德（Eschede）不幸喪生，她留給我的是基本想法，她的部分智慧遺產保留在這裡。貝緹娜・格拉斯（Bettina Glaß）就像跟前一集一樣製作了內容索引。陸茲・葛雷偉（Lutz Greve）、瑪爾吉特・萊斯（Margit Leiß）、薇布珂・史德格曼（Wibke Stegemann），特別是寶拉・維德（Paula Weldt），他們都很專業地參與了原稿編輯的工作。賀嘉・哈爾德（Helga Harder）繁花似錦又安寧的鄉村宅第激發了靈感。拉麗莎・斯迪爾林（Larissa Stierlin）、蘿絲薇塔・史托拉特曼（Rohwitha Stratmann）和英格麗特・舒茲・馮・圖恩（Ingrid Schulz von Thun）也在內容和風格上貢獻了一些寶貴建議。最後那一位無論如何都會得到我的感謝，理由大家都應該知道，作家一直需要家人許多體諒。

一九九八年七月於漢堡

序

我如何「正確地」與人溝通？

「舒茲．馮．圖恩先生現在要告訴我們應該如何正確地與人溝通！」一位北德小城的市長用這句話結束他的前言，然後把演講台空出來給我。台下聚集了不同政府部門的主管和他們的副手，他們把一天的時間留給「溝通」這個主題。

啊，原來如此？市長一語中說出他們的期待？還是語帶詼諧，有一點事實，又有一點諷刺？

有些《談話聖經》前一集的讀者也是抱著尋找智者之石的心態，不過他們並沒有得到一塊包裝合手的石頭，反而被邀請去研究幾百頁的「石頭學」：人與人面對面接觸時到底（同時）發生了什麼事？當「人際關係互動時」，我們必須考慮到什麼？

每一句說出來的話就好像和弦，「四個音調」用上泛音和下泛音（事實、自我宣稱、關係、訴求）來表現。為了聽這個和弦，必須有意識地運用「四個耳朵」，才有可能理解在這四個面向交互作用影響下的談話和爭論，追溯可能干擾的起點，必要時透過熟悉的後設溝通來澄清。除了提高敏感度以外，還有一個可能性，就是練習有效運用自己的四張嘴和四隻耳朵。

但是每個人的「溝通基本裝備」：身軀以及運用嘴巴和耳朵的能力都非常不同。因此有必要把發展溝通和社交能力當成一件很個人且深刻感人的事來看待，任何一種形式的「標準培訓」都會失敗，或者只能粗淺地改善表面談吐。唯有藉著價值觀和發展方塊的幫助，我們才有可能在結合「溝通的美德教育」下決定自己發展的方向，並朝目標前進。

到目前為止，一切都還沒什麼問題。智者之石必須在每位讀者的手裡，以各種不同且獨一無二的形式重新生成。它在你的手裡，它也屬於那裡。舒茲．馮．圖恩先生不會告訴我們該如何正確地與人溝通。他自己知道的常常也不足，或是他所知道的他也做不到。

自從維克多．弗蘭克（Victor Frankl）發現，直覺不能再告訴人們**必須**做什麼；傳統也幾乎不能告訴我們**應該**做什麼。自從我們被解放，並被判定可以根據「自己」（這又是什麼意思呢？）的標準來主導我們的意志和行動後，我們就獨自站在一個巨大的工程前面：**我如何與人「正確地」溝通並舉止得體呢？**

這一集的《談話聖經》就是要致力於這個工程；不是要提供一個解答，而是設計出一個指南，讓讀者自己去尋找答案。

生活實踐者針對「正確」行為提出來的問題不會是抽象的，通常總是針對具體的情境。例如，一位男同學徵詢一個勤勞的女同學是否能影印她已經整理好的資料。她樂於助人並願意表達同學間互助的情誼，但是她願意「就這麼簡單地」與他人分享她的作業成果嗎？

她該說什麼？又該怎麼說？德國聯邦總統為了悼念一九三八年在德國發生的迫害猶太人暴行，而要發表一場演說時，他應該談論哪些內容？他要如何傳達？當（男性）學員在一場培訓活動中用輕蔑的評論（全都是老套！）讓女性銷售講師感受到他們的不屑時，她該如何反應？當高度敏感的員工又一次沒有及時完成特定工作，但是這位員工的創意對整個部門非常重要，憤怒的老闆該如何與他溝通？一個父親認為家長懇談會的安排不如己意，他該如何「正確地」溝通？前夫的女友打電話向離婚的妻子述說感情上的困擾，這位妻子要如何反應？

這些只是從實際情況中選出來的一小部分例子，它們將在後續章節中把學習內容具體化。討論的主題會圍繞著正確的**內容**和適當的**方式**。溝通顧問知道所有這些問題的答案嗎？不，如果他是一個好顧問，他不知道這些答案。但是他知道如何取得這些答案，如何把這些答案「挖出來」。我就是想把這樣的溝通顧問送給你，讓你在日常生活中運用，當作精神和心理上的伴侶，陪你度過職業生涯和私人生活。

我的搜尋指南針指出兩個方向，這跟我對良好溝通的標準有關。對我來說，一個適當的（優質的，正確的）溝通，其中心最高標準是達到一致性的理想狀況。在前一集裡我把這個概念暫時定義為**既與自己也與情境特性契合的雙向一致**，我在這裡要重拾這個想法，並加以修訂完善。這個定義包含一個工作過程和一個反省過程，並且要遵循兩個軌跡。一個軌跡指向外面，找尋外在情境的相互關係：哪些是外在情境的組成分子，它們彼此如何關聯？有哪些規定和要求隱含在裡面，才能使溝通「符合情境的要求」？

另一個軌跡指向內心，尋找溝通主體內心因子的相互關係：誰在心裡舉手發言，想讓自己發揮作用？用什麼措辭可以「跟自己契合一致」？哪些內心的信念和要求會發聲，期望被尊重，達到「自然真實的」溝通？

自然真實和符合情境要求就是第一個能貼切表達一致性這個定義的字眼：我們最完美的理想溝通狀況就處在這兩端的互補和緊張關係之間。

有兩樣東西能一直震撼哲學家康德，讓他不斷重新思考，就是「我頭上繁星密布的天空和我心裡的道德規範」。溝通心理學家的兩樣東西毫無詩意，卻一點也不遜色：圍繞在我周遭的系統性關係網絡，以及內心世界裡心靈的認同與敵對。身為溝通和行動主體的我們嘗試去滿足這兩種結構的需要，希望所言所行都能「與自己契合一致」，希望能「站在自己這邊」，要不然就違背了自己。這個原則不僅僅只包含了單純的內心情感和外在態度的一致——這只是瞬間的真實表現（如果心裡感到憤怒就不願親切地微笑）。這個原則涵蓋的範圍更廣，這是一個跟我之所以是我的本質以及我存在所深為關心的事契合一致的要求。我暫時還不知道有什麼比「符合身分認同」更好的字眼：溝通不只應該自然真實符合本性，還要符合身分認同。說確切一點是**一直要**符合，因為這是個不斷尋找與發展的過程。

第二點：不論說什麼和做什麼，我都希望能契合參與情境的內容。如果不能切中情境的內容和裡面扮演的角色，即使我也許完全（就片刻情境而言）真實，但還是「失敗了」。因為我擾亂了情境中彼此關聯裡有條理且有意義的形式，情境創造出這個形式，並要求參與者遵守。就好像具體瞬間表現出來的真實本性有個深遠的個人存在背景。具體的情境也出現在較複雜的關連性中，情境的形成及意義也大都要歸功於這個關係背景。我們提到的女性行銷講師從男姓學員那裡「得到」輕蔑的評論，她必須克服這個具體的情境。這個情境本身在這裡或在其他任何地方都有個系統性的背景，必須先探聽清楚，例如：這個活動的歷史為何？為什麼偏偏是她要跟這個團隊討論這個主題？誰是委託這個工作的人，誰支付費用？這些學員到底為什麼坐在那裡等等。所有這些問題協助我們了解整個系統，是我們在詢問什麼是「正確的」行為時必須考慮的地方（參考第316頁及其後）。

我們會對講師做如下建議：身為系統中一部分的妳，如果想讓整體成功，妳的溝通方式不僅要「滿足情境的要求」，還要更廣義地「滿足一個系統的要求」。

我們把到目前為止的想法用一張圖表示（圖一）。

這個概念需要兩個認知：一方面是對「內心人物」的認知，另一方面是要了解受系統牽制的情境，它的本質特色及其邏輯；然後才能將兩種認知有意義地銜接起來。兩個思想派別在這裡要盡棄前嫌互相結合在一起：

人文主義思想（以獨立自主和實現自我的人格為理想）以及

系統論思想（認為人類的身分認同來自於把自己視為整體的一部分）。

與此相關的「雙重」倫理有兩項責任：使個人隸屬的整體成功，也使個人自己這個整體成功！這個雙重職責不應該（只）用艱難費心的妥協來兌現，而是讓一個責任在執行另一

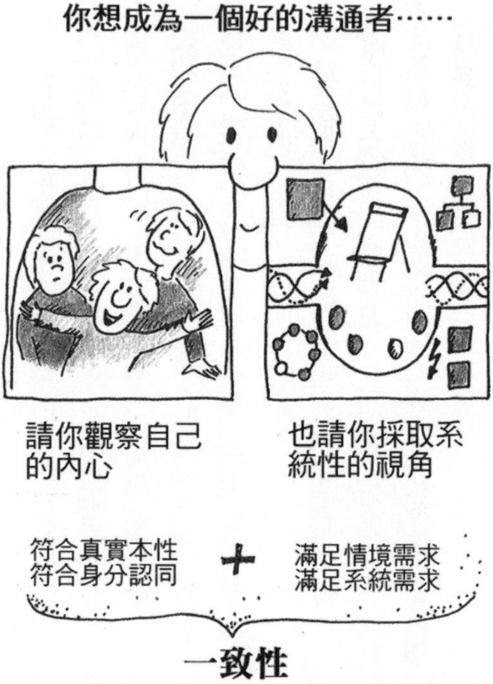

圖1：一個良好（=一致）理想的溝通在於跟自己以及跟（受系統影響）的情境內容雙方面契合一致。

個責任時一起實現。「自我實現」和「奉獻投入」不是對立的，而是彼此互相牽引和互相支援，達到這樣的境界才是一個成功的個人。在一個不容易掌握全貌的世界裡，這不是一個很簡單的生活模式，但是如果我們期待理想的溝通，設計中就不能缺少規範倫理的指南針。

這本書的架構是先編寫圖一的左半邊，然後再編寫右半邊。但是在左半部的編寫上遇到一個小小的周折。契合一致的第一部分「和自己契合一致」

經事實證明是個廣泛的領域，**因為人和自己不是一條心的**！

每一個實際情況中的問題，從細小的溝通問題（我如何跟同學啟齒？）到與個人存在相關的基本決定（我的生命裡到底什麼才是真正重要的？），內心裡都有各式各樣相互矛盾的聲音，而這些內在聲音的發聲者有一部分是急於有所作為的傢伙，對外（充當發言人和行動者），對內（充當情緒煽動者和內心自我對話的參與者）。所以，想要尋求與自己契合一致的「我」經證明是個多重的組合體，**內心的多重性**是人類的本質。

這樣也是好的，但是在我們運用和享受「內心團隊」的優點之前，我們還要先克服吵成一團的困境。人類心靈具有令人著迷的內在團體動力，而那裡的情況跟現實團體和團隊的情況驚人地雷同，就是這兩個認知和發現，讓我選擇了「內心團隊」這個譬喻做為我對人的基本看法和溝通心理學上諮商的基礎。

現在來了一個重要的問題：一個從來不跟自己是一條心的人，這樣一個多樣的人如何能克服自己，對外明白有力地溝通，對內又能和自己處於和諧一致？研究這個複雜的主題，也就是跟圖一左半部相關的內容，讓我獲得許多新知，所以內心團隊在這本書裡也會占有一大篇幅。

內心團隊對溝通心裡學上的重要意義也是從下面的情況中產生的：解讀**外在表達**能使用方便好用的模型「訊息方塊」；但是我們對**內在反應**沒有相等的模型，雖然長久以來**自我澄清**是澄清方法的一個關鍵概念。[1] 內心團隊的模型概念彌補了這個缺口（圖一二），在熟練的應用下能幫助我們達到自我澄清的目標，也可以應用在（受角色衝突影響）專業情況中；一

圖 2：用訊息方塊和內心團隊來闡明「外在表達」和「內在反應」的模型概念

般而言，心理學的門外漢也可以用這個模型很快地分析情況。

本書章節內涵括了六個從內心團隊概念衍生出來的理論：

1. **人心內在的多重性**：我們內心裡有許多占有一席地位和聲音的人，他們共同合作，互相對抗或是毫無條理地工作，就跟一般正常的團隊一樣（第一章圖三 a）。但誰是那個主持大局，即使有內心的「我們」，還是能確保有一個維持一致、符合本性的「我」？這個問題帶領我們進入下一章。

2. 由領導人，也就是內心團隊的「隊長」**在內心領導**。他的任務在於創造出協同效應，將內心吵吵鬧鬧的議會變成一個真正的團隊（第二章圖三）。如果有嚴重的衝突（內心的團隊衝突），就必須由領導人出面解決。

3. **內心的衝突管理**：內心團隊的衝突雖然無可避免，而且對生存有其必要，但也是必須認清和解決（第三章圖三）。

4. 在內心團隊模型透視下**解析人格的結構**：在內心

的心靈舞台上不是所有團隊成員都有相同的表演機會，有些在舞台前面表演，有些在布幕後面工作（第三章圖三）。從團隊的觀點和內部運作和諧的角度來看，把個別表演者驅逐到後台或掩藏起來極有可能會帶來負面效果；所以這一章除了介紹三個階段的驅逐理論外，還有透過納入「內心的局外人」來促進「內心團隊發展的」想法。雖然我們的人格決定了內心成員典型的基本部署，但這只是真相的一半，另外一半的真相是：

5. **內心成員部署**的變化視情境、溝通對象和當時的環境而定。就像一個好的足球教練會根據戰術情況變換球隊的部署，更換球員，變化進攻組合。所以我們是帶著非常不同的「內心團隊部署名單」踏入人生的球場（第五章圖三）。這些部署是突發且自然而然產生的，球場跟內心陣容的比方在這裡不是很貼切，為了改善它，我們需要一個球場理論和比方理論：

6. **情境內容**和符合情境的內心成員陣容。在這裡我們又回到了圖一（第14頁）的出發點，將圓圈合起來了。與情境理論結合後，發展出「一致性」的構想，並歸結到一個有「雙重觀察方向」的諮商藝術裡，也可以當作日常自我輔導的方法（第六章圖三）。

急著想解決現實問題的讀者可以在讀完第一和第二章之後，直接跳到第六章，把第三、四、五章留在日後閒暇時閱讀，因為這些章節裡面有和自己打交道的相關問題，所以對溝通理論而言，還是不能放棄的部分。杜爾克海姆（Graf Dürkheim）說得好：「人有兩項任務：用行動改造世界，在內心的道路上成熟。」在人與人之間的溝通裡兩者互相關聯。

1 參考Thomann, C., und Schulz von Thun, F.: Klärungshilfe 1. Handbuch für Therapeuten, Gesprächshelfer und Moderatoren in schwierigen Gesprächen. Reinbek 1988ff 第121頁及其後。

就既好且正確的溝通而言，我們是否向智者之石又跨近了一步呢？我看來是的，但是，再一次，又有一點工作在等著你：在書中，更多是在生活裡。我希望這本書帶給你樂趣，沒有樂趣的地方自有它的意義！

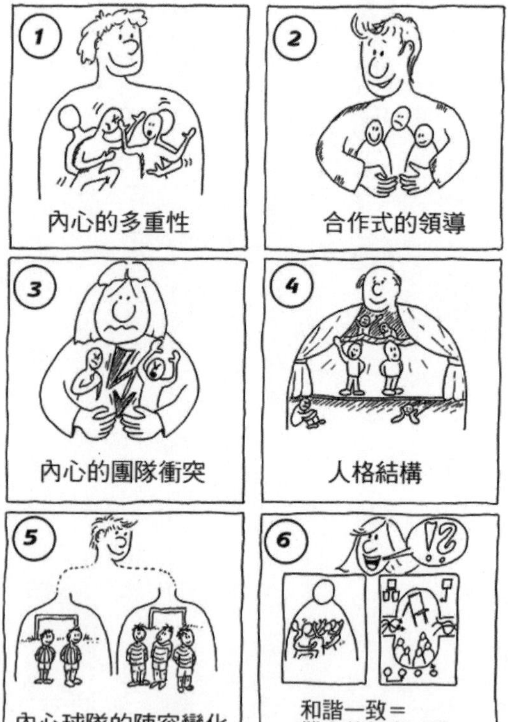

圖 3：內心團隊的六個理論，同時也是接下來六章的主題

第1章 內心團隊模型導論

1.1 兩個靈魂，啊！內心的多重性無所不在

首先，我在這裡講的不是什麼新東西，每個人應該都熟悉：我們內心對一個人、一件事、一個待做的決定，反應都不一致也不明朗，而且混雜、模糊、形形色色、左右搖擺、舉棋不定。但是過去幾年我對內心的多重性極為著迷，並且發現它對我們的生命具有越來越多的意義。許多人並不太注意內心的多重性，對講求效率的生活方式來說，多重性常常是直線道路上煩人的障礙物，有時候也會折磨人，在內心產生拉鋸戰，最後甚至可以讓人完全癱瘓，沒有決定的能力。研究內心的多重性不是件愉快的事，如果發現內心有兩股往相反方向流動的思潮，有些人會覺得自己可能有點問題。但是，當我們一旦認清這個現象並不是例外，而是人性常態，至少有「兩個靈魂（通常更多）住在我們的胸臆」，如果能看清由此產生的「內心團體動力」，加上組織內心團隊的能力，將會是力量和明朗的一大泉源，那就值得進一步研究。特別是作家和心理治療師在這條路上已經往前走了一大段路。我現在邀請你來領會這知識，將它系統化、繼續發展，並且與人際溝通理論結合，讓它在工作與私人生活上也能發揮功用！

女學生的範例

在正式進入導論前，我們先講一個小範例。

「我可以借妳的課堂筆記影印嗎？還是妳也許有其他的備考資料？」一個男學生問一位女學生。他常常沒來上課，但是他知道這位女學生的學習態度非常可靠也很勤勞，習慣做詳盡的筆記。

也許被問的人屬於心直口快的那一型，立即同意：「當然，你可以拿去！」心裡頭卻要面對反對的聲音，那個聲音罵道：「那個寄生蟲就不能自己勤奮點嗎？他從來沒有幫過**我**！這隻懶惰蟲日子過得悠哉，卻讓我做牛做馬！我這個笨蛋居然每次都很有禮貌地跟他說『好』！」

也許她立即拒絕：「不行，這是個人筆記，我不喜歡借出去。而且筆記要自己整理過，就算借給你也幫助不大。」也許到了晚上良心就遭到譴責：「我是不是非常不友善也不幫助同學？我覺得自己好像學霸，不准人家抄我的，只為了讓自己的成績比別人好。」

兩種情況裡都住了「兩個靈魂，啊！在他們的胸臆」（圖四），而且兩個靈魂在兩種情況裡面都相繼發生了作用。

他們「清醒」的速度不同，「上台」的時間也錯開。但是也可能會出現兩個靈魂**同時**起作用的情況：也許女學生沒有馬上回答，而是皺起眉頭，眼光朝下看著地上，並且用「嗯……好……」，「嗯」，「可能可以」，「我得看看所有筆記還在不在」，「大部分的筆記都只是鬼畫符」。或者她**說**的是一回事，表情和聲調卻**證明**是另一回事：這種所謂的「不和諧」或「不一致」的外在行為具有令人混淆的雙面信息。如果我們弄清楚這種反應是「兩個靈魂」造成的，他們每一個都努力表現自己並發揮作用，那我們就不會被搞糊塗。如果女學生

圖 4：女學生胸臆中的兩個靈魂

說：「好，沒問題！」但是語調毫無誠意，並且面帶陰沉拒絕的臉色，那表示她的一個靈魂得以在話語中實現自己，另外一個靈魂則表現在身體上（圖五）。

這樣的溝通不是最完美的辦法，但是跟欺騙（道德）和人格異常（病理學）沒有一點關係。我寧願說是反應尚未統整好，表現出所謂「雙面誠實」，透露出內在的衝突。

以下我會用「內心團隊成員」取代「靈魂」來標誌這些聲音的載體。因為最後的關鍵在於，是否而且如何能夠成功地讓最初相抗衡的

圖 5：不一致的雙面信息表露出內心的兩個對手

力量彼此合作，他們的「產品」將會比只用一個聲音發聲來得更有力和恰當。

這是這本書的一個基本想法，我們會繼續追隨這個想法。不過在這裡要先認識一下屬於內心團隊模型的工作技術。

工作技術：信息，姓名，圖像

每個團隊成員有一則**信息**，信息的正文當然不是從一開始的時候一直就有的，通常要先經過內心的考察才會做成「宣判」。也許這位女學生剛開始只感到一股衝動：「不要，我不認為有借他的必要！」之後才慢慢發現後面「隱藏」了什麼和**誰**隱藏在後面。信息經由自我審視產生，在溝通諮商的案例裡也會用澄清幫手透過引導來自我澄清（見 Thomann und Schulz von Thun）。人們大部分都非常有能力評估這些話語在內心的回響，信息的正文是否正確，或是必須如何修正。

一般來說，信息正文含有認知、情緒和動機的成分。用白話來說：它們是想法、感覺和需要。還有更多如價值觀、規範，以及對自己的命令。所以在胸裡畫一個「小信差」很合適。

當我們對信息有了一點認識後，可以給團隊成員取一個**名字**。在我們的例子裡有一個——對了，我們該如何稱呼她呢？——「樂於助人的人」？這個名稱有可能只是暫時的，視信息正文和內涵而定，最後可能會發現，她比較像一個膽小的配合者，就是不敢說出「不要」；或許也有可能會發現，那是兩個不同的成員，但是結成聯盟並異口同聲發表意見。另一個成員不喜歡被人利用，想讓自己的付出只為自己帶來利益：為避免措辭帶有道德口吻（自私），我們暫時把她稱為「為自己著想的人」。

在命名時，女學生自己當然要跟著一起做決定，她「知道他們的脾氣」，並且常常會遇到「舊識」。也許她會說：「在心裡我認識這個人，她總是馬上說『好，很樂意！』，一直想讓所有人滿意。我該如何叫這個成員呢？最好叫**好好小姐！**」澄清幫手可以跟著說上一兩句話，特別是當他覺得建議的名字並不完全符合信息的特性。常常會出現貼切、非常獨特且有趣的名字（愛發脾氣的跛腳爺爺、八卦姨媽、早熟博士）。或者有人對某個系統很熟悉，例如希臘神話，他就會想到譬如我心中的普羅米修斯，或是出自文學：聖杯騎士帕西法爾、唐璜、無病呻吟。超越時空的好文學創造了許多人物和個性，完全能體現人性心靈的重要面向，是我們尋找內心舞台演員陣容的豐富寶庫。

象徵符號（圖像）也可以協助我們更準確地確定成員的本質內涵，例如用鞭子代表催命

圖 6a：每個內心團隊成員都有一個信息，也會得到一個名字。

圖 6b：女學生的內心團隊

鬼，法條記號代表我內心的法學家，想把所有的合約規定清楚並嚴格執行。把這些象徵符號畫進去，自由發明的符號也可以畫進去。當我們有了這些暫時的名字（以及／或者象徵符號），就可以再次仔細地探查信息。**名字和信息正文會互相牽引產生，直到擬定一個最終精確的內容為止。**女學生會被邀請到一個隔離的地方，徹底鑽進每一個分身的角色裡，然後以「我」的口吻說出每個分身想說的事。例如：「我覺得這個問題讓我得意，能幫助他讓我感到驕傲。」等等[2]。通常信息正文不會馬上可以付印，因為想法（和感覺！）一直要到說話的時候才完成（見 Kleist）。

2 當信息的產生「難產」時，溝通顧問可以扮演雙重角色或是使用其他的「助產技術」（Thomann und Schulz von Thun，自第76頁起）。

之後，女學生換一張椅子並融入第二個聲音。就這樣，她慢慢更清楚地認識到內心裡所有想發聲的成員。也許某個時刻她會發現：這還不是全部呢！其他的情緒波動也參了一腳，只是目前為止他們的聲音不大，或是悄然無聲，沒法跟那些又快又大聲的成員相比。

就我們的範例而言，她可能在內心裡遇到一個「輕微不舒服的情緒波動」，跟暴露自我有關，最後顯露在下面的話裡：「我的筆記裡有個人的想法和評論，也許不是很有深度和見解：而且我的筆跡有點幼稚。我這樣把自己攤在陽光下，他對我會有什麼看法？」

女學生現在必須決定哪個名字最適合這個有點害羞的聲音（隱私的捍衛者？形象警衛？）。

因為人類的靈魂就是被創造成這樣，內心的反對聲浪通常不會讓人久等，另外一個聲音很可能馬上就對前一個聲音高唱反調：「但這是小心眼！你有必要擔心留給別人的印象嗎？我們學生必須同心協力，不能讓體制分化我們！」

這位成員手舉著「學生團結」的大旗，跟樂於助人的人（或者說那個不會說不的人）結盟，聯合攻擊只為自己著想的人：「小氣、勢利、愛競爭，只想往上爬，就像那些在學校裡不讓人抄作業的人一樣！」

馬上就「熱鬧非凡」起來了，我們已經看見了內心團體事件最重要的特徵，這會讓我們忙上一陣子：

內心的多重性

圖 7：內心的多重性帶有分歧、爭執和猛烈的「內心團體動力」

內心的分歧性
內心的對話／爭執
內心的團體動力

不過一次短暫且無傷大雅的接觸，之後就這麼熱鬧了，而且我們還只考慮到參與談話的女方（圖七）。

這是第一眼看去能看到的：隱藏在人的內心，以及隱藏在這種觀察方式和工作方式裡的東西。因此我們暫時得到一個結論：內心裡面出現的多重聲音，不管內容如何，從許多角度來看都不一樣：

■有**早舉手的人**，也有**晚舉手的人**。早舉手的人馬上就到位，並對事件施展影響力。晚舉手的人有時候在幾個鐘頭後或是幾天後才報到，常常有不容駁回的強烈態度。

■有**大聲**與**小聲的人**。微弱的聲音通常只有在我們停下來，抽離忙碌的工作，暫時關掉整日的嘈雜，才能聽得見。

■有或多或少比較**受歡迎**和**不受歡迎的聲音**。不受歡迎的聲音讓我尷尬和不舒服；我無法忍受它，恨不得甩開它。但是接受自我的開端正是能歡迎這些「黑羊」。如果內心有一些成員不被接納，被判定要躲入心靈深處，內心的真實情況就只剩下一個**符合意識形態期待的片面的人**。我們派這個片面的人與其他人接觸，並且釋放他，讓他「面對人群」（也許連自己都沒發現）。那些不受歡迎的聲音去了哪裡呢？有一部分聲音會從後門回來，以身體的症狀「器官方言」（Adler）報到，我們會在第四章討論這個主題。

另一個暫時的結論：內心成員（大多）不是獨立地排排站，而是互有接觸，彼此交談，或是發展關係（內心團體動力）。視內心主要的**工作氣氛**，我們的感受或好或壞，力氣或是用在解決內心的關係，或可用於有力的行動上。內心團隊是發展的目標，而「吵成一團」常常是實際的出發點。

這是內心團隊概念的第一個導論，我們還會再回到女學生的例子上，因為還有一個問題有待解答：女學生如何在內心的騷動下「與自己契合一致」地做出反應？換句話來說：**在內心的多重性和分歧下，怎樣才能真實且明確地溝通？**

關鍵在於把不利變成有利。在期待解答之前，我建議多深入了解一點這裡的情況。因為解答奠基在深厚的認知與了解上，所以在答案揭曉前，請再多練習「忍受沒有答案」這門藝術！

1.2 內心團隊的成員是誰？

譬喻

也許你心裡已經有一大堆疑問，例如：他們的本質是什麼？真的有團隊成員嗎？他們如何進入人的心裡？又如何引人注意？如果這些聲音很煩，可以把他們甩掉嗎？到底一共有幾位成員？如果他們無法取得共識，我們該怎麼辦？也許你心裡也有些不滿，我課堂上的一位學生在學期報告裡寫道：「我不想讓人瞎說我心裡有綠色小矮人！」

請你有點耐心，但是我也想試著先給你第一個答案。實際上，真的沒「有」這些「小男人和小女人」，更不可能在我們的胸臆裡。因為事發地點在我們的大腦。我採用了一個譬喻，可以想像的圖像，好讓我們看見不明顯的心靈作用，並且能稍加掌握。譬喻是用一個已知事物的概念來描述陌生的東西，這個聯結把一束光投射在陌生的東西上，讓它變得清楚易懂。例子中「陌生的東西」是內心裡發生的事：也就是溝通和行動在內心裡的準備階段。我們用做譬喻的已知事物是工作團隊和團隊中的關係。一個譬喻是否恰當，取決於「比較基準點」（Tertium Comparationis），也就是兩件事物（在所有差異中）的共同特性在實際上包含了多少基本面向。在這個情況下，我們希望譬喻的闡明力量足以讓大家認識陌生事物的重要面向，並能在它們身上著力研究。我會描述如何找到這個譬喻（請參考第57頁及其後幾頁）。根據我做溝通輔導的經驗，人們對這個工作方法的反應是驚嘆（就是這樣！跟我內心的情形一模一樣！比我表達的更清楚！）和極大的興趣。在這個基礎上建構的步驟也證實對改善溝通情況、個人發展和「內心團隊發展」有很大的幫助。所以我認為這個譬喻大有可為，而且它的有效範圍在以下幾個章節裡也證實可以擴大。

就算人類大腦結構和作用方式的最新研究結果讓大家放棄靈魂是統合的想法，而接納了靈魂是許多「小靈魂」結盟的看法（見 Ornstein），內心團隊的模型還是一個譬喻。美國大腦研究學者歐恩斯坦在《多元心智》裡提到「人類心靈新模型」，他說：「有關大腦和心靈本性的新圖像已經開始發展，並逐漸被大家接受：有一群高度專業但是彼此分離的小『靈魂』一起被包裹在皮膚和腦殼裡。」在生理上，這些心靈的附屬系統符合小型到中型的神經網絡。不過我還是懷疑，用心理學上自我探索的方式所探查的內心團隊成員，是否有大腦生理學上的關聯。

本質

「胸臆中的靈魂」究竟「真正」在講什麼？不管怎麼說，他們是滿載能量的心靈單位，胸懷一件至為關心的事，在特定的誘因下會舉手報到，並在內心占有一席之地，他有話想說，或是想將行動的衝動付諸實踐，也就是「直接參與行動」。

心靈作用的參與者在心理學的文獻裡有不同的名稱：

——部分人格，或者被簡短稱為

——部分（R. C. Schwartz）

——聲音（Bach und Torbet）

——自我（H. Stone und S. Stone）

——（人格的）元素（Assagioli）

——內心的人（Orban）

其中一些作者真的假設（不是只借用譬喻的意義）這些心靈作用的參與者是「人」或是「人格」，具有各式各樣可變化的特性總體，並顯露各自的風格，就好像在「多重人格」上觀察到的情況一樣——講確切一點：在患有多重人格障礙的人身上。因為我們所有人都是多重人格（參考第123頁及其後幾頁）。

不管怎樣，我避免使用「部分人格」這個概念，因為「人格」一詞是保留給一個整體，這個整體使內心多樣性「協調一致」。相反的，「內心團隊成員」被設計具有相同的衝動模式；是心靈中力的平行四邊形裡一度空間的直線；代表**一個**心靈重要事件的各個部分；或是在內心團體動力中扮演**一個**特定角色。所以他們跟行為方式或感覺不具有相同的意義。假設一個孩子在陌生人來訪時，以引人注意的方式把自己藏起來。如果我們在內心團隊裡只發現一個「玩躲貓貓的人」，那我們的分析就會太膚淺了。要是再進一步觀察，更深一層感受，會發現有**兩個**內心團隊成員一起影響這個行為方式，並發明了一個有創意的妥協方式：一個成員是「害羞認生的小孩」，被介紹給人認識會感到尷尬和不舒服，希望爬進老鼠洞把自己隱形起來；另一個成員是「小水仙花」，希望被看見，盡可能成為注目的焦點。一個說：「我要隱形起來！」另一個說：「你們來找我！」

內心成員也很少與某些特定感覺一致。假設例子中的女學生猶豫不想借筆記給同學，又假設男同學不耐心地加上一句：「好啦，別這樣擺姿態啦！」我們假設女學生的反應十分憤怒。雖然在暫時初步的探究後可以說，她內心有一個「憤怒者」報到，但是「誰」是那個在她內心憤怒的人？誰是這個感覺的策動人[3]？這個策動人感覺到自主權受威脅，因為男同學不願尊重她的決定（自主權的捍衛者）？或者是一個維護榮譽感的人，拒絕接受男同學輕蔑的語氣？或是是兩者的合體？不管是誰躲在背後：在這裡感到憤怒的成員在其他情況下的反應可能是滿意、感動、喜悅，或是怒不可遏。

內部信息的創造者

如果我們用溝通心理學的觀點，將內心成員理解為內心信息的創造者，最能接近內心成員的本質，他們「耿耿於懷」以及表達出來的信息，正好具有我們熟悉用於人際溝通的方塊結構（《談話聖經1》）：

在「自我宣稱」那一面的內心成員表現出他們的身分認同（我是誰，我的立場是什麼？）和他們的心理狀態（我內心的感覺？）。

在「事實內容」那一面陳述一個特定世界觀，因為每個內心成員都以自己的方式看世

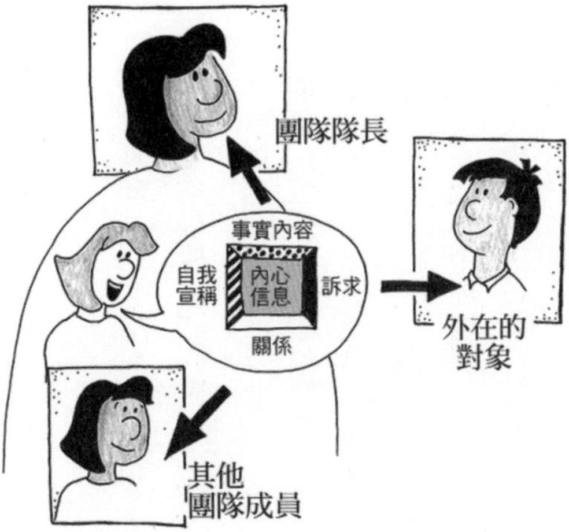

圖 8：內心信息的方塊結構和三個可能的信息接收者

界。

在「關係」那一面讓人看出他們跟接收者的關係及對接收者的看法。

在「訴求」那一面表現出他們想讓接收者做什麼。

但誰是接收者呢？內心信息的創作者可以向三個接收者發送信息：向隊長（參考第三章），或是向一個內心團隊隊員（通常是反對者），或是向外在的對象。

如果讀者中有人覺得這四個面向和三個接收者的區別太過複雜難以釐清，可以放心繼續讀下去：這個區別對於後續內容的意義不大。只有專業的澄清助手以助產士身分協助內心訊息「出生」時，必須將這些面向和變項記在腦中。

3 策動人有可能是男性或女性：有些人對內心中這部分或是那部分成員的性別有明確的想像。

但是這個想法至少還可以在一個例子上說明：我選擇女學生例子中內心團隊裡那個拒絕請求的成員（＝只為自己著想的人）：

自我宣稱：「這個筆記是我為自己整理出來的，我希望只有自己獲得這個努力的成果，要不然我覺得我被利用了！」

事實內容：「這裡不是在評比團結互助，而是以個人之間的競爭。不努力就沒有收穫：每個人的成績根據自己的表現！」

關係（三個可能的信息接受者）：

↓隊長：「你很能幹，我會幫你通過考試！」

↓樂於助人的人（內心的反對者）：「你一直想當親切友善的女孩，被所有人喜愛。但是在我眼中你懦弱、規避衝突！」

↓大學同學（外在的對象）：「你是個懶惰蟲，我不想幫你作弊！」

訴求（三個可能的信息接受者）：

↓隊長：「拒絕他，別把筆記給他！別受樂於助人的人蠱惑！」

↓樂於助人的人（內心的反對者）：「你克制一點！」

↓大學同學（外在的反對者）：「你自己埋頭苦讀吧！」

內勤與外務

內心團隊成員能發揮兩種功能，他們既有內勤也有外務，有一些成員也有可能比較擅長某些工作。在內勤方面，他們是自我對話（內心聲音）的參與者，是情緒、感覺、動機和想法的表達者；在外務方面，他們是生活戰場上的行動參與者，他們會成為代言人，在人際溝通上確定談話的基調，或是加入弦外之音（見圖九）。

關於內勤與外務的工作分配，我們將在第四章到第六章再深入探討。這裡還要先說明幾個內勤工作的觀點：我們使用「內心聲音」這個詞彙，並不表示有聽覺上的體驗，也不一定是語言上的表達（這常是在自我探索後才會得到的最後結果）。它們大多是以完全不同的方式出現：一種（說不出來，但是不好的）感覺、一個（不好的）情緒、一個（湧上心頭）的想法、一個（突然）想做什麼或不想做什麼的衝動、一個身體信號或是疾病（你的頭疼想告訴你什麼？）、一道對整個人下達的命令（趕快離開這裡！）。

有時候內心情緒激動的語言內容和意義即刻可派上用場，有時候必須花工夫才能發掘出來。也許在某件事情上我感到「胃部隆隆作響」，我查覺到並且沒有忽略掉它是件好事，但是我也應該查出它「說」什麼，和「它想跟我說什麼」。

有時候我們並不是從內心感受到這些衝動，而是從周遭人的臉上看到。當一個男人很舒

圖 9：內心團隊成員的雙重功能：內勤和外務

服地躺在沙發上，他太太走進房間時，她的眼光告訴他：「別無所事事，做點有意義的事！」但是如果他太太只是毫無惡意地看了一下，那就是他內心裡暗中埋伏的監工者從別人眼中讀到這段文字。當我們認出這是**自我投射**，就可以發現自己參與的痕跡。要不然，這個男人注定要將內心的掙扎搬到外面來：「不要這樣看我，我總可以休息個半小時，這個要求不過分吧！」她則報以友善的微笑：「你在自言自語嗎？」

當我們將常常是無聲但是有感的衝動信息用語言表達出來時，當我們把**內心激動宣告出來**時，我們就像一個口譯員，讓團隊成員間彼此的溝通以及和隊長的溝通更簡單。這個方式支持了人類天生就具備的傾向：**自我對話**的傾向。像是「然後我告訴自己」，或著「我試著讓自己明白」，「我連日來與自己討論來討論去」，這些句子證明**內心對話**是人類的本質特色，也證明一定有「內心的對話夥伴」存在。

環境的關聯性

內心成員的另外一個本質特色是，他們會針對不同的環境，或根據人、情況、主題或是挑戰一起出現。這些**根據不同環境所構成的造型設計**也非常重要，我們可以塑造人格特有的「基本演員」，他們常常樂意登上內的舞台，表現某特定人物的特色（第四章）。

這裡將一些可能的環境做一個小小的概括，每個環境下都可以形成特殊的次團體：

■針對**日常生活中的種種情況**，我必須先在內心，然後對外做出反應。就是昨天，一個售貨員又給我的三歲女兒一個糖果。我內心的三人團隊：「慈父心」對這個友善舉動感到很窩心。「營養主權人」又對這個會帶來嚴重後果的甜食感到憤怒。第三個人則反抗這個到處收買年輕顧客的行為。

■要求我表態的**特殊事件**。例如帶著複雜心情聆聽的婚禮演說；我參與的宴會；一場政治選舉，結果讓我「內心的納稅人」相當滿意，卻讓「內心的社會主義者」擔憂：就算政治色彩鮮明，內心也（幾乎）從來不只一種顏色。

■需要下決定的**生命課題**。結婚，領不領結婚證書？生小孩？小孩子搬離家？職業選擇？各式各樣的變動？蓋一棟房子？移民？兵役還是替代役？搬進養老院？

■要我完成的**任務**。我寫這本書時要應付一大隊人馬（請參考第63頁及其後幾頁）。其中一個催促我加快腳步（趕緊，這本書總該要上市了！），另外一個警告我要讓作品慢慢成熟（只有經年累月的沁透，才會呈現盡善盡美的樣貌！）。每一個任務，無論是工作上還是私人的（操持家務、照顧小孩、搭建兔子的棚舍、部門重組、設立顧客服務中心），都會促使一個特別的內心代表大會採取行動。如果一切順利，這個代表大會可以形成一個內心團隊。這個代表大會既是針對不同任務而成立，而且也因人而異。

■**時代的問題**，如何回應並一起打造我們的社會。生病時還應該支付全薪嗎？生物基因改造？如何對待犯罪的兒童和青少年？對抗貧窮？器官移植：什麼時候、給誰，器官可以從我身上摘取嗎？墮胎？外來移民和難民庇護？人際間和政治舞台上互相爭辯的對立通常也符合「內心舞台」上的爭辯。

■**外人和關係夥伴**。我們會與「針對不同的人所組成的內心團隊陣容」打交道。一個職員懷著勤於工作、卑躬屈膝和奉承的內心成員去拍老闆馬屁，把內心「暴跳如雷的鬥士」用鎖和門閂關在心靈的深宮內院裡，可是一到家就馬上把他放出來面對太太和小孩。這幅粗略的漫畫不應該扭曲我們的眼光；針對不同的關係夥伴所組成的內心團隊陣容之間（父親、母親、伴侶、兄弟、姊妹、姻親、鄰居、同事甲、同事乙），具有微細但明顯的差異（參考第五章）。

■角色。我當身為婆婆、陪審員、新兵、售貨員、家庭主夫？每個我們所擔任的角色都會在內心形成一個特定（常常是帶有衝突的）成員組合，他們具有執行特定行為的能力。每個專業的培養和訓練的重點在於深入研究角色這個主題（見第184頁），而內心團隊的模型可以讓角色的研究更深入。

■存在的問題。也就是關於存在的方向與意義的問題。我的生命中什麼才是真正重要的？我為了什麼在這裡？我想從生命中獲得什麼？生命又想從我這得到什麼？我想用什麼把自己標誌在「生命之書上」？

讓我們做個總結：這些「聲音」因為某些特定情況而察覺到，所以我們假設內心中有一個創造者，就好像每篇文章有一個作者一樣。大部分的無聲情緒起伏都隱含了一個本身至為關切之事，能用語言翻譯出來，並宣告於世，也使它能更容易參與內心的對話。內心的信息可以藉由溝通方塊的幫助加以分類整理，其中有三個可能的信息接收者（領導人、內心的組員或是外在的對象）。

人類心靈生活受到這些發送信息的參與者在內心互相合作、互相抗衡，或是亂成一團的影響，我們可以將這些信息發送者稱為潛在的內心團隊成員，把正面的願景和發展方向分派給他們。這些心靈生活的參與者既要完成內部的工作（擔任自我對話的參與者和內部團體動力的互動者），也要達成外在的任務（充當代言人和行為代理人）。視外在的挑戰而定，他們會以完全不同的組合和團隊陣容一起登場。用現代職業生活來類比，他們是專案團隊。

來源

這些聲音的載體，這些成員是如何進入我們的內心？所有我們在生命歷程（和民族歷史中）所遭遇的事，視我們領悟和吸收的程度，都會反映表現在我們的心靈上，而這些凝聚在心靈上的東西也隨時可以被喚醒，在需要的時候挺身而出。範例中女學生的前兩個聲音反映出我們社會的重要原則，也就是團結互助和競爭。難怪她把這兩個原則吸收起來並加以內化，也難怪在模稜兩可的情況下，兩個原則都現身，並爭取實現自己的機會！

這只是第一個答案，後續將在第四章繼續探討。我不想在這裡將問題做學術性的深入研究，我想邀請你做一個自我探索的小測驗和——為了探究聲音來源——一個自我研究。你可以自行做下面的練習。如果有兩個人，你們可以互相幫忙測試，結果會更豐富。

我選擇一個一九九〇年代德國公民都體驗過的日常生活例子，在這個例子裡，不須對情境中的相互關係做複雜的分析：

你在路上遇見一個乞丐。請仔細想像這個情況，讓它符合你的真實體驗：他是坐著還是站著？他沉默無言還是向你攀談（你有一馬克嗎？）？這個乞丐是「男的」還是「女的」？他／她身旁還有別的東西嗎：一個小孩，一隻狗，一塊牌子，一把樂器？

你的情況如何？你必須趕著去某地，還是當觀光客在城裡閒逛？請自己決定是否要選擇一個特定事件，還是經常碰到的標準情況！

這個情境是否清楚地出現在你的心靈之眼前面了？

現在請面對內心的情緒激動，它對這個情境的「回應」：你可以辨識出哪些聲音？哪些文字適合這些聲音？哪個名字？請取出一張A4紙，在紙上畫一個大又空的胸腔，以便有足夠的空間容納內心的行動者。

然後請為自己畫一幅「胸像」：哪個人大聲，而且強勢地登上內心舞台？請把這樣的主要聲音「大大地」放在舞台前面，但是不管

——他們之間是否協調一致，

——你（身為一個個體）是否認為這個聲音合適！

請繼續辨識其他較小的聲音，他們可能躲在舞台後方，也請把他們畫在那裡！有一些聲音是緊緊站在一起的嗎？有相距萬里之遙的聲音嗎？有那些聲音是彼此對抗的呢？

如果你把每個聲音的文字內容表達出來，內容會太長以至於在胸像裡沒有位子。所以請用簡短精確的句子，剛好可以放進說話的泡泡裡。如果位子還是不夠，可以將說話的泡泡放在外面。

現在還缺名字！也許名字先出現，然後才有文字內容。也許先有文字內容，隨後再尋找恰當的名字。也許你眼前也會出現象徵性的符號，適合表達內心成員的特色：也可以將它收錄到圖畫裡。

最後從遠處觀看完成的胸像，也就是說從外面觀看：這裡發生了什麼事？哪一種動力在影響內心的變化？那裡「還」是一群聲音的集合，或者「已經」形成了一個團隊？

是否還缺少了什麼人？你是否漏聽了一些聲音？請閱讀下列幾個可能的聲音來做比

對！也許在你內心中也發現到其中有一個聲音很類似，或是帶有一種完全不同的腔調，只是自己沒有想到而已。這個內心成員屬於「遲來的人」，你將會發現遲到的原因！

感到不堪的感慨者：「真不舒服！這個人一定要在這麼美好的一天，將人世間的疾苦如此激進地展現在我眼前嗎？不要看，趕快走過去！」

同情者：「好可憐的人！真糟糕，我們這裡居然也有乞丐！既然我無法做別的事，至少應該停下來捐點錢！」

鐵石心腸的人：「活該！我們這裡沒有人挨餓！警察應該把這些人從街上趕走，他們污辱了一個循規蹈矩市民的眼睛！」

有罪惡感的既得利益者：「這世界非常不公平！我受到命運的眷顧，輕蔑地從他身旁走過，最多給予一點接濟。如果我和他有一樣的遭遇，我現在也可能坐在那裡。誰知道呢？命運的撲克牌每天會重新洗牌，也許有一天，我會坐在同樣的地方？」

急急忙忙的人：「老天知道我忙得很，我不能每次停下來，在錢包裡找零錢。繼續走吧，也許下次比較有時間的時候再說！」

持疑者：「他不就是要博取同情，要我上當？他雖然寫著『麵包』，其實想的是『燒酒』？而我要資助他，逆轉他的不幸？」

不想引人注目的人：「從乞丐身旁川流不息的人潮中岔出去並停下來，讓人有點不舒服！是不是所有人都會看我？他們會怎麼想我？如果像在教堂一樣，募款的人到處走動，每個人都往帽子裡丟一些錢，那我也不會置身事外！但是現在只有我一個人？也許下一次我可以在外套口袋裡準備好一點錢，那我就可以在經過時快速不引人注意地往帽子裡丟進去。」

注重工作表現的人：「如果他演奏一下音樂或是提供些什麼！那我比較願意給點錢：用工作換錢！只是被動地坐在那裡伸手，我覺得太懶了！」

體系的批判者：「這個歸因於資本操作的市場經濟邏輯，有獲利者也有失敗者，後者必須在私人生活上承受社會所造成的困苦，這個結構性困境不能在個人與人性層面上解決。所以現在想在憐憫和施捨的基礎上，去建立我跟乞丐之間的關係，是政治上的弱智行為！因為這樣一來，我反而用慈善行為鞏固了結構上的困境。」

這只是我們（以這個字的雙重意義）面對乞丐時所體現出的眾多情緒和態度中的一小部分選項。我訪問的人常常用原創性的名字，例如「感到厭煩的人」（我再也不想看到這些乞討和噁心的人！），一部分的人對這些內心成員感到尷尬，另外一些人完全不會。

我們拿一個可能的結果當成範例來觀察（圖十）：

在這幅圖畫裡，我們在內心舞台的前方發現了一個攸關實際生活的主要衝突：「匆忙的人」想繼續往前走，「慈善心」想要阻擋他（如果他讓匆忙的人有優先權，會使整個人產生罪惡感）。這是兩個洪亮的主要聲音（因此也被大大地畫在前方）。後面還有其他比較小聲的內心代表大會成員，他們意見不一致，但是可以提供前方的人能量（用箭頭來表示）。

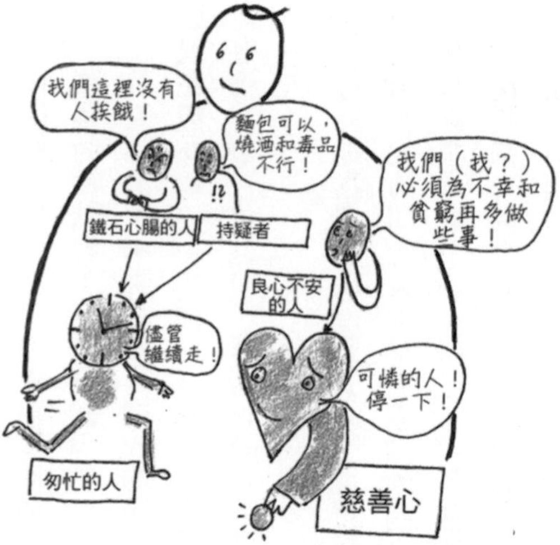

圖 10：面對「乞丐」，一個內心狀況的例子

由於起點充滿了衝突，團隊隊長會有一些事要處理。我們將在第二章再來討論這個主題。

寫到這裡，不要忘記我們是從另外一個問題出發的：內心的聲音從何處來？他們又是如何進入我們的內心？我們一直想把答案往後推延，直到把一些可當範例的經驗資料準備好。現在終於是時候了！請再一次全神貫注於你內心聲音的文字內容！你有預感它們的根源在哪裡嗎？它們可能來自不同的地方，只有考慮到個人的生活歷史背景，才能被發掘出來——如果可能的話。也許你會發現一些句子，一字一句都有可能是從你媽媽的嘴裡說出來，其他的則是從爸爸的嘴裡。不論我們願意不願意：母親和父親都會一直生活在我們的內心中，而且不只他們，還有任何一個在我們生活中扮演了一個角色的外人和關係夥伴，或是曾經扮演過一個角色，但在我們心中留下了回響。

也許你也發現一些聲音，可以十分清楚地歸納到家裡的宗教信仰（施比受更有福！駱駝穿過針孔的可能性高於富人升天的機會！）。我說「十分清楚」，因為我們的根還可以追溯得更深遠，我們部分的情緒激動和它們的命令是遠古時代人類部族歷史的遺產。想幫助受苦之人的原始衝動（只要需要幫助的人不讓我們感到太「陌生」）是原始部落的團結互助原則，比基督宗教還更歷史久遠。

也許你的內心裡也有「達爾文主義者」想發言：「生命是一場爭取生存的戰鬥！只有強者和能幹的人才可以、也才應該生存下來！這是進化的定律——殘酷，但是成功！」這樣的聲音可能是我們祖先為了求生存遺留下來的勝者為王心態嗎？還是一種受意識形態影響的教條餘音，只為了合理化社會分裂成貧窮和富有的不公平狀況？

可能你也會發現一些聲音，似乎是從你目前生活中順應情況的邏輯形成的，例如跟圖十中「匆忙的人」一樣的「講求效率者」，他說：「趕快把今天所有的事辦好！所有今天可以張羅的東西……別因為路邊任何一種東西分心！只有動作迅速的人可以在今天領先他人！」

這些個人感受到的情緒反應經常也是時代精神主流的內化，這個精神瀰漫在社會上所有的辦公室和客廳裡：在一個不斷提升效率的時代，我們每個人心中都駐紮了一個「麥卡錫」，他不斷監視投資的時間和報酬是否有一個理想的比例。

有些聲音可能是受到政治上的激辯以及／或者影響的結果。例如「體系批判者」（見第43頁）就是六八年學生運動所遺留下來的典型回響：親左派人士的想法和說法就是如此。許多黨派和利益團體努力在我們內心的團隊會議中取得席次和發言權。還有更多產品的供應者在眾多的競爭中，也異口同聲向世界發送這樣的訊息：「有財有勢才有分量！」並用這種方式在我們內心滋養一個成員，也許這個成員以前就已經在那裡，而且來自一個反映出清教徒倫理的年代，想以自己努力達到的成就和獲得的結果來彰顯上帝的滿心歡喜，報酬是工作應得的代價：「要不然，我們對自己也沒有什麼其他的獎勵！」

人類的心靈是幾百萬年發展下來的暫時性產物。生命中以及生存下去的挑戰，讓我們產生出（高度矛盾的，見第三章）態度、決心、動機和「生命哲學」，我們至今都還可以在內心中察覺到它們的存在——內心的聲音都是回音，部分聲音是世界歷史和我們文化史的回響；有些聲音則是現代和我們個人生活的新產物；又有一些聲音可能是古老傳統和嶄新事物的歷史性混合物，因為共同的親和性而融合在一起。無論如何，在我們內心代表大會的會議桌上坐著一圈各色各樣很有特色的代表：強勢的領頭羊坐在害羞的小孩身旁，理性的無神論者緊鄰著對神懷有畏懼的心靈，保護動物者和素食者的旁邊是隻猛獸，老戰士和和平主義者坐在一起，一顆柔軟散發愛的心的隔壁是一位麻木不仁的勇士。每一個人都呈現了自己固有的真理，也都各有各的道理。雖然每個人都積極爭取權力和影響力，但是所有的人現在都得和其他人相處在一起。雖然他有挑選彼此的機會，卻得一同生活下去；雖然他們常常不是說著同一種語言，但是所有的人必須互相接觸，彼此溝通了解；雖然他們常常吵翻，但是他們還是得組成一個團隊。

只有一個好的領導人協調主持形成一個團隊，才有可能達成上述的任務，才能「同舟共濟」。但是我們要到第二章才會討論這個主題。

1.3 內心的多重性和現代生活

人沒有一統的本質，能夠根據心靈的建構方式與自己協調一致。內心的多樣性和對立性才是人類原本的特質，這樣的想法目前幾乎已普遍為人接受，還是沒有？無論如何，這種意識的改變已有跡可循。一九九四年已過世的未來研究學者羅伯．永克（Robert Jungk）在他的回憶錄寫到「我開始了解，每個人身上都隱藏了多重人格。我們人類其實比學校教給我們的要更矛盾，但也更多樣……」（見Jungk）俾斯麥應該也曾經說過：「浮士德抱怨，他的胸臆間住了兩個靈魂。我的胸中住了一大群彼此爭吵的靈魂，就像共和國一般。」（見Schwartz）

赫曼．赫塞在他的《荒野之狼》中認為一項透徹的啟蒙行動非常必要，也就是反對「所有人都有的一種天生需求，強制要把自我當成一個統一的整體去想像」（見Hesse）。這個錯覺奠基於一個「簡單的套用：從身體來看，每個人都是一個整體，但是靈魂卻從來都不是一個整體」。就連作家在他們的戲劇裡，也把每個人物想像成統一鑄造而成的人。只有當我們開始「不把這種文學創作裡的人物當成單一個體看待，而是當成一個較高主體的各個部分、面向和觀點時」，我們才能看到「心靈真實本質的一點輪廓」。而且當浮士德說出那個名句

「兩個靈魂住在，啊，我的胸臆！」時，「他忘了梅菲斯特和一大群其他也住在胸臆中的靈魂」。如果（赫塞的）哈利．哈勒（Harry Haller）在心中能分辨出（精神上的）「人」和（本能的）「狼」（＝荒野之狼）之後，就以為到此結束，因為他的胸臆因此已感到非常侷促，這只顯示了他對自己的看法非常狹隘。如果哈利相信他只有一個或是兩個靈魂，是由一個或是兩個人格組成，那只是他的幻覺而已。每個人都是由「十個、百個、千個靈魂組成」。

我不說「許多靈魂」，而比較喜歡用「團體動力」來詮釋人類的那**一個**靈魂。但是不容爭辯的是，我們心裡住了一個多元社會。在這個時代裡，內心的多元世界有可能戲劇化地擴大並尖銳化：過去外在的威權（教堂、國家、階級制度）可以大範圍主宰統一我們思考方式和價值觀的年代已經過去了。現在，幾乎所有跟我們相關的重要生命課題裡，都存在許多不同的聲音：世界觀和專家都競相發言，並透過媒體發生加乘的效果。因為再也沒有人能有約束力地直言什麼是好的，什麼是正確的，所以我們被允許，同時也被強迫享有極大限度的自由。所以我敢斷言，即使在虔誠的天主教徒心裡面，教宗在「內心的國會」中也只有一個席次和一個（即使是有分量的）聲音。也許以前也一直如此，但是會因此感到罪惡和道德敗壞的意願已經快速地降低。

女人自己必須知道結婚要不要領證書，是否要生孩子並且／或者追求職業生涯；是否跟人同居或是保持單身：兩種選擇都是可以接受的。男人與女人的同性戀、雙性戀，和異性戀：還沒有獲得全面允許，但是允許的程度要比以前高出很多，也比較不會受到道德苛責。去當兵或是拒絕上戰場而服替代役，是被允許且被尊重的選擇。至於墮胎的問題，婦女的自主權和保護尚未出生的生命是眾所皆知價值上的兩難。從正確（溫和的）生產一直到（人道的）死亡，也有許多的選項、不同的立場和偏好。不是所有的人都能接受一切。相反的，在許多問題上，人們意見分歧並且激烈地互相攻擊。社會環境充滿許多聲音，這些混雜的聲音無可避免地最後也凝聚在我的心裡，並且和自己的情緒結合在一起。當我面對某一個問題並傾聽內心的聲音時，我所要處理的「內心多重性」要比我曾祖父母所要處理的複雜多了。

媒體和現代通訊科技所帶來的資訊洪流對科學家和記者（見Ernst）拋出一個問題：這種現象對人的心理造成什麼影響？美國社會心理學家肯尼斯．葛根（Kenneth Gergen）提出「多重精神狀態」（Multiphrenie）以及「過度飽和的」和「人口過剩的自己」做為人際關係和媒體生活複雜化的後果。他看到現代人的心裡充斥著糾纏在一起的內心（內化的）聲音，這些聲音在每個行動和做決定的時候，都會出來唱反調批判和打擊士氣。

我們是否就此確定「後現代社會的人失去了自我認同」嗎？不是的，雖然自我認同的形成比以前困難，不過也正好要求人們以自主的態度去面對內心的多重性——一個新的教育和治療上的學習及發展目標。但是這種擔憂完全符合現實狀況：一個人每天被新聞、意見和畫面轟炸，為了不被洪流淹沒，只好快速瀏覽許多東西，幾乎不讓任何東西上心，也就是不讓靈魂與吸收進來的東西交互作用，消化處理過後再改變融化成自己的東西。親愛的讀者，請你們誠實以對，你也不過是快速瀏覽此書而已！你只想「差不多知道裡面在講什麼」，對嗎？面對乞丐的自我反省你也省略了，只為了快點讀過去！不過我們主要擔心的還不是你，因為你還讀書，閱讀時資訊吸收的數量跟心靈的速度差不多還吻合。但是只有匆匆瀏覽的人，他的人格表面很快就會過度被資訊餵飽了，可是核心還是營養不足。於是地平線上出現了一個新的社會類型：「空心的人」，雖然有大容量的「硬碟」，但是裡面是幾千個沒有相互關聯儲存起來的聲音大雜燴。他可以很靈活，但最後也是無助且不加選擇地再把聲音叫喚出來而已。這種「多重精神狀態」的人讓人無法辨識，他是真的有「自己」（這個字幾乎不適合了）的意見，還是隨處聽來的意見。

親愛的讀者，在簡短說教之後，你也許能真的多給自己一點時間閱讀這本書（你可以在別處關機！），讓吸收到的東西和你自己的實質融合在一起，進而形成一些新的、不可預見、真正屬於你的東西。也許你心中已經有了一個人，他的座右銘是「少即是多」，由於內心反對者的數量眾多，力量強大，所以我們一直需要澆上一點水到他的石磨上。

1.4 內心團隊模型的先驅和路標

現在雖然該是談談內心團隊隊長的時候，因為他得要化解這個吵鬧局面。但是在這之前，我還是想跟你說明我是如何發展出整套理論，它在什麼原因下變得對我很重要。

完形治療的經驗

我向來就熟稔完形治療的基本想法，它可以說是所有心理治療學派的共同財產。佛洛伊德早就把靈魂描寫成一個競技場，接近自然的慾望衝動（本我）和受到文明及文化洗禮的道德（超我）不斷在台上較量，一個接近現實但層級較高的主管（自我）則在一旁調停。

特別是由菲力茲和勞拉．皮爾斯（Fritz & Laura Perls）創立的完形治療中，常見的方法是將單一的人格從整體中分離出來，給他們一張椅子，當事人可以坐在椅子上，以便能暫時與這個部分合而為一。當事人也可以在兩張椅子之間換位子，讓內心的兩個對立者彼此交談。特別受歡迎的是「勝者」和「敗者」之間的爭執（第168頁）。

我第一個完形小組會議是在希拉里歐．皮佐爾德（Hilarion Petzold）那裡做的，應該是一九七七年。那時我坐在「燙椅子」上，這張椅子是保留給當事人坐的。大師說過，坐在這張椅子上的人可以玩耍，或是讓心靈努力工作，也有可能是一個中間產物（邊做邊玩）。我說：「我感覺好像應該讓我也來試一下，雖然我目前並沒有什麼煩惱或操心的事。就好像看牙醫：當我們坐上診療椅，疼痛都消失了！」

大師就我的發言回答：「誰在你心裡說你應該也試一下？」這個問題讓我驚訝（誰在我心裡？），我考慮著。很顯然是我心裡的一個人，他覺得這樣做會對我好（甚或覺得這是必要的），讓自己面對自己一次。是誰會說這樣的話？只有心理醫師會說這樣的話！那麼就是：「我內心的心理醫師說了這句話！」

我很緊張，不知道他是否會接受這個答案。他馬上取來第二張椅子，並且說，我應該跟「我的心理醫師」聊一聊，並加上一句，看他認為到底什麼對我有幫助？「也許把洞補起來？或是做根管治療？」我當時大笑，因為大師把我拿來做類比的牙醫跟他那方面的心靈內容搭上關係。幾分鐘後，情況從「遊戲」和「邊做邊玩」中變成了「工作」，而我很驚訝那些還藏在我心裡面的東西。特別是失敗的前夫還用一條短鍊栓著一個「渴望愛的人」（我好想再談一次戀愛！），這位前夫到目前為止都一直逃避面對自己的悲傷：我今天會說，這個「愁眉苦臉的人」當時在我的內心團隊中並不受歡迎，是個受排擠的局外人，從心底冒出來爭取存在的權利，例如成功阻止我去談一場新戀情。

我喜歡這個方法的原因是，它帶我去認識自己；能夠不用教條、靈活且輕鬆優雅地掌握我自己在言語與構詞產生的內容；而且可以很幽默！這樣才能讓病人不再對牙醫心生恐懼。後來我在羅絲・孔恩（Ruth Cohn）那裡更進一步地認識了完形治療。如果夢裡有一頭齜牙咧嘴的狗讓我疲於應付，那表示要在治療中「當一下那頭狗！」完全按照下列的假設：心靈在（夢裡）畫面設計出來的東西，是自我裡面被隱藏起來的一部分，或者至少有可能是。我，當時一個友善、和平、有禮貌的（有一點粉飾太平的）年輕人，應該要把我內心「沉睡的狗」喚醒嗎？在榮格的人格理論中，「陰影」的概念扮演了一個很重要的角色：他們是人格的部分，雖然屬於整個人，但是從不被允許真正出現在生命中，或許因為它們被譴責有道德缺陷；或許從生命歷程看來，它們沒有發展的空間，所以害羞地把自己阻擋在內心舞台後方。對榮格而言，這是一個很平常的想法：心靈的每個部分觀點在心底都有自己的生活，例如會在夢中展現自己，也會出現在傳奇、神話和童話裡。他對「原型」特別感興趣，我們可以說是人類「內心的原始部落」，是所有個人基於物種歷史所共同具備的原型。

所以再問一次：我應該，或我想「納入整合」這頭愛從心靈陰暗處跑出來咬人的狗嗎？

也就是說，接受它成為屬於我的一部分，並融入到有意識的生活和行動中嗎？順帶一提，這個從「主題層面解析的夢」不是必然無法反駁的。也有可能我生命中的某個人或是某件事表現得就像一頭愛咬人的動物，想咬著我的小腿不放，而這個夢把我幾乎不敢想也不敢感覺的東西，用戲劇性畫面帶入我的意識（就像一幅畫得好的諷刺漫畫，讓人張開眼睛看到發生的事情）。從「客體層面解析夢境」也是有可能的，但是兩種解析方式並不互相排斥。無論如何，人的心中有「屬於內心的不同部分」，它們在意識中的清晰度或多或少不同，例如會在夢裡象徵性地表現自己。從佛洛伊德和榮格開始，這種想法為許多派別所通用，我在這裡只是代表性地舉出完形治療當例子。

在個人的經驗之外，我這裡還有一些出版品，裡面以特別的方式呈現內心團隊的想法。除了維琴尼亞・薩提爾（Virginia Satir）的輕鬆散文《心的面貌》，其他還有：

- G.R. Bach and L. Torbet：他們提出「內心的敵人」，並想在人類心靈中促進一場公平的爭論（參考第179頁）；
- M. Goulding 有相同的主題：她也想找出心中的流氓和無賴，並用幽默的自助方式有效地對治他們（參考第189頁）；
- R. Assagioli 和他的學生 P. Ferucci 的「心理合成」，目的在於發現人類內心中的多樣性，並將它們融合成為一個和諧整體（參考第116頁和119頁）。
- H. and S. Stone 的著作中有一本書名是《許多個你》，以內心多重性觀點介紹了人格的構成，並與「聲音、對話、方法」（Voice-Dialougue-Methode）相結合，讓人格的每個部分都能發言。

■ P. Orban 在他名為《多重人》的書中提出一個命題，他認為「多重人格障礙」（參考第73頁）並不是古怪的精神疾病，而是出自人類正常的多重性。

■ 美國的家庭治療師 G.R.Schwartz 在內心裡也發現了「家庭系統」，並用《內心家庭的系統治療》來補充內部家庭系統治療（Internal Family Systems Therapy；簡稱 IFS），並因此重新發現個人內心世界對系統治療的價值。這本書在本書即將完成前不久出版，裡面的觀點跟本書有很重要的共同點，特別是關於內心團體動力以及領導人具有特定領導品質的想法。此外，為了治療的前後關係，它還繪製了很有趣的治療技術，我在最後一分鐘採納了這個主意，並把它補充在我的書裡。

一位德國重要的家庭系統治療代表黑爾姆．斯迪爾林（Helm Stierlin）在一九九四年特別強調人類內心的多重性：舊的理論假設自我是一個整體，一個「不可分割的心理單子」，在心理治療的實踐中被證明不能成立。就像我們在物理學上認識到的一樣，原子絕對不是最後一個不可分割的單位，而是一個由幾百個小單位所組成的複雜且有動力的構成物。個人也一樣是由許多（在這裡最好說）「部分」組成的；如同粒子物理我們也需要一個「粒子心理學」（見 Stierlin）

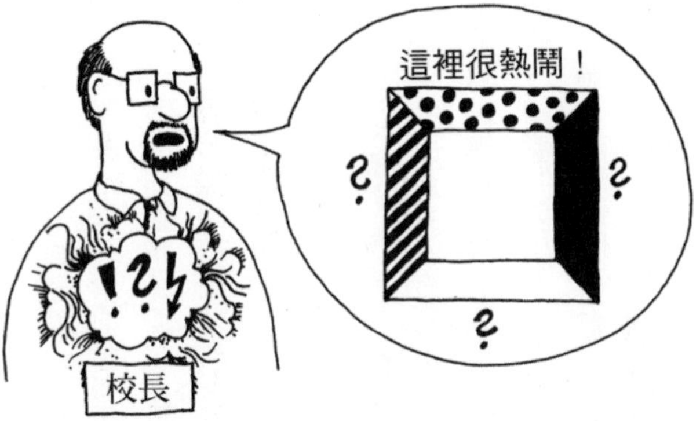

圖 11：內心看不透的混亂導致一個不清楚的溝通方塊（請參考《談話聖經》）

以前的溝通心理學

我早就了解有一些不一樣的地方，並把它納入我的溝通理論（Schulz von Thun 1981, 1983）：如果信息發送者在胸中有不同靈魂造成難以釐清的「混亂」，那他的表述不能清楚地「形成四個面向」，而且有雙重意義。在這裡舉一個老師辦公室裡的例子：

校長用一個還算友善的聲音對實習老師說：「上一堂課的時候，你的班上很熱鬧！」被論及的**事實內容**很清楚（教室裡的混亂和聲量很明顯在教室外都聽得見）。但是有什麼**自我宣稱**（震驚？），哪一種關係信息（批評，讚許？），什麼**訴求**（「說說發生了什麼事！」或是「以後請多注意教室秩序！」）隱藏在這個表述裡？

實習老師很快地回答；一直到後來才問自己：「校長到底想告訴我什麼？」

之後，在針對溝通情況交流時才發現，這位

校長真的因為吵鬧聲而感到不安而且受到干擾，但是他也希望年輕的新老師能用清新的方式，替上了年紀的同事們打一劑維他命。第三，他也不希望第一天馬上就以挑剔的監督主管角色登場。由於內心裡有自己也看不透的混亂，所以他友善的評語中有著雙重意義，而且產生了一個「不清楚的方塊」。我們看到：內心的多重性在職場上也隨處可見，不見得一直跟深層心理學有關。身為被召喚來的澄清助手，我們大部分的工作在協助當事人達成自我澄清的目的（見 Thomann und Schulz von Thun）。

雖然具備這些認知和背景，直到後來我才領悟內心團隊的理論。這是一九八〇年代我做領導階層的顧問時「產生」的結果（見 Schulz von Thun 1996）。

借助內心團隊輔導領導階層

我跟羅絲．孔恩學習的成果（見 Cohn und Schulz von Thun），成為我最重要的信條之一：「領導別人前要先領導自己（但也不該在自己這裡結束）！」

所以為了解決具體的溝通問題和解決一般性領導者的角色衝突，我把威爾海姆．布希（Wilhelm Busch）的記憶口訣做了合適的押韻：

如果你想做一個好的長官，
那也請你往自己的心裡看！

下一句說，不以受過專業訓練的技術，而是用鼓舞、教育學、心理學的方式來操縱和治療他人！

但是說服領導階層接受這個「哲學」常常也不是一件簡單的事。他們的長處、驕傲和企圖心在於用目標明確的干預和導引來有效地管理工作和員工。所以他們期待一個溝通訓練，想藉由「語言的力量」來提升改善這方面的能力。相反的，呼籲他們自我反省的訴求讓許多領導人感覺自己「坐上沙發」成了病人，必須先把自己的精神官能症治好，才可以面對人群。把「也往你自己心裡看！」當成一個給健康能幹的人使用的專業工具不是很容易，畢竟他們事業成功要特別歸功於統合的人格和對角色明確的瞭解。

但是當我把內心團隊的圖片以淺顯易懂的模型呈現出來，這些領導人對自我考察哲學的懷疑也常常轉變為著迷。這下變得很清楚：每個主管都要面對**兩個**團隊，而這兩個團隊有可能（常常同時）讓他招架不住。關鍵在於讓兩個團隊的發展產生關聯：

我記得給領導階層上溝通課裡的一個例子，那是一九八〇年代中期，我第一次想把內心團隊當成課程的主軸。一位部門主管發問：「我該如何跟同事溝通，他老是來找我申請特別許可，讓他在周末可以不受干擾地在公司工作，要不然他無法完成已安排好的計畫？這時該用什麼語氣最好？」

我反問他：「你內心對這個提問的反應是什麼？」

他發出嘰哩咕嚕被激怒的聲音。這個時候我沒有讓他用角色扮演來練習一個合適的說話方式，我認為讓他仔細探索這個嘮叨聲比較適當，以便讓他的答案和內心的真實性相符

圖 12：每個主管都要面對兩個團隊（兩者都可能讓他疲於應付！）

合。什麼「信息」藏在抱怨聲裡？「你願意把這個聲音用言語表達出來嗎？」他開始說：「總是要求這些特別待遇，已經不是這個人的第一次，我完全不想考慮！單從原則考量來看就不可能。如果每個人都這麼要求，那公司在週六不就會很熱鬧！可是我又不想拘泥於原則，頑固地堅守己見，你了解嗎？」

我建議，他是否能讓他內心那個說「不要拘泥於原則」的人也有發言的機會？這個聲音還有什麼話要說？「它說：如果這個同事自己希望這樣，我為什麼要阻止他呢？每個人都有讓自己快樂的生活方式，每個人也應該根據他的方式來鼓舞自己！身為主管的我，領薪水就是為了創造一個能讓同事發揮的環境。但是……」他停頓了一下，「馬上又出現另一個聲音說：總不能意味著我得給每一個人特權吧。」

我第一次在活動掛圖上畫了一個心中有兩個小人物的人：

圖 13：部門主管內心中的兩個聲音

我做了以下的評論：「這是你，主管，內心出現了這兩個聲音，就像胸中有兩個靈魂。我們也可以說：你內心團隊的兩個員工來報到，一個贊成明確的原則和條理分明的關係（所有人都有相同的權利！），另外一個人主張彈性和尊重個人的差異（各取所需！）。到目前為止都還好！只是問題在於：兩個人的主張都有道理，但是沒能達成共識，這個時候應該採取什麼行動，如何回答。」

「對，那現在該怎麼辦？」部門主管問。「現在他自己變成了一個問題！」團隊裡的一個同事開玩笑地說。

「先面對自己的問題，這樣

是好的！」我說，「因為只有當『全部的聲音都在一起』的時候，才能適切並有程度差別地對問題（和對人）做出反應。我們心中所有的聲音幾乎沒有一次是一致的。現在重要的是忍受內心歧異一段時間。我說『忍受』是因為這種情況可能很磨人，你表現在嘀咕聲的惱怒情緒中，一部分肯定是來自同事帶給你的內心衝突！我們通常很難與那些讓我們心中起衝突的人對話。現在很想儘速把這個折磨人的情況結束掉，它誘使我們把內心兩個聲音中的其中一個貶為胡說八道，然後用只認得**一種**事實的蠻力去面對同事。這種舉動不僅會在內心，也會在人際關係上留下一些缺憾，而且解決問題的方案有可能也不理想。」

「但是我們還是得做出決定，不能永遠在內心跟自己對話？」一位同事反駁。我回答：「一定要！我說關鍵在於忍受內心的歧異一段時間，意思是：給你自己必要的時間，聽聽所有內心專家對這個問題的看法，並且讓他們互相接觸，然後這裡的主管（我指著活動掛圖上的頭，見圖十三）必須做決定和行動。他現在找到一個能讓兩位內心競爭者滿意，或者就像人們所說，不滿意但是還能接受的解決方案的機會很大。」

「這樣的解決方案看起來如何？」我回答：「不知道，內心的專家都還沒有開過會，而且我們總是得先主動詳盡地聽一聽（外在的）同事對自身狀況的感受，因為在這個工作組織的問題背後，也許隱藏著一個我們尚未知曉的個人難處。但是我們假設，主管最終批准了這個申請，然後他可以提出這樣的附帶條件：『但是只有在下列條件下：第一、第二、第三……』這些可能是講究原則的人在會議紀錄上提到的所有論點。或者我們再假設，他最後回絕了；雖然如此，他還是可以帶著**兩個**內心成員去跟同事對話，並把內心的話說出來：雖然他必須拒絕，但是他思考過，考量到同事的特殊情況，盡量合理地滿足同事的需求，是否有其他解決方法等等。對這位同事來說，這樣接觸會讓他在人性層面上感到比較舒服，比從拘泥原則的人的口中聽到『沒有特別待遇，如果每個人都這樣！』來敷衍要好多了。」

談話訓練是要練習一種適當的對話行為，需要事前在內心做好準備工作。職場上有許多會談和接觸，多少會出現有一方摸不透自己的內心，或者沒有明顯感受到「內心歧異」，結果他的溝通方式一來不清楚，二來受激怒而帶著火氣。

事先啟動內心整合常常會讓主管樂於進行會談，因為他們再度對自己的處境感到滿意。很多案例其實用不到「談話訓練」；下面這句話雖不是每個地方都適用，但卻是非常中肯的看法：

理智和正念不需要太多藝術就可以發揮作用！——《浮士德》

文學與創作

如果我們的話題是內心團隊模型的先驅和路標，就不能不提到文學創作裡常常會透露出對人內心多重性的認識，部分文學作品還特別把它當成主題。除了已經提過赫塞的《荒野之狼》，還有史蒂文森的《變身怪醫》。托爾斯泰也在介紹之列，例如在《戰爭與和平》裡，他就不斷地寫出「內心的聲音」，有時出現在人物行動之前，或是追隨其後，並且表達一個想法，「跟自己合而為一」是一個珍貴的發展目標，但從來不符合現實狀況。

若以內心多重性的觀點在文學範疇中做一趟巡禮，我相信會引人入勝而且大有斬獲。在這裡跟大家介紹一本經典應該已足夠：歌德的《浮士德》。兩個靈魂住在一個胸中就是出自他筆下，之所以能成為受歡迎的佳句，就是因為這句話一語道破日常生活中人們的體驗。《浮士德第一部》的〈序曲〉最適合勾勒出**團隊的想法**。我可以斷言，歌德在序曲裡面將他內心的團隊呈現給讀者，也就是他寫《浮士德》的時候，感受到內心團隊在內心工作的情況。

他是如何透露出來的呢？當然不是用現代自我認識治療團體的術語：

> 我發覺，現在該是時候再度著手寫《浮士德》和把事情做個結束。但是我也發現，心中升起了完全不同的傾向：
>
> 也就是說，有時候我突然很清楚感受到一個願望，想把我現在認識到，或至少隱約揣測到的東西，例如恆久的真理，用適當且和諧一致的形式寫在紙上。首先這個形式特別要符合我自己的要求，別人的想法完全無關緊要。但是這時候馬上出現另一種傾向，它說：「不行，這部作品也應該成為一般人喜歡且讚賞的偉大劇作。」我心中的這個傾向想把這本書寫成真正的暢銷書——身為資深的劇場專家，我知道如何可以辦到。然而有時候又有一個愛開玩笑的人出現在我心中，他對恆久的真理和成功的銷售成績不感興趣，感覺上他就是很幽默而且有創造力，想在此時此地享受快樂。我感覺到這三個人不時會出現在我心中。寫作時，有時懷有

這個人的靈魂，有時懷著另外一個人的靈魂，他們不休止地參與寫作，有時甚至會插手管別人。

他並沒有這樣告訴讀者。當一位聰明絕頂的作家在內心裡發現互相衝突的傾向時，他會怎麼做呢？他會把他們放在舞台上，給他們一個名字，讓他們對話爭吵！（圖十四）歌德在《浮士德》的〈序曲〉中就是這麼做：一方面有（心中的）「詩人」上場，他想創造出一些有恆久價值的真實東西：

璀璨的東西只為了瞬間而存在；
真實的東西到後世也不會消失！
他不讓自己受到時間的壓力：
常常，只有經年累月的沁透，
才會呈現盡善盡美的樣貌。

可是不只有這個人（在他心中）。還有一個氣勢凌人、大聲發表意見的「劇院經理」，他現在把觀眾考慮進來，並且希望作品能「受歡迎」：

我非常希望能讓大眾滿意！

圖 14：《浮士德》作家的三個「胸中靈魂」（出自〈劇場中的序曲〉）

> 他想著生意：
> 因為我當然很喜歡看到人潮，
> 如果人潮湧進我們的小房子，
> （……）
> 大白天，早在四點以前，
> 爭先恐後擠到售票口前
> 就好像饑荒時，大家為了一塊麵包擠在麵包店前，
> 為了一張入場券幾乎把脖子擰斷。

當然他們兩個馬上起衝突，詩人憤怒地把針對他的無理要求反駁回去，他無法接受用掌聲和「收視率」做

為作品的指標：

哦別跟我提那芸芸眾生，
只要看他們一眼，靈性就離我們遠去。

有生意頭腦的劇院經理想給他各種最能爭取到觀眾的建議時，詩人盡情發洩心中的不屑：

你們沒有感覺到這樣的手段有多拙劣！
對一個真正的藝術家而言多麼不恰當！
我發覺馬虎草率的工作已成為你們的最高指導原則。

有生意頭腦的人不受侮辱。他之前已經警告過詩人要儘速並按期完工，

……我的朋友，哦今天就工作吧！

並嘗試結束這個（從他的角度來看）毫無結果的討論：

我們已經交換足夠的意見了，
也終於讓我看看你的行動吧！

還有第三個人。他既不想屈服於銷售業績的壓力，也不想受限於恆久真理和完美形式的品質要求。他只想享受此時此地的快樂，享樂和製造歡樂：

只願不要聽到有關後世的事。
除非我想述說有關後世的事，
誰帶給我們這個世界快樂呢？
我們的世界想要歡樂，也應該得到歡樂。
一個乖巧男孩的現在，我想，一直也很重要。

歌德把聯盟裡的第三人稱為「丑角」，而我們不難想像，這三個內心工作人員的合作和競爭，在這部作品形成中扮演了很重要的角色。

當我們做一份工作和從事一個職業時，心中不都有這三個極為類似的人物嗎？當我寫這本書時，他們也在我心中：一個是嚴肅的科學家，他追求真理，關心這些文章在下個世紀是否還存在於「科學界」。另外一個是暢銷書作家，不反對版次很高，現實上的成功要比在學術上鑽研來得重要。第三個人是有創造力的創造者，他想要從整件工作中得到樂趣，在老歌德的胸中畫上一些東西讓他暗自高興，他也希望（而且在課堂上也很享受）讀者和聽眾也能從中獲得樂趣，達到寓教於樂的效果。無論這些人從哪裡來，他們就是在！現在決定性的關鍵在於這三個人要組成一個內心團隊，彼此互補、支持與激勵，而不是插嘴阻礙別人發言，把大家的情緒弄糟。這就是介於活躍創造力和慢性工作障礙的分水嶺。

1.5 工作團隊和心靈團隊：兩者之間平行對應點的假設

內心團隊模型的背景、創意來源和形成說明就講到這裡。自從這個譬喻誕生後，它就發展出一種可以啟發新知的力量，讓我清楚看見工作團隊和心靈團隊的團體動力中間有驚人的平行線。

這裡和那裡，外面和裡面都一樣，主管和團隊必須一起生活，相處得來；資深員工不容易被裁員，軟弱的主管也無法輕易擺脫掉。我們之後會稱團隊主管為領導人，不管在哪裡，他會密集地與每一個同事接觸，即使沒被點到名的同事想發言，都應該專心聆聽。只有感受到被注意、被尊重和被關照，只有「參與發言的權利」得到滿足，人們才會願意並且能夠為整件事的成功付出心力，也才有可能一同承擔經過妥協達成的解決方案。相反的，若是感到被忽視，發言沒有獲得重視，這樣的人會找機會報仇，或是做出不可理喻的舉動。我們會在第四章看到，他們可能會參與成立「地下組織活動」。這時主管和下屬之間的權力結構與合作關係會變得複雜且不穩定。會出現兩種極端情形：一種情形是領導人壓制同事，使他們噤若寒蟬，用鎮壓的力量遏止他們自由發展，因為他對混亂和失去控制有極端的恐懼（唉，看著吧，一旦對他們鬆綁……），或者出現另一種極端：同事或是其中一些人不再服從，爬到主管的頭上。如果領導人想克服這兩種極端困境，無論如何都要允許並容忍活力十足和「令人討厭」的成員有發揮自我動力的機會。對，沒錯，甚至挑釁他，然後把這個動力導入有秩序的軌道上，成為灌溉共同目標的養分。不管對內或是對外，這都不是一件容易的工作，因為所有同事的發言權不能沒有節制，成為吵鬧不休的菜市場，而受到尊重和歡迎的差異也不能造成永無止境的爭執。因為有一點是可以確定的：所有的人不可能永遠一心一德，劇烈的**團隊爭執**是不可避免的。這些爭執的傷害會很驚人，存在著讓團隊癱瘓和分崩離析的威脅，處理內心事件的儲備能量也有可能因此消耗殆盡。這時候領導人有責任在內心和職場上做衝突管理。衝突也可以有建設性，如果（內部）有一個吵架文化，針鋒相對的意見可以公開發表，必要時也可以激烈地搬上檯面，但是要抱著尊重反對意見者的心態，這種心態假設，對方即使在整件事上不可能完全有道理，但是他手中仍有可能握著真理的一角，值得透過認真的傾聽去獲取（參考第三章）。

由此，困境中生出美德。我們的機會存在於「團隊形成」和「團隊發展」之中，存在於高度發展的力量能團結在一個既可以互相爭吵，又可以一起發揮作用的團隊裡，這種團隊使整體比部分的總和更豐富更不同。一個團隊如果名副其實，不只是一個雜七雜八隨機組成的團體，或是一群決裂的人，它的特色是，成員以不同的品質和能力，有條不紊地互補，一起合作，最後的結果是，大家一起合作出來的成績有較好的品質，比單獨表現的總和要來得優秀。這種成績表現的先決條件是一個根據藝術規則形成的尊重，自我控制和人際關係動力的發展，最後產生出團隊精神，並保持下去。

我用下面的方式來區分「團隊形成」和「團隊發展」兩個概念：「團隊形成」牽涉到具體的情形和任務，例如由一個會議主持人來形成一個團隊，邀請不同的成員來參加這個會議。當一個人面對一個具體情況，或是面對一個任務的時候，內心團隊的形成也有完全相同的情形，就像我們範例中的女學生，或是我們對乞丐的反應，或是歌德在創作《浮士德》的時候。下一章的主題是介紹領導人逐步組織內心團隊的方法。相反的，「團隊發展」是跨越各種情況的長期工作，包括所有的面向，例如聚合在一起和一起打拚，溝通和吵架的文化，融合新進人員和局外人，在擁有自我意識的同時也發展出一個我們團隊的歸屬感，整理出大家接受的規則、標準和合作風格。同樣的，我對內心團隊發展的理解也是跨越情境的長期任務，跟「人格發展」是同義詞。「內心團隊」的概念是一個具有指標性的詞彙，讓人聯想起一個「理想」和一個發展方向。現實裡，我們常常先會在內心裡發現一個團隊，裡面的氣氛是：

■對立（競爭，敵意）
■混亂（缺乏組織結構）
■平行並立（缺乏接觸和協調）

我們可以粗略確定：一個正常團體裡的力量和成績表現會相加，一個運作紊亂的團體裡會相減，而在一個優秀的團隊裡則會相乘。另一方面，我們也可以大致假設溝通以及行動狀況的明確性和力量，根據內心團隊的不同情形，同樣也是加法、減法或乘法的結果。

我把平行對應點的假設做一個總結：

> 人類心靈生活的內心動力，跟團體和團隊裡所產生的動力，在很多部分相符合。一個有生產力的工作和心靈生活（對外有效率和對內有好的「公司氣氛」）的祕密，在於領導階層和團隊工作能成功地一起合作。

接下來幾章會討論這個平行對應點的各個面向，下一章的主題是領導人和他組織團隊的能力。

第2章
由領導人在內心領導

2.1 領導人的本質和任務

終於到了進一步認識團隊領導人的時候了。羅絲．孔恩的《主題導向式的互動》（TZI）原本提出來的第一個要求是「當自己的主席，自我的主席！」，她想藉此表達一項既存事實（無論如何都是你），再來，指出一個值得努力達成的發展目標，因為這個主席職位被意識到的程度或高或低，執行成功的可能性也有好有壞。為了在語言上達到兩性平等，孔恩後來用「主持人」一詞。我則選擇性別中性的概念「領導人」，也為了之後換用其他譬喻時（參考第132頁）還能適用。

很典型的，雖然內心有多重性，我們說「我」而不是「我們」。這表示我們認同一個高於一切並統合整體的主管機關。只要內心成員的聲音在呼叫範圍之內，這個高於一切的「我」會接收成員的聲音，並承認他們是自我的一部分，即使這些聲音不是一直很受歡迎，但至少承認他們的存在。如果要決定哪些內心成員應該以哪種方式和哪種組合在行動和語言上實現自己，換句話說：領導人有最後的決定權，決定什麼內容可以向外表達，但是只有在他還是自己家裡的主人，沒有向心靈中的力量（暫時或是徹底）投降時，就像杜斯妥也夫斯基在《賭徒》裡寫的一樣，這些力量「取得了心靈的主控權」。

根據譬喻和現實的平行對應點的假設，我們認為有團隊工作的地方就應該有一個「老闆」，由於這個假設，我們踏進一個長期以來已經有許多學者（人類學家、腦生理學家、哲學家、心理學家）聚集的領域，開始激烈的論戰。（自我）意識的「所在地」在哪裡？我們

圖 15：領導人和內心團隊

像是騎著馬的騎士，馬自己在路上奔跑，騎士只能事後說（並且相信）這條路正是他想要去的方向？到底有沒有「騎士」，這個上級機關「我」？心理治療師歐爾班（P. Orban）認為我們有一個中央的「主管機關」的假設是虛構的，他將多重人格視為聚集在一起的花瓣，如果把花摘下，就沒有花芯了。我們感覺到的「我」，是各個被意識到的部分所產生的歸屬感。

實體論的問題[4]現今或是永遠可能都沒有定論。無論如何，我認為假設一個（有限度）具有控制能力的協調主管機關，已經擁有足夠的證據證明，而且也許也對生活哲學有用處。心理學家和腦生理學家歐恩斯坦（R. Ornstein）寫到：「如果我們心靈裡

4 實體論的問題：領導人的譬喻跟現實是否有符合之處？或者可以透過教育和治療來建立起符合領導人譬喻的現實狀況？

沒有一個一統的整體存在，一系列……心理現象……將不會存在，因為它能讓彼此爭吵的『小靈魂』取得妥協。」他在另一處寫到：「這個自我有一塊屬於自己的地方，在大腦裡有一塊自己的區域。他屬於心靈結構中的最上層，擁有意識中的操縱控制功能。」

這些研究似乎得到以下的結果，領導人的「辦公室」雖然跟團隊的其他成員在同一棟房子裡，但他並不是無所不在，不會到處出現在他們的房間裡。由於不是置身於成員當中，如果他想打聽成員的意見和感興趣的事，必須非常聚精會神，「傾聽自己的藝術」的主張（見Stevens）可以在這裡看到它的意義。因為每個成員都嘗試宣傳自己的主張，領導人能在重大問題上把權威人士都請到一張會議桌上來就對了，把從每個人那裡收集到的智慧和能量有條理地表現在他的決定和行為上。如果領導人想達到什麼，不能用權威貫徹他的意志：他一個人的力量不夠（每個在除夕夜裡提出新年新計畫的人都了解這種情形）。他必須獲得團隊裡基本成員的支持，領導人和團隊成員之間的權力關係非常微妙且複雜，比馬跟騎士之間的關係複雜許多。無論如何，交互影響不斷地進行。

施華茲（見Schwarz）將「自我」視為一個核心機關，跟心靈的各個部分不一樣，通常在正常人身上擁有良好的領導品質。身為心理治療師的他，努力引導並支持這個存在於心靈中的「真實自我」，讓他和他的各個部分建立起一個具有同理心和好奇心的聯繫。施華茲假設，這個最高機關有兩個不同的存在形式，跟光線可以用粒子或是用波長來形容一樣：一種形式是內心事件的消極見證人，採取放任事情自然發生的冥想心態；另一種形式是積極干預的領袖，有權威地一起決定整件事，有時候也被牽連在事件裡面。

我在這裡不會特別強調「真實的」核心，因為所有其他部分也都是「真實的」；但是除此以外，我也同意這個觀點。從這個觀點看來，一個團隊是否有好的或是不好的領導人並不是無關緊要。**強化內心領導力**是人類進化工程的一部分，也是我們心理發展幫助在職業進修、諮商和治療中最關心的一件事。我們現在仔細觀察領導人的一些任務和工作方式，當然也要留意一些可受意識主導來改善的可能性。

領導人的任務就跟職場上任何一個領導人一樣，是多樣的，而且部分任務是矛盾的，因為他既要負責「內勤」也要負責「外務」。首先可以特別列出來的是：

■**控制**：自我監督，自我控制。

■**主持**：負責籌畫一個有秩序、有創意的內心團隊會議。

■**融合**：把「亂七八糟的一堆人」組織成一個團隊，導入個別的力量一起發揮作用。

■**衝突管理**：協助互有敵意的成員走出各自極端的立場（參考第三章）。

■**個人發展和團隊發展**：支持個別成員並促進整體合作的氣氛，例如把孤僻的人融入團隊（參考第四章）。

■**成員的選擇和任務調配**：針對一個任務／情境推出正確的「陣容」（參考第六章）。

內心的領導如何進行？領導人如何能成功地讓一個人跟自己契合一致？如何讓內心的馬蜂窩變成行動和溝通都符合本性的主體？而且，如果通常要費盡極大的努力才好不容易能成功，我們又如何能將這個內心過程營造得更成功？

我們將會分好幾個階段來認識領導人以及他和團隊合作的關係。這一章會先討論，如何在內心多重性及歧異的前提下，成功塑造一個團隊。之後幾章還會再度討論領導人和他在團隊裡的角色，這樣我們才能逐漸深入討論並擴充這個主題。

首先還是要先提一個問題：如果心中的團隊一直意見分歧，領導人要如何對外、對其他人建立聯繫管道？

2.2 內心意見紛雜多歧時，對外建立聯繫的方法

現在我們回到一開始的例子：友人問女學生是否能影印她的筆記，她內心的反應是分歧的，甚至是「多歧的」。

現在該怎麼辦？現在正是她的領導人做出（發明出）反應的時候，一個她自己真正也能支持的反應。我區分出五種不同的溝通策略，藉由它們可以形成一個內心團隊：

1. 只要一意識到內心的歧異，她可以暫且**推延**，以便獲取足夠的時間「召開內心團隊會議」。
2. 可以把尋求建議的過程公開在**面對面接觸**的時候。
3. 可以在對外接觸時進行內心議會會議，但是不對外公開，關著門討論。會議期間由一個守門人負起**拖延的接觸政策**。
4. 可以臨機先聽從第一個最好的意見，在萬不得已時，假如稍後內心出現抗議的聲浪，

圖 16：推延和召開一個內心議會會議

事後再更改自己的意見，修正第一時間的回答。

5.可以閃電召開內心團隊會議，馬上做出一個整合過的回覆，當成內心團隊會議的結果的公布。

我們再進一步仔細觀察這五個基本（也是實際經驗中找得到的）可能性。

推延

女學生發現內心一片混亂，可以請求給予考慮的時間，並說：「我會考慮一下，」也許附帶一句：「我晚一點給你回覆。」如此一來，她替自己創造了機會去召開團隊會議或是「內心議會會議」。我之後還會說明這類會議的流程（見下一節）。無論如何，她爭取到時間仔細聆聽所有的聲音，並整理出一個盡可能考慮到內心所有參與者的反應（見圖十六）。

我自己必須先花功夫學會這類型的反應（我會考慮一下！）。發生了讓人心情波動的重要事件，或是任何讓人措手不及的突發狀況，推延之法抵萬金。以前內心一個提台詞的人跟我說：「你必須一直立即做出清楚明白的反應！」結果是，最前面的聲音被當成第一個最好的聲音，其他的聲音感到被忽略，然後要報復。

這個處理方式除了贏得考慮的時間以外，還爭取到「測試的時間」，同時具有許多優點：

■把回答時間往後推延，內心中那些「晚發言的人」還有機會參與討論。

■當我們退出與外人接觸的情境，那些不敢與人接觸的成員也有機會參與：每個人與人之間的接觸會產生一種「漩渦」，會吸引特定成員到舞台上，也會趕走其他成員。與外人接觸時，我們心中很少能「聚集所有的成員」（參考第五章）。

■在深鎖的大門後，每個成員都可以暢所欲言。因為「敵人」聽不到，首先可以省略外交的考量（我該如何跟他說？）。相反的，在直接接觸的情形下，內心的溝通工廠一直要同步加工處理溝通的內容和方式。

■有機會跟其他人討論這個問題，在對話中澄清自己的想法。

雖然推延有這些重要的優點，但不是萬靈丹，因為有時候必須在當下回應。如果看完電影後她問他：「我們去喝杯啤酒吧？」他很難說：「我會考慮一下，妳什麼時候要知道答案？」而且有時候針對關係談話時，對方期待的不只是一個**結果**，也期待能**參與內心的考慮過程**：「有興趣跟我一起去度假嗎？」如果現在的回答是「好，我最晚後天給你答覆！」會讓人有距離感，因為建議中隱含的關係問題沒有獲得即時共鳴。

這些考慮帶我們進入第二個選項：

圖17：與人接觸時公開自我澄清的過程

公開自我澄清的過程

領導人可以決定立刻就地召開部分的團隊會議，好像讓他們公開開會一樣，例如：「一方面，我很願意借你我的筆記。我們何不彼此分擔一些工作？但是另一方面，我內心有一些反對的聲音，看看我現在能否表達出來……」等等。

領導人必須事前決定，這類大聲的思考和感覺是否合適，能否配合主題、情境和彼此的關係。如果答案是肯定的，這種（需要勇氣的）回應方式給予相當豐富的機會。對方了解問題所在，知道自己的處境（而且不僅在客觀事實層面，也在關係層面）。

只要具備一些溝通天分，他可以用積極傾聽者和具有同理心的澄清助手身分，幫助團隊會議圓滿達成任務。如果溝通天

圖 18：伴侶用各自內心的陣容來表述對共同主題的爭論

分更高，甚至可以鼓勵女學生針對這個問題的棘手觀點做出判決，並精準地表達出來（你倒說說看，對你來說，我真的很像寄生蟲？），如果她還是贊同自己的看法，兩個人也都能帶著自己笑自己的幽默，那麼這段人際關係的品質將有最好的前景。

博瑟麥爾和羅瑟（Bossemeyer und Lohse）在他們的碩士論文裡又往前邁進一步：如果伴侶雙方用這種方式來處裡重大問題中的爭論，情況會如何？他們邀請有共同主題或問題的伴侶參加他們的實驗。例如：她想去國外一年。這對伴侶關係有什麼影響？進行方式：介紹過內心團隊的基本概念以後，首先請伴侶雙方先為自己，把內心所有針對這個主題發出的聲音和情緒反應寫下來和畫出來（第一個階段：每個人為自己）。緊接下來的第二個階段，雙方把內心開始的狀態、兩者內心的具體化搭建在室內，就好像足球場上對立的兩隊。

為每個內心成員都保留一張椅子，椅子上面有相符的標籤（例如「女探險家」）和一個她為此找到的象徵物（例如一艘小玩具船）。那些聲音較大又有優勢的成員可以獲得前排的座位，聲音小（例如膽小鬼：「我最想留在家裡！」）坐到後面。伴侶也同樣安排內心成員的座位。

現在可以開始（第三個階段）**團隊對話**：伴侶各自坐在他們球場上的一張椅子上，完全以內心成員的身分開始說話，例如：「我是芮吉娜團隊中的女冒險家。對我來說，很重要的是在這輩子真正去體驗一些東西……」等等。當然也可以跟對方某個特定成員對話，例如：「我，膽小鬼，想告訴你這個坐在最後一排永遠的王老五說……」讓他必須做出反應。

實驗的結果：這場對談在澄清助手的引導下進行得很深入也很感人，爭論的過程讓所有伴侶留下深刻的印象。

在正常的對談中（沒有澄清助手幫忙的情況下），這種方式也行得通？也值得推薦嗎？到目前為止我沒有實證研究，只能提出個人的經驗：有一次，跟我友好的女同事因為一個重要的個人因素想要取消共同舉辦的教學活動，我不同意她的意見。我說：「絕對不可以取消！」她說：「一定要取消！」這該怎麼辦？我們決定一起喝啤酒談一談，正好在我讀了博瑟麥爾和羅瑟的論文。於是我有了一個點子，我們也可以舉行一次「團隊對話」：給每個聲音一個啤酒杯墊！在內心準備好之後，我們每個人面前有四到五個啤酒杯墊，所有聲音都有機會先後上場，先是這方的聲音，然後是對方的聲音。對話過程中有時候讓人驚訝，有時候讓人感動，因為有些不是在最前面，而是發自（心靈）深處的聲音也不得不表達意見。一開始強硬的立場（一定要！絕對不可以！）立刻瓦解了，因為每個人心中也有贊同對方的聲音，解決方案和協議也就不請自來。

這種創新的溝通方式適合給具有朋友情誼的人際關係，若在沒有人引導的情況下，需要事先對內心團隊想法有一定程度的了解。

我們再回到一開始的例子：女學生決定回答同學的詢問，並把內心裡面部分的討論情況當場公開。雖然這種反應方式有許多優點，但也可能會走樣。有些有治療經驗或是接受過溝通訓練的人，已經習慣用極大的吸引力和細節來描述內心的矛盾與分歧，內心的領導人就成了內心球場上實況轉播的播報員，這時候可能會沒有耐心：「能夠看到你的內心世界實在非常有趣，我的好同事，但是我終究需要你給我一個明確的答案！」

接觸管理人

在這種反應方式下，內心的團隊會議雖然也是當場召開，但是在深鎖的大門後舉行，這扇大門由一個站在外頭的傑出經理人把關，他把談話對象拖住，一邊應付他，一邊讓他分心。女學生的內心則急忙研討問題，該如何看待這個無理的要求？要如何反應？但是對外不動聲色，派接觸經理守住防線：「啊，你要準備考試啊？什麼時候考試呢？我要等到後年才開始考試。不過你也比較早入學，不是嗎？你什麼時候開始讀大學的？我們那時候已經認識了嗎？我認為，我第一次看到你是在……」（圖十九）。

圖 19：接觸管理人和守門人

有可能她聊天時顯得有些心不在焉。這也難怪，因為能產生能量的人都在大門後面開會，而她在前面只是做了**溝通時必要的緊急救援**。但是這位接觸經理人也有可能經驗老到，能友善且深入地與人聊天。讓人分心的手段越能爭取到時間，讓女學生內心達到一個間接結果，就越成功。人很明顯有能力同時執行內勤與外務，可能不要多久時間，她就可以回到一開頭的問題：「關於我的筆記，我現在必須很誠實地說……」

圖十九呈現了許多人溝通的狀況，大門深鎖，結合看門和接觸管理於一身的人盡忠職守忙著工作。不少時候她也能在對方身上發現跟自己類似的人，用談話的天分把雙

方的對話維持得通順流暢。

這種反應方式存在著一種危險，讓人與人接觸變得比較膚淺，但是每個人的內心團隊裡都應該擁有這類型的經理人，如果沒有他，有時候很難應付某些專業情況。我們心中追求無條件的真實自我，把接觸經理人視為卑鄙可憐的心靈部分，也應該歡迎經理人偶爾加入團隊的陣容。不只把他當成快速交通中讓傳動裝置運作無誤的潤滑油供應者，也可以把他當成守護者，保護我們脆弱或是戰術上不利的弱點。當然也要注意，不要讓這個滑頭的接觸經理人變成我們的第二個天性，在每個生活情況中取得上風。

第一個最好的反應：事後修正

另外還有一個可能性：領導人遵從第一個最好的意見，它最先出現並自動接手了外勤任務。也許那裡站著友善樂於助人的小女孩：「當然，我可以借你筆記！」如果猶豫不決的人姍姍來遲，而女學生最後做出決定，她原本不願意提供這樣的協助，也可以事後修正允諾：「對不起，我又考慮了一次關於筆記的事，最後還是不想借出去，我事後想起一些一開始沒有想到的事，例如……」

對方現在一定很失望，而且有可能很生氣，甚至可能會做出強烈的道德批判，指出說話要算話。但是在道德面前，或是暫且不論道德，不是所有內心團隊的成員能立刻同時出現，有些成員要走比較長的路，才能抵達領導人呼叫得到的距離，這是一種心理現象。

圖 20：第一個最好的反應和遲到者事後的「革命」

有時候自動「脫口而出」的東西讓人事後很懊惱。於是我們也許會說：「我不是這個意思！」但這並不是確實的情況，如果要精確點，我們通常得說：「我雖然這樣認為，但這只是我的部分想法和感覺，它們正好在最前面，是第一個能發表的意見！」

我們必須一直考慮到**談話的後續影響**。那些敢於對棘手問題公開對話和批評的人，事後常常會很失望：對方斷然拒絕一切提議，不讓問題沾身，甚至變得無恥；這樣的對談不會有任何益處。但是下列情況也完全有可能：會談對象認為自己受到攻擊，先把自己的防禦部隊和一個好的守門員送上場，也許再加上一個好的前鋒，因為「攻擊就是最好的防禦」。但是在比賽吹哨結束很久以後，當所有球員筋疲力盡坐在休息室裡，球還是滾進球門內，整個情況又被拿出來研究。灰心喪志離開球場的對手已經不知道發生什麼事了。當然也有完全相反的例子：有些人今天通情達理，有建設性，對批評的反應低聲下氣，但是第二天卻變得非常惱怒，因為他內心中感受到批評「厚顏無恥」的那一部分醒了。

經驗法則：無論展現哪一面，你必須想到（對方或是你自己）的另一面也會現身！一般來說：對談通常會由準備好的「部分的我」主導，之後由聚集在一起「全部的我」評估。這時候，有些成員會清醒，他們早在對談時就想跟著講一兩句話。

基於同一個原因，想要達成較長遠的協議時，在協談和最後決議中間最好能經過一兩個白天和晚上。我們不能期望一開始馬上可以把所有參與者聚集在一起，有些人內心中「不融洽的」成員總是要等到了寧靜的小房間裡才出現，而且從來不跟談話對象接觸！與外人接觸時，內心舞台上只有贊同的、友善的和配合的成員。

其他的人正好相反：「不」的聲音總是馬上到場，邊界警衛決定公布，他整個時間都在警戒，不讓心靈上的異物走私進入自己的領土。只有當整個工作做好了，而且對方可能也已經勉強接受了現實的時候，只有這個時候，一個迎合說好的人才會出現在舞台上，並對已經離開的談話對象喊話，我們也許可以友善地把整件事情再考慮一下……（見 Thomann und Schulz von Thun）。人與人大不相同，內心成員中早舉手和晚舉手的人的分配也不同。

立刻用整合過的立場回應

這是日常生活溝通成功案例中最常見的反應方式：閃電式聆聽過所有要發言的成員意

圖 21：整合過的立場——回應是團隊工作的成果

見後，領導人做出回應，裡面採納了發言人全部或至少部分的意見。如此一來，我們的女學生可能會這樣回答：「我很樂意借你筆記，但是我想先把多半是私人筆記的部分拿起來，而且我還有個請求：下個學期你負責抄筆記，我可以影印你的筆記，這樣我們之間的關係才不會失衡，你同意嗎？」這個回應可以說是團隊工作的成果，有三個「內心成員」（圖二十一）一起合作：一個樂於助人的成員（或至少不喜歡說不）；第二個成員不喜歡把自己的私人筆記暴露在別人眼前；第三個成員不願讓別人利用自己（或者認為施與受的比例要平衡，無論如何對任何人際關係都有益處）。

這種反應的先決條件是內心要能迅速達成協議，過程必須由領導人主導成形，如果成功了，事後出現成員因為受到忽略而抗議的機率微乎其微。但是問題在於：誰能在困難棘手、讓人措手不及的情況下，迅速完成任務？誰能這麼快「召集到所有成員」？並且讓他們在幾秒鐘內商訂好意見？

如果我們常常有能力做出整合過的回應，那是因為大部分生命和周遭的人帶給我們的問題不斷重複而且可以預料。我估計，需要我們做出反應的情境中，百分之九十五以上是標準情況。基本上，我們已經針對這些情況做過一次內心團隊會議。孩子是否可以看電視？電視可以看多久？客人可以在我家裡抽菸嗎？我是否願意，並且在哪些條件下，願意替鄰居照顧小孩？我是否願意被選為家長代表？如果陌生人按我家的門鈴，我是否該開門？針對這些上千個不斷會遇到，並且要做出回應的日常小問題，我早就詢問過內心團隊，並且可以對外做出明確、有程度差別、有力以及（不能低估的）友善回應。

我們拿一個十七歲女孩當例子，鄰居有時候會問她願不願意在晚上幫他們看小孩。有一段時間，她心裡一直有點「翻來覆去」，如她自己所說：她一半有興趣，也喜歡那些小孩。另外一半卻也感到「有義務」幫鄰居的忙，但是內心反對這種道德約束；一方面，她很需要鄰居提供的報酬，另一方面她又不好意思拿，因為她很樂意做這件事，而且幫助鄰居也不應該取得金錢回報，簡單地說：一個很正常的小型「團隊衝突」。跟朋友談過以後，她成功釐清了內心的問題，圖二十二顯示這個結果。

女孩很樂意在下列條件下做褓姆：

A.固定的一天

圖 22：整合過的立場是內心團隊會議的結果

B. 可以臨時看小孩，只有當我真的沒有其他計畫的時候
C. 星期六晚上絕對不行
D. 一星期最多兩次
E. 收錢（但是不要太多）

從此以後，她有了一條明確的準繩，可以對任何詢問做出清楚友善的回應，不會再受到內心團隊動力不斷折磨！鄰居也比較清楚自己的處境。彼此接觸的情形明朗友善。

這種明確的準繩不表示要固定在一個僵硬的模式上。如果出現特殊情況，我們也可以偏離準繩（例如鄰居發生緊急狀況）。重要的是，我可以節省精力，注意力只要集中在特殊狀況上，而不是一直要面對所有內在和外在的因素。

內心澄明是人類自信的基礎。因此，例如給管理階層的訓練中，針對不斷遇到而且會引起內心團隊衝突的標準情況，制定出一個整合好的回應模式很重要。例如：「如果我（最好的）員工中有人有酗酒的嫌疑，我該怎麼辦？」

我特意說**制定出來**。因為如果有人畏懼跟自己以及跟自己的角色辯論，而相信坊間溝通指南上的成品，那他永遠是個可憐人，因為他距離穩健自信的專業態度和統整的人性很遙遠。

當領導人的內心團隊對合適的反應有重大不同的意見時，我們已經看到，他有五種不同的方式跟談話對象接觸。這些是**基本**的可能性，我們在這裡區分成五種典型。在日常生活的實踐中，這些反應方式會被混合使用，互相補充和彼此影響。無論如何，把它們都納入可以上演的戲碼中，並取得基本的演出許可是有益的。

2.3 和自己協調一致：團隊會議和內心議會會議

當我們面臨困難問題，必須做出回應和表達立場，而內心的意見又紛雜多歧，這時領導人的任務是召開內心的團隊會議：我們描寫過的五種反應典型，沒有一種是可以不經過交談就能達成協議的。要產生這些選項只有經由公開會議或是祕密會議，在接觸時召開，或是在安靜的小房間裡舉行。

這樣的團隊會議怎麼進行？在較小的動機下，自我對話的長度只有幾秒鐘或幾分鐘，完全自動自發，不需要有意識介入。為了彰顯領導人的角色，這裡舉出兩個日常生活中的小例子：第一個例子「安妮阿姨」是關於決定的形成，第二個例子「符合真實本性，還是具有外交手腕？」是關於如何呈現一個適當的溝通方式。

例一：安妮阿姨

參與會議的人：

有責任感的人（簡稱「責任」）

懶惰蟲

健康專家（簡稱專家）

領導人

一個人在計畫他的下午，突然進入下列（內心的）討論：

責任（對領導人說）：我們今天無論如何一定要再去醫院探望安妮阿姨！

懶惰蟲：老實說我沒有興趣！

責任：你又這樣，只想著舒適懶散；你有沒有想過，安妮阿姨在那裡每天寂寞地躺在床上？而我們幾星期來只有唯－－－－－次，我重複，只拜訪過她一次！

懶惰蟲：我不過說說而已！況且我今天也不怎麼舒服。

專家（趕來幫助懶惰蟲）：真的，喉嚨不太好！看來會嚴重感冒。也許真的不是探望病人的好時機：她有可能會受感染。

責任：啊，怎麼可能！

懶惰蟲（耍無賴）：不是「啊，怎麼可能！」這對安妮阿姨來說真的不好，讓她生病時又得流感，因為我們是活生生的細菌發射器，卻還得要握著她的小手！這不是探望，是恐怖攻擊！

責任：你已經把自私當體貼，你這個無賴！

領導人（出面干預）：好了，他是個無賴。但是我不想因為健康專家的意見正好符合無賴的心意而輕忽，也許真的不容否定平白無故把病傳染給她的危險。

懶惰蟲：本來就是！

領導人：也許真的因為我們不是那麼健康，懶惰蟲才會表現得這麼明顯。

懶惰蟲：就是這樣！

責任：就算不是這樣，懶惰蟲也會發言！只要是他沒興趣的事，他就會一直發言！

領導人（對有責任感的人說）：雖然如此，不要對懶惰蟲大加撻伐！他有他的功勞，因為你和你有責任感的隊友通常大權牢牢在握。如果沒有懶惰蟲兄弟，我們會像陀螺一樣轉個不停！

責任：可憐的安妮阿姨！

領導人：原則上，我完全贊同你的意見，我們早該去拜訪安妮阿姨，而且我認為你提醒我非常好。

懶惰蟲：我們現在已經很久沒去，晚個幾天也沒關係！

領導人：不，懶惰蟲，責任有他的道理，我們不能如此隨興。但是（對責任說），你同意我們往後延一次嗎？

責任：你要對你的上帝負責。

領導人：就我對上帝的認識，祂會同意的。但是就我對你的認識，你會用良心不安緊緊地糾纏我，所以我直截了當地問你：在什麼條件下，你可能願意延期？

責任：只有在萬不得已的情形下，如果我們馬上在行事曆上訂下一個有約束力的替代日期，要不然你們會協力拖延擱置此事！

領導人：好建議！（對健康專家說）你認為我們什麼時候會好轉，不會把病傳染給安妮阿姨？

健康專家：我估計四到五天。

領導人：好，那我就在行事曆上登記禮拜五下午五點。

懶惰蟲：禮拜五我還病懨懨的！

領導人：你現在閉嘴，好好享受優閒的下午！不用擔心！你知道嗎？禮拜五我會輕輕地踹你一腳，讓累的人馬上有精神。

責任（再度取得一些優勢）：很好，這樣我們才合得來！

團隊會議結束

現實生活裡的情形可能完全一樣，但發展的結果完全不同。這些「發言內容」出現時，不會修飾地如此好，也許根本不會以語言形式出現在意識中，它們多半是思想和感覺的斷簡殘篇，匆匆閃過心靈。某些想法即時更新，並在我們的會議例子中逐條發表出來。然而我認為，內心發生的事件正好顯示出有許多參與者的會議特色。

而領導人在會議中的角色是什麼？領導人從許多面向展現自己：他聆聽，接受訊息，受其他聲音感動。但是他也會採取干預手段，要求整理思緒或是發出譴責，他從一個反省的超越地位來決定發言內容的恰當性。他努力追求解決方案，盡可能顧及大部分聲音裡面的核心內容。他認識自己的弱點，以友好尊敬的態度面對弱點，了解如何評估弱點的力量，但是也不會任意隨之擺布、受制於內心的動力，他是控制整個事件的主持人。

我們的描述勾勒出一種理想狀態，在現實中常常不能實現。許多經驗報告指出：「我通常腦子裡一團亂，人聲鼎沸，一個比一個大聲，大聲喊叫的人常讓有些小聲發言的人噤聲。」

在繼續探討領導人如何以居間調解，整理秩序以及鼓勵等方式來主導會議這個問題之前，我們在這裡先介紹第二個內心團隊會議的例子，剛才的例子講的是一個好的**決定**，而現在的例子講的是恰當的**溝通**。

例二：外交官和符合本性的「直腸子」

這是一個人際溝通的基本問題：我如何能在一個人面前「開誠布公」，不會過分傷害和驚嚇他，也不會讓自己無謂地出醜？真性情的人和外交官必須不時同坐一張桌子，一起研擬一份說詞，既要符合內心，又要能讓別人接受，並能期望它發揮作用。雖然也有某些相遇和會面的時刻，外交官可以退到後台；但也有相反的情況，他必須字字斟酌，再謹慎小心也不為過。一方面，有些人的「全職外交官」就像永遠的核心選手大剌剌地站在前面，不容許其他人站在旁邊；另外一方面，也有人什麼都不會，只會「一根腸子通到底」，他急需一位外交官。換句話說：這兩位團隊成員視情況和人而有不同的意義，但是基本上，他們必須成為一個合作無間的團隊。通常他們之間有一種工作協定：「我負責內容，你負責包裝！」但是外交官可以也應該對內容付出影響力。

我們拿一個廣告部門的主管為例子，他很惱怒一位同事的工作態度不可靠，他該怎麼跟這位同事說？我們聽一下他內心團隊會議針對這個問題的開會經過。

參與者：

符合本性的憤怒者

外交官

領導人

憤怒者：這件事真令人惱火，而且不是第一次了，這個傢伙又沒有做家庭作業！

外交官：不要出言不遜，他是我們的第一把交椅，而且很敏感，不可以驚擾他！

憤怒者：雖然如此，這裡不能容許巨星存在！

外交官：沒有人是完美的，而且有創意的人很少，又是可靠、準時和仔細工作的世界冠軍！要遵守這些美德，就會扼殺內在的創意！如果想從一頭牛身上得到牛奶，就不能把牠送去參加賽馬！

憤怒者：胡說八道！牠只要準時出現在牛棚就好了！

領導人：外交官，你有什麼建議？

外交官：不要完全把他踩在地上，也要稱讚一下他的內涵，並且讓他知道，你了解有創意的人從天生就很難發展出對等的官僚主義美德！

領導人：好，我帶你們兩個一起去找他談話。一看到你們，我就會找到合適的話。我想像的談話是這樣：天堂鳥先生，你沒有……我對這件事真的很生氣。我完全能理解，一位像你這樣有天分的藝術靈魂……

外交官：等等！他可能會覺得你在諷刺他！

領導人：……像你這樣在創造力領域活躍的人……

外交官：……而且必須在這個領域活躍的人……

領導人：……活躍而且必須在這個領域活躍的人，對形式上的瑣事可能沒感覺……

憤怒者（打斷談話）：這不是「形式上的瑣事」。如果你這麼說，他還會很驕傲，滿不在乎呢！

領導人：……對組織功能的重要性沒有感覺，但是我要很清楚地告訴你，這個部門的共同成就也來自於專業領域上一絲不苟的可靠！——大概如此？

憤怒者：那好吧，反正我跟你一起去，如果我覺得你說得太婉轉，或是這個天堂鳥的反應太固執，那我也可以發言，到時候沒人可以攔得住我！

外交官：我也會在場，可以在緊急狀況時避免讓衝突無謂地擴大。

團隊會議結束

兩個標準例子介紹到此，例子裡的情形進行得很有條理。而現實生活中，對領導人而言，處理內心的喧嚷常常不是一件簡單的工作。經常被提到的困難點可以分為三個基本類型（圖二十三）：

■內心的紛亂

■大聲和快的聲音占優勢

■內心的對抗

在內心有衝突的情況下，最後結局可能具有以下特徵：激烈的鬥爭（來來回回拉扯）或是內心的癱瘓（封閉、不思考、沒感覺），第三章還有更多的內容。

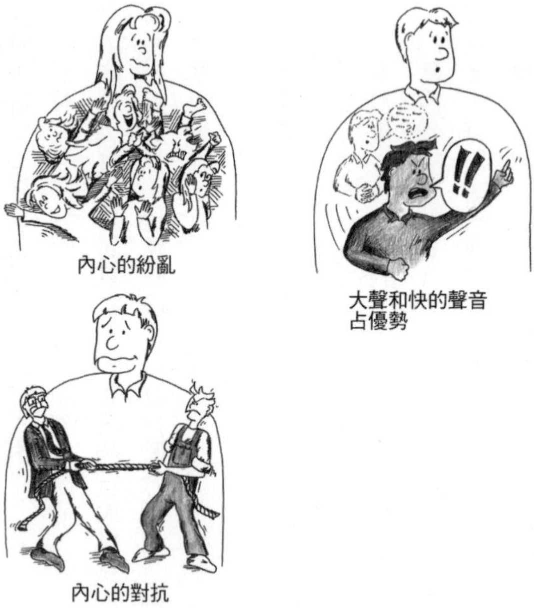

圖 23：內心團隊會議召開前和召開時的典型情況

這裡分成三點介紹的情況，在很多例子中是同時發生作用。如果一個臨時召開的團隊會談陷入混亂，或是走進停滯不前的死胡同，或是根本無法真正上軌道，這時在面對重大問題的時候，可以有意識地召開團隊會議，而且**進行得十分熟練**。從「與人商議」的說法，我採用了「內心議會會議」一詞。

「內心議會會議」的定義：所有內心成員有意識地集會座談，針對提出的問題發表看法，在領導人的帶領下，以尋求（發明）答案為目的。這個答案必須奠基於內心的協定，而且比只有一個人或是一小幫成員出席，或是一個人做的決定更適當且符合本性。

這要如何發生？領導人的任務是什麼？什麼又是「對規則十分熟練」？我想用自己親身體驗過的例子來介紹。

演講主題：停止仇恨，該怎麼做？

當一九九三年新納粹反外國人的莫倫縱火攻擊事件達到令人髮指的新高峰，第二天上課時我不打算按照日常的計畫，徵求聽眾同意，讓我偏離公布的主題，針對「停止仇恨，該怎麼做？」做一場特別的講堂（當時有很多公民都配戴一只別針，上面有「停止仇恨！」的標語）。雖然我不是這方面的專家，也沒有解決這種問題的答案，但是我認為很重要的是，不能在這個時刻沉默地無視這些事件（見Cohn und Schulz von Thun）。湊巧在這一天，一家德國銀行的營業主任也在聽眾裡（我並不知情），他受公司董事會的委託，替一年一度的全體員工大會找一位合適的講者。結果我稍後收到一封詢問函，問我是否願意在這個有七百名員工的年度大會上，再次針對同樣的題目演說，演講之後共同用餐，然後一起度過一個愉快的夜晚。

收到詢問函之後我接到一通電話（我有時間在內心裡進行訪談），我在電話裡的反應出奇混亂，猶豫不決和遲疑：雖然我很高興收到邀請函，但是鑒於沉重的負擔，這件事對我來說非常困難，萬不得已可以……也許可以在大學裡舉行？我必須把整件事再考慮一次——咦？我從來沒有看過這樣的自己，我到底怎麼了？無論如何，我清楚感覺到「我的

圖 24：結果是內心和外在的情況不明朗

胸中住了兩個靈魂」，兩個都很強勢，而且意見完全不一致（圖二十四）。

請注意，這兩個聲音是一個內心合唱團暫時性的結論，而我們還不清楚合唱團的成員是誰：內心紛亂和衝突的典型混合物。現在不能因為確認了一個贊成者和一個反對者就滿意，問題是：誰（哪些人）躲在後面？誰舉手「贊成」，誰「反對」？

第一步：確認參與者的身分

有多少人舉手發言？這些發言要傳達的信息是什麼？如何稱呼這些成員？

在這個例子中，總共有下列五個成員抵達內心的議會會議現場：

■神經質的人

■政治覺醒的人

■馬戲團的馬（被設計的角色；懷疑

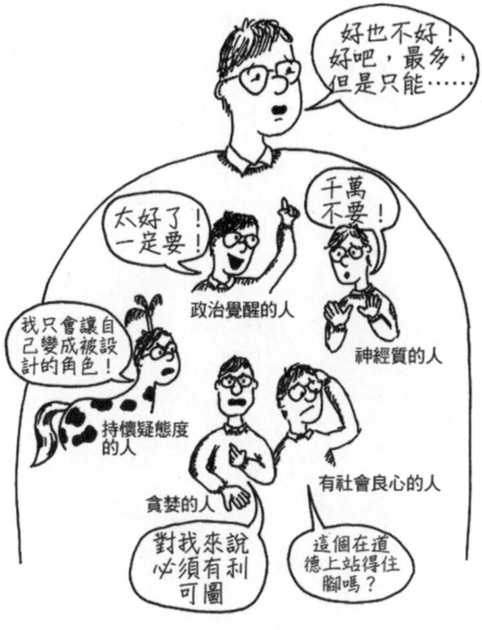

圖 25a：五個舉手發言的成員……

論者）

■貪婪的人

■有社會良心的人（圖二十五）

第二步：聆聽每個聲音

聆聽每個聲音跟第一個步驟已經有部分關聯，因為每個成員只有透過聲音和發言內容才能證明他的存在和效力。但是現在到了可以詳盡發言的時刻，而且每個人先為自己的立場發言，沒有討論，不准插話、鼓掌，或是發出不滿意的聲音。

在領導學習和工作小組的時候，我們也常常建議進行一個類似的「禁止互動的回合」，

圖 25b：……坐下來召開「內心議會」

羅絲・孔恩這麼稱呼它。團隊裡的專業衝突澄清協助（見Thomann）也是這樣開始：每個人都得到保證，不會被打斷，無論別人對他和他的立場看法為何，都有機會被傾聽和被了解。這種方法跟每一個（外在和內在的）團體中「自然的」和天生的動力完全不一樣，也正因為如此，這是一種讓溝通成功並能形成共同體的有力魔法。

例子中每個成員所要表達的訊息如下：

神經質的人：千萬不要！在演講前好幾天，我就會像要去外地參賽一樣興奮緊張個不停，然後在學生、太太和小孩面前神經兮兮和心不在焉，心裡魂不守舍。演講前一天睡不好，因為心裡對這個主題缺乏自信和安全感。在幾百人面前的大型演講給我的壓力太大！不，絕對不要！

政治覺醒的人：太好了！社會上的機構會覺醒，尋求跟大學和跟我合作的機會，共同讓社會意識更敏銳，關注國內發生的災難！他們來問我，不是為了「如何更有技巧地與顧客交談」，而是暫時放下短期的獲利保障，承擔起社會的責任。這也正是我想要的：身為權威的溝通心理學家能與這時代的社會政治議題接軌，並讓人聽見我的聲音與我接觸。我們正要發表一篇關於「見義勇為的心理學」的文章！所以：絕對要接受！

嚴肅的馬戲團的馬（懷疑者。這個成員原本沒有名字，一開始只是透過「胃不舒服的感覺」表態，在我「追蹤」剝絲抽繭後得到以下訊息）：這是什麼樣的情況？全體員工年度慶祝會，愉快的美酒佳餚聚餐，以提高團隊精神？沒什麼不好，但是為什麼偏偏要找我這麼一個學者去，用教育為聚會添上莊嚴的氣氛？這不就變成大家都得忍受的義務節目，忍完才能飲酒止渴？我的題目真的適合整個年度大會嗎？我是不是跟以前一樣，要去扮演被設計的角色？

貪婪的人：要我願意接受好幾天的壓力，讓井井有序的職業生活和私人生活受到干擾，為這個大型有代表性的活動忙碌，那得為我帶來可觀的利益才行！

社會良心：這個演講主題和其政治動機，現在真的不適合用來牟利。有人因此痛苦喪生，你卻想乘此時機大撈一筆？這是不道德的！至少該把賺來的錢捐給受波及的人！

成員的意見聆聽到此。混亂不舒服的迷霧中出現了一個多重困境，情況卻變得比較能捉摸，內心的不一致在許多不同觀點上變得更清楚了。如此一來，已經達到了很多目的：（在客觀事實的層面）清楚明朗和（在關係層面）內心成員的歸屬感。現在領導人應該要開放討論。

第三步：開放並鼓勵自由討論

這裡列舉幾個內心討論的片段：

貪婪的人（對社會良心說）：我就是不像你那麼高貴，可以把酬勞捐出去！

社會良心：那至少捐一部分，你這個死要錢！

神經質的人：你們在談什麼酬勞？我已經說得很明白，這場演講對我來說負擔太重，帶給我的壓力太大了！

懷疑者：我不想在這種場合講這個題目！

政治覺醒的人：這個場合到底有什麼不對？有七百個人願意聽你演講！你也可以對這個場合發揮決定性的影響力！還有你（對神經質的人說）面對這樣的事，應該可以咬牙忍耐一次吧！

情況看起來沒有變得更簡單，正好相反：討論得你來我往很混亂，並且在原地打轉，也許還是所有人同時一起發言。領導人可以讓這種情形持續一段時間，不去干涉。每個專業主管都知道，「風暴」在每個團隊發展中不可或缺，而且協同效應跟爭吵也有一點關係。當然，喧嘩吵嚷到一個時間點後，我們需要重新組織。

第四步：由領導人出面主持和組織

領導人把聆聽到的意見和討論的結果做個總結，例如：

領導人（擔任主持人）：看起來主要有三個問題有爭議：

1. 活動框架的適當性
2. 酬勞的適當性
3. 是否能承受壓力

無論如何有一點可以確定：如果我很乾脆拒絕這次演講，你（神經質的人）雖然可以鬆一口氣，但是你（政治覺醒的人）會很失望，而你（貪婪的人）也不會滿意。相反的，如果我接受了邀請，你（神經質的人）會「嚇壞了」，而你（嚴肅的人）會有極大的憂慮，擔心這個錯誤題目會讓自己成為消遣的對象。我還必須跟你們兩個（貪婪的人和社會良心）辯論酬勞的事宜。

情況在我看來非常複雜，但不應該是絕望的！

無論如何，你們都在這裡是好事。也許我們可以找到一個解決方案，能滿足你們多數認為是重要的觀點，也是我能接受的方案，因為我知道有你們做後盾。

第五步：腦力激盪

為了讓尋求的解答朝有希望的方向邁進，領導人必須根據討論的情況，擬定特定的問題。這裡有幾個例子：

對神經質的人提問：假想你接受了邀請，哪些條件可以讓你不至於太緊張？

對懷疑者提問：我們必須對活動場合提出什麼要求，才能降低你的憂慮，不用擔心因為題目錯誤而成為別人消遣的對象？

對貪婪的人和社會良心提問：有可能避免透過主題來圖利個人嗎（好讓你，社會良心，在籌畫時的感覺好一些）？然後又能讓你（貪婪的人）賺到一些你應得的酬勞？

對政治覺醒者提問：如果我拒絕邀請，是否還有其他的可能性，讓你能繼續關注你的議題？

這樣的問題透露出對「啟發性技巧」的了解，這是尋求解答的有效途徑，重點如下：

剖析寶貴的部分。主持人假設，一個一定無法完全「突圍」的立場也可能具備一些元素，應該在整體的解決方案裡合理地傳達出來。比如，神經質的人不需要完全貫徹他的意見，但是他可以提供重要的指示，將整件事籌辦得讓人可以負擔。這是職場中好的團隊主管的一項特質：他們不會將不合情理的建議打入冷宮（這完全是胡說八道！），而是用警覺的眼光發掘藏在醜陋蚌殼裡的寶貴珍珠，並且表達出來（我不贊成這樣處理，但是從你的話裡，我更清楚看到很重要的一點，那就是……）。如此一來，這個建議的保留價值沒有被忽略掉，而且建議雖然被拒絕，成員還是感受到尊重。

認清立場背後的利益需求。主持人努力認清每個成員立場後面所隱藏的切身利益（參考Fischer）。這是個很重要的區別！如此一來，談判就有了靈活的空間，因為每個人的利益需要大都可以用多種多樣的方式滿足，不像實現立場就只侷限於一種方式。在這個例子中，領導人沒有對貪婪的人說「你可以得到很多錢」，而是（比較靈活，也許也比較一致地）「你可以賺到一些你應得的酬勞」，差別極微小，但是效果很大。

擴大認知的結構。主持人擴大抉擇的範圍（這也是一種重要常見的策略）。到目前為止，對邀約的抉擇似乎在「接受」和「拒絕」上尖銳化：圖A

對政治覺醒者提出的啟發性問題，能把我們從表面的選項中解放出來，並擴大行動空間，對神經質的人的問題也有同樣的效果：圖B

女學生的領導人在整合內心團隊時也走進了死胡同（參考第87頁及其後），剛開始似乎只有這些選項可以回答：圖C

之後她把答案擴大了一個範圍：圖D

並建立起施與受的基本關係。

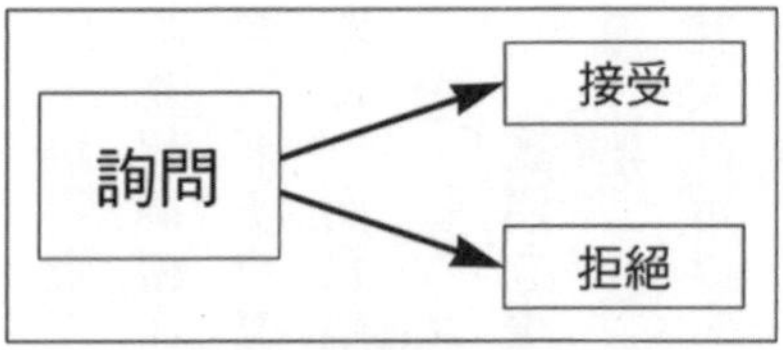

圖 A

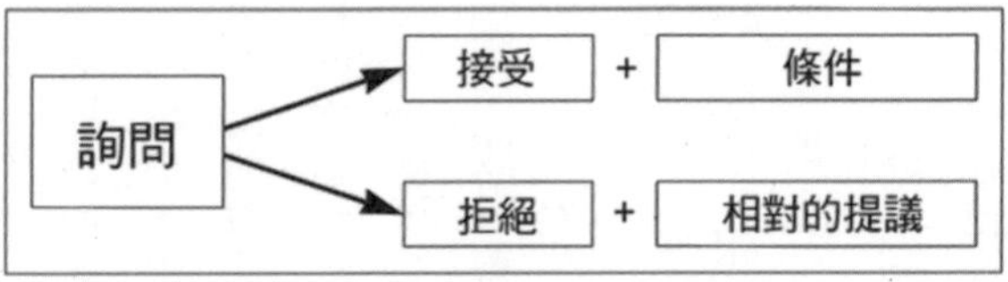

圖 B

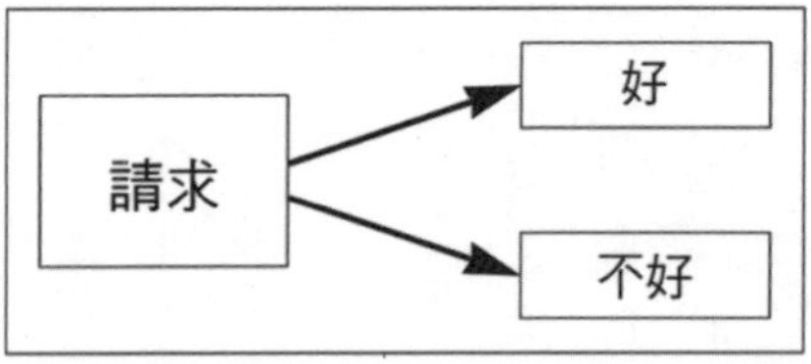

圖 C

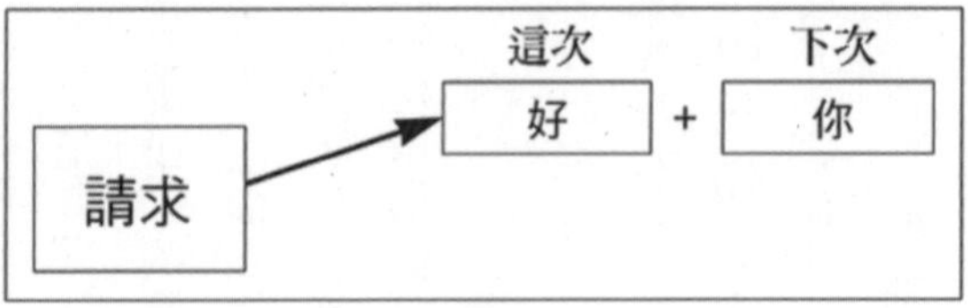

圖 D

回到我們的例子：「腦力激盪」是由領導人（以主持人的角色）用啟發性問題刺激而開展。神經質的人（如果非要演講的話）希望最好由兩個人一起做（和共同演講者一起），再者，最好在大學裡舉行（不需要出遠門，有主場優勢！）。如果活動辦在大學的演講廳，時間和空間上跟公司的聚餐有區隔，就連嚴肅的懷疑者也會比較安心。至於在團隊內起衝突的貪婪的人和社會良心，我有了下面的主意：我在大學裡，每天在「有失體面的環境下」對學生授課不也是受罪？空間斑駁失修，椅子又硬又破，教室骯髒空洞一點也不吸引人？我們不是也開始自費訂購地毯和窗簾？有沒有可能捐贈物資給大學取代個人酬勞？譬如說，三十張上好木頭製成的加墊椅子？照顧好大學和學生福利，最後不也是照顧到老師嗎？

第六步：草擬整合過的立場

現在領導人通常有能力收獲團隊成果，並草擬一個反應，裡面融合了好幾個成員的智慧結晶。例子最後的結果真的也是這樣：在大學演講廳裡舉行，三十張有椅墊的椅子做為給大學的回饋，演講的委託人也同意。

內心議會會議幾乎從來不能達成百分之百的意見團結一致。無論如何，領導人仍然要做出決定，好再度放下單純主持人的角色。這個例子中，儘管情況已經改善，但至少神經質的人必須讓步。但是比團結一致更重要的是內心的團隊氣氛，每個人都能參與尋求解決方案的過程，發揮決定性的作用，並受到尊重，讓我們真正能從困境中（很多人都想發表意見，但是每個人想要的都不一樣）發展出一種美德（每個人都可以有貢獻，使我們的解決方案比只有一個人做出來的決定更有質量）。為了讓吵嚷的聲音變成專業成員的貢獻，並將這些貢獻導向能發揮協同作用的結果。這樣的結果在品質上會勝於任何一個單一貢獻，就跟職場和政治界一樣，需要很好的主持功力。要不然，混亂和互相貶抑會讓潛在的協同作用在萌芽階段就被扼殺。

但是內心議會會像上面的例子一樣，會議開得這麼有秩序有系統嗎？不，這個例子裡的過程也是很臨時、混亂、片段，分散在好幾天舉行，是我在事後把經過整理成教材，讓它有脈絡可循。心靈首先是按照自己的邏輯和規律行事。然而我提出的步驟和「對規則十分熟練」很重要：只要過程陷入僵局，走進死胡同，或是成員彼此攻訐，領導人可以動用這些步驟和規則，有意識地加以整理。一般而言，補做「禁止互動」回合（第二步）是個有效方法。練習能成就大師，所以放手讓「大師」，也就是領導人掌舵，就是一種練習。如果領導人很軟弱（圖二十六），成員就會無法無天。

這樣一個內心議會會議的外在環境可以非常多樣：獨自散步時，與他人交談時，或是拿著紙筆坐在桌前的時候。

我們描寫的例子中，議會會議就像一般的情形，是獨自（沒有顧問的情形下）出現在日常生活裡。如果要在研討會的團體中引入溝通諮商，情形又有些不一樣，這裡也有一個例子[5]：

圖 26：軟弱的領導人

職涯上的決定：在研討會團體召開內心議會會議

有次由領導階層組成的研討會團體裡，一家儲蓄銀行的營業主管說出他心中的規劃：目前他是A區的區域主管。在組織重組下，A，B和C三個區將會合併成一個大的ABC區。他得到成為ABC「大區域主管」的機會，他該如何做決定？

一方面，他高興極了，另一方面，他也有顧慮。他的同事，B和C區的主管（按計畫）會成為他的下屬。而且：整件事對他來說會不會是小孩穿大鞋，超過他的能力？到星期一之前，他還有時間可以考慮。

5 小組工作的實務諮商。二十個案例說明增強體驗的方法，給教練和指導者的自我訓練（引自Schulz von Thun 1996）。

顧問：聽起來，你胸中對此有很多不同的聲音，到底誰在裡面舉手發言？

他：哎，當然有一個高聲歡呼的聲音：「太棒了，你辦到了！這是對你的表揚，從中獲得權力與地位，當然還有利，我可以把它視為個人成就。」

顧問：你心中說這話的人叫什麼名字？可以給他取個名字嗎？

他：可以，他就是那個一直想得第一名的人！

顧問：好，就姑且叫他第一名。還有其他聲音嗎？

他：馬上出現另外一個聲音：「你才三十九歲，就已經有過一次心肌梗塞，需要β受體阻斷藥來治療心律不整。你得小心自己，不然你很快就要入土為安了！」

顧問：擔心健康的人？

他：對！因此，和這個有關或者也沒有關的還有一個聲音，是朝家庭靠攏：「你有老婆和小孩，他們也需要你，我也需要他們。不管怎麼說，他們過去一段時間已經受到太多冷落！」他叫什麼？他是我心中顧家的人！

還有一個聲音說：「小心，事情不是那麼簡單！現在的兩個同事以後要成為我的下屬，這樣可以嗎？他們也要先克服他們沒成為主管的事實！」這也許是我心中謹慎的戰略家。

顧問走向白板，把四個聲音畫上去，並確認這些最重要的聲音都「有名字」（圖二十七）。

到這裡為止，過程都和先前的例子一樣，除了不是由領導人自己調查每個聲音，而是由

圖 27：內心針對職涯決定所做的發言

外部的顧問進行。

現在該進行的「自由討論」（第三步驟）會由團體裡的隊友接手，有四個人願意參加。

顧問：請你們四個人走到中間來，盡可能沒有成見也很誠實地，大聲地進行內心討論。

（對區域主管）：但是首先，我想請你再給這四個人中的每個人幾個關鍵句，好讓他們融入角色。

區域主管現在輪流走到每個人的背後，這四個人體現了他內心的四個聲音＝團隊成員＝提供建議的人，並告訴他們每個人心中牽掛的事，這個舉動符合「聆聽每個聲音」（步驟二）。

這個步驟完成後，研討會的主持人和區

域主管稍微站在外邊，區域主管在一定距離外觀察圈子裡的小組討論，內心的討論就等於是在他面前的舞台上演。

隊友們開始討論，每個人代表他內心所關心之事，對別的隊員做出反應，討論得很激烈，例如顧家的人攻擊第一名：「你還一直需要向你爸爸證明你最強嗎？」

區域主管從外面聆聽內心的喧嚷，他「贏得距離」。自由討論結束後，有不同的方式可以繼續進行，也許區域主管在聆聽之後，又有一個還沒有人代表的聲音（一個「晚報到的人」）湧上心頭，在這個時候，他可以找一張椅子坐下，向其他隊員介紹這個遲到的人。或者研討會團體裡有人急著要建議一個尚未出現的聲音，認為這個聲音也適合這場討論。到了某個時候（內心議會會議的第四步驟），區域主管應該要接手主席的位置，引導他的成員一同尋求有建設性的解決方案，顧問可以在一旁協助。

執行這種諮商工作的技術原則和規則不是這本書的主題，這個例子只表示，內心議會會議絕對不僅僅是在安靜的小房間內進行，在檢討會和在職進修的場合也可以把團體納入進行。

2.4 合作式的自我領導

領導人任務中的合作部分可以說在所有範例中越來越清晰：交談、傾聽、主持、協商、重視每個人的發言。任務的另外一部分則是領導，因為一個主管不僅要傾聽和主持，還要手握權杖，有時候必須先爭取贏得權杖，也就是運用他的「指導能力」訂定目標，下達指令和鼓舞士氣，做決定並（對內對外）負責。做決策不能憑感覺想像，而是要先仔細地研究事實狀況，並聽取內心顧問的意見之後才下決定。

獨立自主的超然地位

費儒濟（Ferrucci）報導的一則逸事很適合當作導論。他與師父，年老有智慧的阿薩吉歐利（Assagioli）談話時，曾提出關於我們應該「跟著感覺走」的問題。師父的回答讓弟子很吃驚：「但是你**不能**跟著你的感覺走，你的感覺必須跟著**你**走！」

這個回答標誌了阿薩吉歐利所創立的「心理統整」學派的治療目標。「警覺的自我」要取得對「人格元素」（部分人格）的控制。

就我的看法，領導人和團隊之間一直存在著交替的隨從關係。就像領導人和被領導的人之間，無論在什麼地方，一直都存在著微妙的依存關係：領導人可以期待的接受度和追隨度，就如同他自己可以接受別人領導的程度一樣，他也能用靈敏的感受力察覺出被領導人心裡和腦袋裡的想法，並加以塑造和改變。高曼（Goleman）曾引用一個建議，裡面有跟自己辯證的想法，高曼把它當成「情緒智商」的例子。一位西藏大師被問道，什麼才是對治憤怒的最好方法，他回答：「不要壓抑，但也不要順從。」雖然如此，阿薩吉歐利宣告的發展方向仍然有很根本的重要性：領導人應該漸進式地接管多元團隊的合作領導任務。

圖 28：領導人（後者）積極認同團隊裡一個最喜歡的人

該怎麼進行呢？要有效的自我領導，決定性的先決條件是維持或取得一個「獨立自主的超然地位」：領導人要凌駕於「整體之上」，不能心有偏袒而捲入對立的混亂擾攘中。不僅阿薩吉歐利和費儒濟（心理統整），史東（聲音對話）和施華茲（內部家庭治療）也都有提到這個基本看法。

領導人和各個成員融合在一起

但是為什麼強調和努力達成這件事那麼重要？這個基本情況難道不是我們整體心靈架構的一部分嗎？顯然不是。領導人多多少少無意識或是強力感受到壓力，去參與內在心靈的團體動力，他必須與一位或是多位團隊成員產生**強烈的認同**，乾脆可以說，他們**融合**在一起。我們以後還會看到這種過度認同（第四章），特別容易出現在生存競賽中有很大貢獻的成員身上，或是用特別純粹形式體現自我理想形象（＝一個人應該有的樣子）的成員身上。如果「安妮阿姨」例子中的領導人認同有責任感的人並融合在一起，他會將另外兩個成員（懶惰蟲和健康專家）貶低為「內心豬玀」聯盟，一定想要「克服」他們。此時領導人立刻捲入了內心的對立，不能執行領導人的主持任務。或者，如果區域主管在職涯決定上跟他內心裡的第一名融合在一起，那他會把心中其他的反對者貶低為「膽小鬼」和「膿包」，並讓他們閉嘴。這樣的結果讓他看起來好像是跟自己的心意一致，但是要提防災難性的內心反抗運動。

圖二十八是讓領導人以（無意識）策動整個過程的幕後人出現，來展示認同融合的過程。其他例子似乎比較常出現由一個態度強硬的團隊成員發起融合。這位成員沒有受到邀請，但他霸占艦橋，圍困艦長，讓他失去指揮權，最後有感而發：「我感到（沮喪，有雄心抱負，受屈辱等等）。」如果第一個例子裡說的是領導人最喜歡的人，那這裡就是不受歡迎強人所難的人。

我們再回到範例上。假設廣告部門主管因為有創意的同事的表現不可信賴而怒不可遏，暴跳如雷，這時候就不可能跟取得諒解為主的外交官組成團隊。在這種情形下，他只會覺得外交官是個「懦弱的老好人」，他必須以狂暴鬥士的身分上場（這本來也應該發生）。或者在「停止仇恨」的演講例子中，如果神經質的人用顫抖的力量圍困住領導人並占領指揮台，那我可能會帶著惋惜的心情和對自己不滿，必須說：「對不起，我無法勝任這個工作！」（這也會發生。）

在領導人和雀屏中選的成員之間，選擇性和長期性的融合會形成一個僵化的自我認

圖 29：領導人（前）消極地認同態度強硬的團隊成員，導致艦橋「被霸占」

知（請參考《談話聖經1》），並獨裁鎮壓內心社會裡的「異議分子」。無論如何，都會損失自由選擇和組成團隊的機會，也會侷限適當行為和內心和諧的可能性。因此，「內心團隊形成」能打開一個廣大領域（之後會再拾起這條線索）。我們在這裡還要進一步解釋「認同」和「不認同」兩個概念。

認同和不認同

領導人與成員的關係中有兩種不同的存在形式：

認同關係：如果領導人融入成員的處境，認出這是自己的一部分，並承認：「這是我的一部分！」

不認同關係：如果領導人保持距離，從外面觀察團隊成員，並發展出一種意識：「這只是我的一部分！」

兩個句子都強調了整個事實的部分面向。無論在治療上還是在日常生活中，我們一直搖擺在認同和不認同之間。第一個態度阻止了成員的分裂，避免把他視為異類排斥在外；後者允許領導人在內心對自己保持距離，阻止他跟一個強勢的成員融合。這樣的關係可用價值方塊表示（如下圖）。

視心靈的起始狀況而定，教育治療的介入方向（箭頭）是按照相反方向的原則。如果想要在領導人（阿薩吉歐利也稱為警覺的自己）跟不受歡迎的敵手對抗的時候助上一臂之力，阿薩吉歐利建議從下面左方往上面右方朝不認同的方向進行：「我們會受到所有自我所認同的東西主宰，而我們可以主宰和控制所有我們不認同的東西。」

而他解釋：「在這個原則下隱藏著我們或是受到奴役或是得到自由的祕密。每一次，當我們跟一個弱點，一個錯誤，一個恐懼，或是任何一種個人的感覺或衝動（認同）的時候，我們侷限了自己，並使自己失去行動力。每一次招認

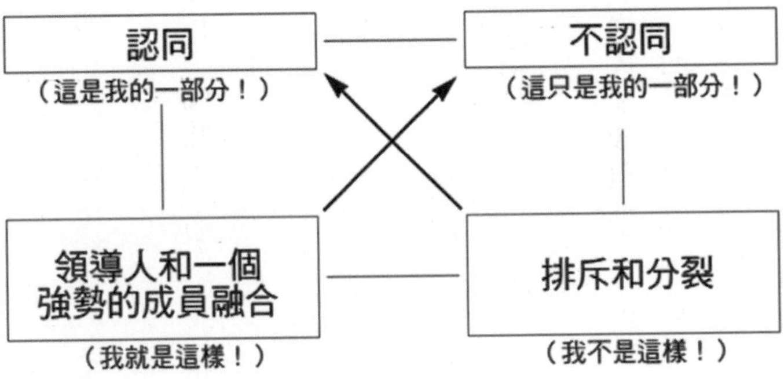

『我很氣餒』或是『我很惱怒』的時候，就會越來越受到挫折感或是憤怒的情緒控制。我們接受這個限制，替自己套上枷鎖。如果在同樣情況下，我們說『有一陣氣餒的波濤企圖淹沒我』，情形就會完全不同，有兩種力量在心中對峙：一方面是警覺的自我，另一方面是氣餒或是憤怒。警覺的自我不臣服於入侵者；他能以客觀和批判的眼光評估氣餒或是憤怒所引發的衝動：他可以探究衝動的根源，預見它們將會造成的不利後果，也能意識到它們的不合理。通常這足以抵擋這些力量的攻擊，並取得抗戰的勝利。就算這些力量在我們心中暫時取得優勢，有意識的人格最初被它們的威力征服，但是警覺的自我絕對不會真的被打敗。他可以退守到內心的堡壘裡，在那裡韜光養晦，等待有利的時機反擊。有可能會輸掉一些戰役，但是只要不放下手中的武器，不認輸，就不會危及到結果，最終還是會贏得勝利。」（見Assagioli）。

雖然這些刀光劍影的陳述對我來說好像有點好戰，但是我相信，導入不認同可以讓領導人覺察到自己的力量和選擇的自由。相對於「戰勝」，從團隊思考的意義來看，我比較喜歡說「納入」，因為內心的敵人大都也能貢獻一些力量，只要不放任他單獨一人不受控制地對主人和其他人發出攻擊（參考第186頁〈跟內心的敵對者打交道〉）。

我綜合整理一下：領導人可以用兩種方式跟成員接觸，藉由有意識和自願的認同，把挑選出來成員的心靈特質據為己有，把心思放在裡面。例如一個治療師對不敢發怒的病人說，只要你心中還感受到一點怒氣，「就完全沉浸到憤怒裡」。或者我們說到自己：「我結結實實一頭栽進去！」也許是描述我們投入某個特定氣氛，而不是想要對抗。

只要認同是有意識，有選擇性和暫時性完成的過程，那麼認同就是認識自我和融合內心邊緣人的一個重要歷程。與其他人接觸時，有時候就算我們知道一個聲音並沒有涵蓋自己感受中的所有面向，但是偶爾暫時任憑它發洩，也很有療癒效果。但是如果認同的過程只是無意識慢性融合，或者領導人無法抵禦頑固的圍困，領導的品質就會受到嚴重限制，組成團隊的機會也會降低。藉由不認同的反向過程（劃清界線），領導人可以讓自己脫困，再度成為不被聲音纏身的主管機關，對整體保有概觀，能在一定的距離之外與每個成員友善地互動（見 Schwartz）。成功地在認同與保持距離之間轉換，是跟自己相處最有益的關鍵原則。

2.5 基本譬喻的轉變

我們首先初步認識領導人，特別是組織內心團隊的主持人和融合者。下面幾個章節還會再深入擴大探討。

我們還會利用機會，根據思想上的關聯性來變換基本比喻。第四章將會描述人格建構過程，並回頭使用即興話劇中「內心舞台」的情境：「女導演」領導整個劇團，一些成員出現在舞台上，其他人則藏在幕後。就算演員可以在演出宗旨的框架裡自由即興地發揮台詞，但是女導演還是肩負起所有責任，並決定演出的陣容（圖三十 a）。

第五章是內心成員根據人性和實際情況的關聯性進行編組，計畫將會提到「內心球隊

圖 30a-d：對領導人和內心團隊的譬喻可以有不同變化

陣容」和一個當「教練」的領導人（圖三十b）。

對於有強烈抗爭意味的對談和辯論，可以選擇「戰場司令」和他「內心戰鬥部署」的畫面（圖三十c）。

相對之下，內心的聲音在一個「樂團」裡，由「指揮家」領導音樂會的畫面要和諧得多了。視要演奏的曲目而定，指揮家交替點名獨奏家演奏，並決定誰應該（大聲或小聲地）加入演奏行列，一起創造出和諧的共鳴，當有不協調產生或是有不好的「氣氛」出現，指揮家會加以干涉（圖三十d），內心當下活躍聲音組成的樂團所營造的心情會再度愉悅起來。

也可以使用其他的譬喻。例如斯迪爾林（Stierlin）受顧恩特・施密特（Gunther Schmidt）啟發，喜歡用「內心國會」的畫面來說明（更替變換的）結盟情形，以及對權力和妥協的角力。另有一個女學生[6]認為「酋長」的形象很合適，他清楚認識每一個印第安人，能為族裡選出最好的勇士。

所有這些譬喻都是「同一個主題」的變體，每個變體也都具有整個真理中一個有點不同的面向，視所要強調的面向而定，我們選用一種比喻。這個「同一個主題」一直是個心理狀態，既是階級式，也是按團體動力組織結構；具有雙面的本質，是單數（我）也是複數（我們）。每個教育學和溝通理論，每個諮商和治療，都必須把這個雙重的基本情況當作出發點和目標。

2.6 所有人都有「多重人格」甚至「精神分裂」？

看過領導人和整合過的團隊正常和部分理想的合作之後，比較能歸類出病態的現象，比較能理解它們的相似點和相異點。

過去能聽到並讀到許多關於「多重人格」的報導（例如 Casey）。歐恩斯坦（Ornstein）也多次提到這個錯亂的現象，把它當成多元心智概念是正確的重要依據之一。

6 沒有出版的學期報告。

現在正式的名稱是「解離性身分障礙」（見 SaB），這個概念「解離性」（分離，分裂，不屬於一個整體而分開的）指出我們要探討的現象：至少兩個（據說可以到五十個或更多）部分人格帶有標誌性的特色，身體語言，行為模式，記憶等等在內心裡交替掌權發號司令，出現在一個身體裡。端看正好「輪值」的人是誰，我們得跟極端不同的性格打交道。「主人」人格（在我們的術語裡是領導人）通常對奪權的占領者一無所知（或者絲毫不想知道他們的任何事情），在客座演出之後，他常常對這段時間沒有留下任何記憶。

這些輪替的部分人格通常有自己的名字，雖然一般也知道彼此，但是不願也不能跟彼此有任何關連。他們之間以及跟首要人格的關係是疏離、緊張，而且部分是敵對的，所以胡博（Huber）稱之為類似內戰的狀況；極端情況下，也有可能出現一個部分人格把「匕首藏在衣服裡」，做出嚴重自殘或自殺的舉動。

就我們目前對於人格障礙形成的了解，所有的證據指出，這些（大部分是）女人在童年經歷了很嚴重並且持續性的性侵害。飽受恐懼、驚嚇和痛苦折磨的小孩既無法逃開，也無法自衛，更沒有人可以在他身旁給予安慰、幫助和處理發生過的事。一般來說，毫無保護的心靈應該要崩潰。但是如果這個小孩有天分能將自己抽離，朝這個方向發展出心理的自衛反應，讓他與個人的一部分躲開這個情況，保護自己免於毀滅。這個逃生技術一直會延續到後心靈創傷的壓力反應。

診斷多重人格障礙不是一件簡單的事，它的存在在臨床專家之間甚至備受爭議（見 Saum-Aldehoff），至少美國急遽增加的病例確診讓人懷疑，精神病是不是正在流行（見

Lau）。

或者人們以前沒有注意到這個「原始障礙」，因為根據胡博的看法，個別的部分人格也可能顯露一般常見的障礙（憂鬱症，強迫症等）？胡博強調，傳統治療在這種情形下並沒有多大用處，因為在「切換」，也就是身分轉換後，另一個部分人格掌舵並不能從治療中獲利，甚至極有可能反對治療。「所以在著手治療其他障礙之前，我們首先要治療身分認同的障礙，當然常常也可能同時進行。」從這裡看來，我們可以理解紐約發生的一件軼事：一位精神病學專家在治療過一個「多重」病人以後，向醫療保險公司提出了「團體治療」的帳單。

治療多重人格的目標是促使隔離的部分本質統合在首要人格的主權下，或者至少達到「意識並存」的初步階段。

這個簡短概述的結論是：我們都有「多重人格」；但是能讓我們免於出現多重人格障礙的是「意識並存」，這是一種能力，能在發展得很好的領導人指揮下組織團隊。當然，我們跟鄰居之間沒有確定的界線。意識並存的混沌不明、缺乏內在的團隊意識、組成團隊失敗，以及領導人偶爾或是經常性領導無方：這些都是健康人常見的正常現象，還包括有時候會出現「類似內戰的狀況」！

此外，路易斯・林瑟（Luise Rinser）提到一個正常的「青少年精神分裂症」：「有時候我有一種需要，想做一些壞事，放火燒一棟房子或是類似的事情。但這只是我內心裡的一個人，另外一個人卻想當個乖孩子幫助別人。」馬特（Matt）在一個犯罪青少年的科學研究裡調查發現，有些年輕人過著雙面人的生活：平日在工作上是個很符合要求的模範生，過著中產階級的生活；但是一到周末撒野起來無法無天。這個年輕人可能在長大成人期間曾有個亟欲有所作為的英雄氣質，但是在按部就班的生活裡（再也）沒有用武之地。

這種類型的分裂不能跟真正的精神分裂搞混，那是一種疾病，領導人和團隊合作在另一個形式上失敗了。精神分裂有一個主要症狀是會聽到聲音（見Bock），但不是這裡所說的「內心聲音」（我們為內心的感情波動草擬一段文字，讓我們比較能進入它們的世界），而是一種真實的聽覺感受。它們似乎從外面傳入病人的耳朵，說話內容（部分是命令）並不會被病人當成自己說的話，而且這些聲音高興來就來，高興走就走，還強迫病人接受命令，常使病人心生恐懼。如果用這裡提出的看法來解釋，我們可以假設，那是內心團隊的成員，以前被趕出內心團隊（被分裂出去），不再屬於這個團隊，現在以這種方式從流放地回來報到，並被當成具有威脅的外來物。

有報導指出，即使沒有罹患精神分裂的病人也會出現幻聽（見Stratenwerth），甚至人數眾多（根據美國來的研究，占所有人類的百分之二到四），而且常常跟有創傷經驗有密切關係，例如意外事件、性暴力，或是親屬突然死亡。有如此經驗的人也不用擔心會「發狂」。人類可以學習跟這種經驗一起生活，而且我們也有理由希望，領導人能再度成為這些被逐出團隊或是自己逃走的本性的「主人」。

之所以提到這個或多或少病態的現象，是因為我的課堂上或是進修課程裡不斷有人對內心團隊的模型介紹帶有憂慮的抗拒反應。他們似乎擔心，研討這些主題也有可能會讓自己陷入錯誤的多重或是精神分裂的人格。雖然我相信正好完全相反，意識到內心的多重性和訓練自己處理這個現象，在正常情形下會協助防止這種病理性分裂出現。可是我現在還不能排除一件事：個案中出現充滿恐懼的抗拒反應，可能正是對懼怕的發展缺乏抵抗力。那就應該先保持距離，不要繼續研究這個主題比較合適。

但是我在分析評估超過一百份的經驗報導後得到一個結論。一般而言，研究內心團隊模型對個人發展有非常正面的效果，而且可以從三個方面看出來：

1. **把自己從一致統一的硬性規定中解放出來**：「我一直要求自己有一個一致、堅強、篤定的人格，因此也把內心中矛盾的多重性詮釋為自己的弱點，甚至當成病理上的障礙。現在我允許所有多重性存在，並將它們視為自己的一部分，讓它們成為內心的財富。」

2. **幫助自己建立秩序和澄清**：「這個模型可以幫我在內心的紛亂中找到頭緒。接著，我可以看得比較清楚，哪些人說了些什麼，哪些人往前擠，哪些人持保留態度，而哪裡是爭執的焦點。」

3. **更容易接受自己**：「我現在比較能（在自己和別人面前）接受內心出現不為社會所樂見的心情波動，因為它們現在不再代表我完完全全是不好的，或是次等的，而是我完全承認這個部分（跟其他許多部分）都屬於我。」

第3章

內心的團隊衝突和衝突管理

從目前為止的觀察中可以越來越清楚看到，內心的不一致和團隊爭端並不是戲劇性的特例，而是心靈的日常狀態。領導人所扮演的重要角色應運而生：由於內心的多重性和不一致，領導人必須正常運作，帶領大家容忍、解決對立和緊張氣氛，並加以利用，不讓磨擦造成太大的損失。領導人身為「衝突經理人」，任務也在於建立一個**內心的爭吵文化**：我們再度發現介於內心關係和家庭、工作小組、政治黨派、協會、各類組織中的關係之間有個令人訝異的共同點。在這兩個範疇，也就是內在和外在，都適用一個普遍性的合作定律：

要打交道的人，常為彼此製造麻煩！

兩個範疇中的關鍵要素是，避免彼此對立的失敗形式出現，或者有時候無法避免，就要不斷克服：一種是維持和平禮貌，也就是粉飾太平的假和諧，因為害怕衝突反目而不敢談論對立的意見；另一種是被敵意左右，鄙視代表對立意見的人物，並想辦法讓他閉嘴，這常常也是由雙方面交互發起的對抗行動，直到演變成為彼此貶抑和阻撓。這種衝突或是公開「火熱」地進行，或是暗地「冷冰冰」地發展，都會下意識使人喪失活動的能力。這種爭吵文化（圖三十一）在價值平衡上必須發展出兩種反向的美德，並讓它們互相合作：願意互相諒解，結合一種探查和了解對方思考角度的能力；另外一方面要有勇氣面對衝突，有勇氣承認並說出自己的憤怒和反對意見，並忍受因此而產生的不和諧，這會讓內心的和平大受影響。

前一章的內心團隊會議和議會會議的例子讓我們對優質的吵架文化有了具體的想像。理

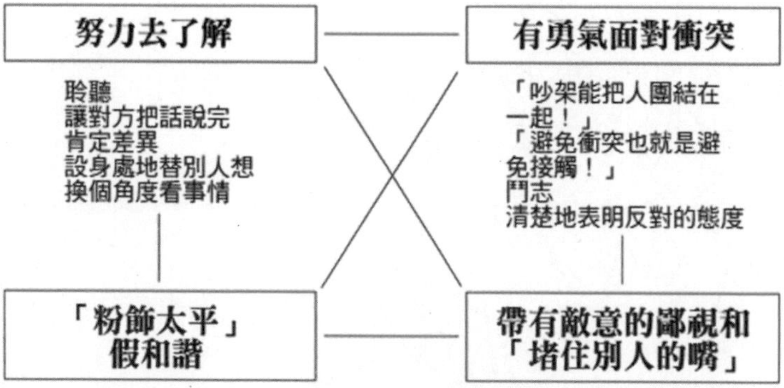

圖31：有建設性的「爭吵文化」的價值平衡（內在和外在）
上：兩個息息相關的美德　　下：美德只有一半被實踐時所產生的變質

想的狀況下，困境中會生出美德，唯有經過衝突，隱藏在對立緊張氣氛中的智慧才能發揮作用。

但是如果內心的衝突如此激烈而且／或者無法化解，以至於當事人不只說不出話來，喪失了行動能力，甚至剝奪了他的生活樂趣，這時該怎麼辦？借用托爾斯泰的用語「和自己不能取得一致」，可能在某些案例中折磨人，讓自殺看起來是唯一的出路。在一些比較沒那麼極端的情況中可能會產生嚴重且持續的接觸障礙，這也是我們身為溝通顧問特別感興趣的面向。

3.1 對接觸和溝通所產生的後果

如果領導人沒有力量召開和主持一個內心的議會會議，或是無法組成一個團隊時，內心會起什麼變化？人際關係之間又會發生什麼事？

按照平行對應點的理論，我們可以先問：如果沒有解決的衝突不斷主宰著相互的關係，最後演變

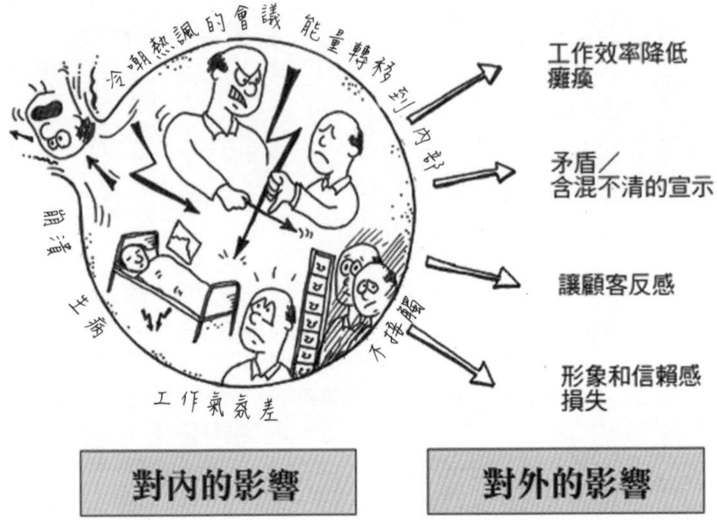

圖 32：團體中（委員會，黨派等）內部衝突的緊張氣氛只要一直無解，對內和對外都會造成影響

成敵對的關係，團體中（委員會，黨派等）會發生什麼事？曾經經歷過長期團隊衝突的人了解殘酷後果的多樣性，可以分成內部及外部的後果。

無法化解的團隊衝突對內造成的影響

一般而言，**工作氣氛會非常差**，沒有彼此支持和鼓勵，反而是明顯的敵意和鄙視，或者是隱藏在業務和禮貌表象背後的潛在敵意。彼此避不見面，而且／或者組織小黨派。能量和創造力幾乎無法貢獻在共同任務上，而是花在處理內部事情上：爭取同盟，擬定作戰計畫，構思陰謀，製作黑函。會議和集會中「冷嘲熱諷」並曠日廢時。這些都會讓人群情激憤，於是生病和缺席的情況增多，團體有解散的危險，內部和實際的辭職情況增加（圖三十二）。

這個我們在工作團體中再熟悉不過的情景也符合內在的心靈狀況嗎？我們也可以感覺到「內心的工作氣氛」受影響。在比較輕微的案例中，衝突讓人感覺不舒服，在較嚴重的案例中，衝突很折磨人，甚至會導致自殺。就像團體中有「熱戰」和「冷戰」一樣（見Glasl），或是在戰場上激烈交戰，或是隱藏在表面下讓人心情沉重「冷冰冰的」沉默。內心環境裡一方面有讓人心神不寧地來回拉扯，讓我們夜晚失眠，白天精神不濟，另一方面，內心還有無意識被帶著一起走的衝突，這個衝突的「所有人」對它一無所知，也不想關心，但是這個衝突若不是消耗他的能量（過去一段時間裡，我不知道為什麼很累，無精打采，也容易發怒！）也會／或者帶來身心症的症狀，藉由這些症狀，一個被壓抑的衝突對手變裝上場：疾病是一場心靈內戰和組織「地下活動」的副作用（參考第四章）。所以我們（如果不拘泥於文字的差異）也可以用圖三十二描寫內心的狀況（圖三十三）。

無法化解的團隊衝突對外造成的影響

內部的能量耗損對外並非不會留下痕跡。我們再一次觀察工作部門、黨派及其他各式各樣團體等的外在現實環境，我在許多方面看到影響：

■由於內部的「摩擦耗損」會導致**工作績效降低**，一直到完全沒有績效。

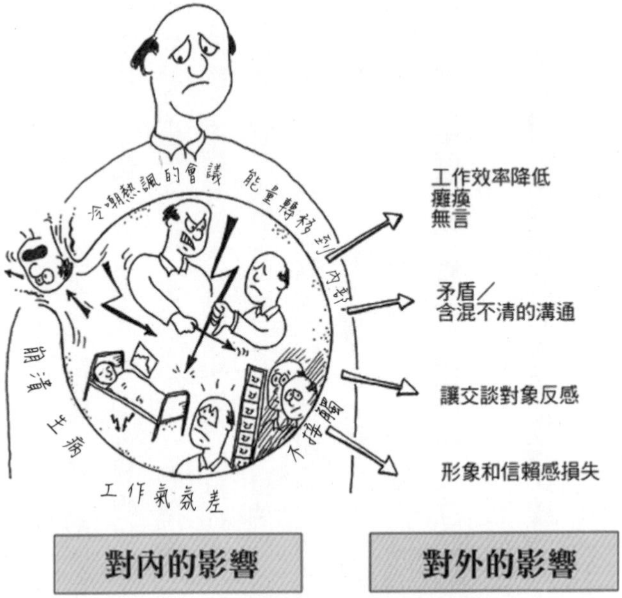

圖 33：內心團隊衝突對內及對外造成的影響

■ 對外的溝通**含混不清充滿矛盾**（一個說東，另一個說西），如果有個共同的發言人，那他就像政府發言人一樣，言不及義、含混模糊，只停留在空話連篇的水準。

■ **讓顧客反感：**如果曾經光顧過一家內部工作氣氛惡劣的飯店／百貨公司／醫院，一定也會沾到那裡因為刨木而到處飛揚的木屑（什麼？還有一個顧客！）。還有一個眾所皆知的例子：父母長期活在衝突的緊張氣氛中，他們的孩子也要忍受。

■ **形象和信賴感的損失：**例如一個政黨不能有建設性地處理內部（迫切）的意見爭論並達到共識，如果在客觀事實層面和／或者關係層面，爭端變成劍拔弩張，並流於無休止的爭執和抱怨時，就會造成形象和信賴感的損失（這些人不能治國，他們不知道自己要什麼，要處理太多家務事！）。

在對外影響方面，它們與個人以及個人和外在環境接觸上的平行對應點特別引人注意，在這裡我們也發現了四個先前提到的效應，也就是內心團隊抗爭無法化解所會造成的後果（圖三十三）。

接下來要用例子更仔細觀察這些平行點，先從「不明確／模糊／矛盾的溝通」開始，然後繼續觀察「引起反感」的效應，這是說，在關係層面上用不良的溝通行為來虐待談話對象，最後稍微詳細一點敘述一個受內心團隊衝突折磨的個人情況，因為與周遭環境的糾紛而可能讓自己受到嚴重傷害，直到完全癱瘓，「內心投降」。

不明確／模糊／矛盾的溝通內容

明確溝通的先決條件是內心的澄明，或至少能意識到內心尚有沒澄清之處。每當兩個人對談時，這個先決條件常常尚未形成，以至於實際上是兩個「團體」會面，雙方激動地針對一個主題協商，而他們自己內在都還沒有（充分地）討論過。

一個年輕女性報告了下面的例子，討論的問題是：我們在哪裡和怎麼慶祝耶誕節？

圖 34：耶誕節前與朋友的通話

朋友卡拉十一月生了第一個孩子，早在幾個月前，我們就約定耶誕節一起做飯，四個人加上孩子，一起度過美好愉快的夜晚。十二月初，情況轉變成我的「小」弟（二十六歲）和他的女朋友想跟我和我先生一起過耶誕節。因為我們的父母離異，所以對我來說，一直為我弟弟敞開一扇門特別重要。從卡拉或是我弟弟的角度而言，他們對六個人一起慶祝絕對不會有異議。但是耶誕節前兩個禮拜去拜訪卡拉以後，心中卻起了猶豫，不知道六個人一起慶祝是否是個好主意？對我這個沒有孩子的人來說，我不習慣把至少一半以上的注意力都專注在小嬰兒的生活上。我覺得這是社交生活中極大的困擾。因為我跟卡拉認識已經很久，所以她覺得理所當然，如果有需要就可以上床睡覺，不用在晚上硬撐。她的先生彼得給我們一種感覺（不是有意的），他很想跟家人一

圖 35：通電話時內心團隊的整體情況

起休息。所以我們很掃興地開車回家，三天後，我接到一通電話（圖三十四）。

整體而言，通完話後她對自己的談話還算滿意，直到她的朋友反映出不滿，並單方面取消一起慶祝耶誕節。為了想了解溝通障礙的原因，她把通話時內心團隊的情況重新還原（圖三十五）。

自私自利的人很清楚大聲地發言：「只要我自己還沒有孩子，就不能理解，為什麼要讓小嬰兒的作息規律來主宰我，至少不該在聖誕夜！」

「可靠的朋友」很有美德，舉著指責的食指說：「我們不可以按照自己興趣和心情隨便取消約會！我也期望我的朋友不會突然放我鴿子！」

「大姊」覺得要對「小弟」負責：他應該好好享受一個美好耶誕節，尤其是他特別從柏林到漢堡來。

「社會學家」對小孩有好感（用懲罰的眼光看著「對小孩不友善，而且心胸狹窄自私自利的人」）：「世界未來的發展，尤其跟我們在這裡是否歡迎小孩子，是否願意配合他們有關！」

「溝通經理」對外巧妙地避開困難（圖十九），她知道身後吵得一塌糊塗（或者只是隱隱感覺到？），而領導人很顯然認同這團混亂。

我想藉由這個例子連帶表達一些想法和評論：

1.「內心議會會議」（旨在透過團隊工作在內心達到一個清楚的協議）尚未舉行。像這樣的會議一開始的時候，有必要注意到「自私自利」這個名字內含的貶意。這可能是一個線索，指出這位年輕小姐的領導人跟另外一個利他主義的團隊隊員緊密地認同融合（參考第二章），以至於她只會戴著利他主義者的眼鏡檢視自己的利益，並且被迫用道德偏見給這個只考慮自己的部分一個帶有貶意的名字。如果這個揣測得到證實，她必須先將領導人和這個利他主義的人分開。因為議會會議的基本原則是：「我們歡迎每個人以自己的方式到來！」賦予每個人一個受尊敬的名字屬於原則的一部分。

2.領導人除了主持協調的工作外還有一項工作：授予每個隊員**分量**和**意義**。每個聲音一開始都會受到歡迎，也都會被聆聽。但不是每個聲音對出現的狀況都有同等重要性和適當性，我們之後還會再處理這個重大題目（第六章）。這裡只需要先提出一個提示，例如領導人應該保持一個可以反省的距離，提出下列的問題，並且回答：

■我（也）想到自己，嚮往一個按照我的品味舉辦的耶誕節，是正當符合情理的嗎？

■我還一直還覺得應該負責為「小」弟帶來幸福快樂的耶誕節，這種想法恰當嗎？

■對小孩子友善的社會學家在這個具體情況中有什麼意義？等等。

也許我們也可以透過這樣的方式，把到目前為止集中在這位年輕女子一人身上的責任分散開來，例如傳訊息給她弟弟：「我已經跟卡拉約好了，不過還是很歡迎你來。但是事先告訴你：她的小寶寶可能會有點煩，你自己決定在這種情形下是否還願意來。」

3.她的領導人必須先決定，是否要為自己做決定，還是要跟卡拉溝通。在第二種情況下，她可以帶著內心「先澄清好的狀況」，但不是事先「做好的決定」與卡拉談話，而且必須公開她內心的多重性（一方面，我很期待這個聚會，並希望能信守承諾，但是另一方面，自從上次聚會後我心中有了猶豫，因為……）符合方法二（見第79頁及其後）。這樣的處理方式有兩個機會和一種危險。一個機會在於，她的朋友可以藉機表示這個聚會在**自己**心中的重要性，如此一來可以幫助內心決議團隊決定心中的分量，因為「可靠的朋友」在天秤上放上的重量，會根據情況不同而有極大的差別，視現實中朋友是否會失望透頂，還是自己對約會的意義也有了一點懷疑？另一個機會在於一同協商解決方案（如果你們下午來晚上就走，怎麼樣？）。這個處理方式的危險在於，沒有孩子的人明明白白招認他們「自私自利」，很可能會冒犯有孩子的人。但是一段友誼之所以被稱為友誼，並且能開花結果，（通常）不是因為小心謹慎地保留真實想法不讓對方知道。所以這也是個發展吵架的文化的好機會，讓關係更茁壯，更有價值！

這個例子很明白顯示，自我澄清和關係的澄清如何交互影響，為彼此帶來（潛在）好處。

4.這個例子對衝突理論也很有意思，我之後還會討論一個問題，到底為什麼人類會有那麼多「內建的」內心衝突，相反的，我們養的貓完全不會給人這個印象。一種答案是：我們必須在不同的系統裡服務，無可避免同時是不同系統裡的成員，而所有這些系統在內心委員會裡都有代表出席，它們的要求會在適當的時刻同時提出，要求我們達成非常不同的任務。在這個例子上，四種聲音中的每個聲音都是從其中一個系統的歸屬關係延伸出來：她是「原生家庭」系統中的大姊，她是「友誼」系統中的朋友，她是「社會」裡的一員，而她一直必須服從她「自己」這個系統（圖三十六）。

這就是我們對不明朗、模糊或矛盾的溝通情況的可能背景原因解釋。只有極少數的例子歸因於言語上的笨拙，這反而比較會有意識地被當作方法運用，以避免開誠布公會帶來的風險。通常背後都藏著一個（也許是自己看不清楚的）內心歧見。有時候，我（身為訊息接收

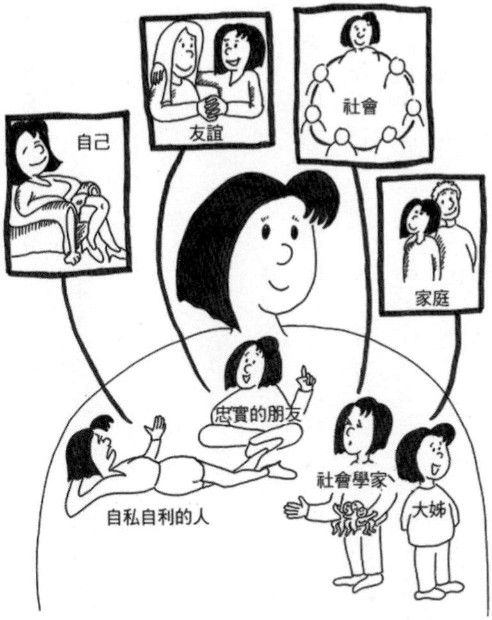

圖 36：內在的聲音是多種不同系統身分的表現

者）的反應是說：「聽起來你跟你自己對事情的看法好像還不是完全一致，對嗎？」如此一來我迴避了溝通經理人，輕輕敲他身後的門。

引起反感

誰在我心中引發或是重新點燃衝突，而我又不能成功地解決衝突，那他必須料到，他也會從我這裡感受到一些不快，這通常是內心事件顯露出來的外表：哪裡（內心）在刨木頭，就有木屑（向外）飛落！

從我自己的職業生涯裡舉一個例子：以前教育心理學的碩士考試是筆試；身為教授我，每學期大約有六十份考卷要讀，評量每一個答案，最後給一個分數。最近有時候會有學生出現在會談時間，希望能跟我約時間說明他的考試成績，他原本期望會得到更好的成績。天啊！我當然能理解他們關心的事，甚至樂意對他們的成績提出意見回饋，肯定無疑！另一方面，我必須請試務處將考卷送回來，為了準備會談內容，我必須再一次深入閱讀考卷，找出分數跟手寫答案之間的關係，然後主持會談，解釋評分標準，與反對意見辯論，向對方「證明」，他的答案並不像他認為的那麼好。這要花我多少時間和心力！有點為難！特別是：如果每個人都來的話！在一個大型大學裡根本做不到！另一方面：考生難道（從法律的角度來看）沒有權利要求嗎？他們怎麼可以把我帶進這個教人頭疼的兩難境地？

我做了什麼反應？我首先把心中的「官僚」往前推（圖三十七）：這樣的口頭說明並不在計畫內，因為考生人數眾多，單單時間上就無法辦到，而且如果要執行，那我必須先向試務處申請，可能需要好幾天或好幾個星期，而且要約定一個時間一定也不容易，因為根本不可能在會談時間內舉行等等。如果真的要，無論如何只能解釋給分的原因，從一開始就不允許以會談或者甚至透過協商更改分數。打開天窗說亮話：撤銷你的申請，這樣我倆都少了一個麻煩！

大多數的學生不讓人就這麼打發，於是我就把內心的衝突帶進無法規避的會談裡：接觸最前線由「大學教育家」（我很樂意跟你解釋一下！）和一絲不苟的「官員」（你有權要求一個解釋！）聯手。緊貼在後面的是「不勝其煩的大型大學教授」看著錶，這也是他的生命計時器，做出微慍的神情。

圖 37：「被往前推」的官僚在事前的會談

只要對方顯示出「不理解的態度」導致會談延長，這個成員就會活躍起來，在接觸線上舞動著隱形的釘耙。說得婉轉些，會談不是很愉快；一兩個案例甚至是在大聲爭吵中結束。

這種情形不能繼續下去。我當時也還不能預想到，這個情形居然會是「因為一個內心遲遲不能解決的團隊衝突而引起顧客反感」的絕佳範例。

領導人決定必須採取一些行動，必須補開沒有徹底執行的內心議會會議。因為是「不耐煩的大型大學教授」主導了這個敷衍搪塞，最後又惱羞成怒的會談，所以我們把意見討論集中在他這個「人」身上：他到底為什麼反對這個無法規避，而且在教育上又有意義的會談呢？他指出長時期學生人數眾多所造成的負擔，尤其原則上根本不可能為六十個學生做說明會談。那為什麼要為單一學生開特例？如果之後每個學生都來找我會談怎麼辦！

事實上，領導人也認為這會超過可以負擔的時間。他最多能投入多少時間？每個考試週的下午，最多兩次各兩個小時的會談時間，好，如果從一開始就把兩次各兩個小時的會談時間登錄在行事曆上，怎麼樣？一個人以「闖入者」的身分出現，或是我們已經為他預留了時間，這對我們的心理感受有很重要的差別！如果現在很多人來（預期不會發生），那他們必須平均分配這段時間；如果只有一個人來，那就可以完全沒有時間壓力。如果沒有人來：那就賺到了時間！你願意試試看嗎？願意，但是我們不應該額外討論所有的考試問題，而是要有限制，集中在那些沒有達到預期結果的問題上！「教育家」也覺得這樣有意義，「官僚」也可以接受——至少我們應該跟考生建議這項限制。

這個「內心改革」的結果超過所有預期。通常只有一兩個學生來，一個下午的時間就足夠了，另外一個下午可以自由運用。所有學生沒有例外都接受我們只針對有問題的考題。更重要的是：這些會談都很愉快也有收穫；雖然談話內容不是很令人愉快（為什麼成績不如自己預期得好？）有些學生在會談結束時，還是特別為此會談表達感謝之意。

這個小小的個人例子並不驚天動地——但也許是？學生和我都是這個世界的人！從這個例子上可以清楚看到一個有普遍意義的原則：無論誰在什麼場合以何種角色主導一個有後續影響的會談，必須好好練習辨認自己內心的團隊衝突，如果有可能，更要化解這個衝突。例如在給領導階層的訓練中，這個原則在評鑑會談中有特別的急迫性（見 Hager und v.d.Laan）。許多企業要求定期跟每一個員工做評鑑會談，會談立意很好，也有它的根據：員工必須清楚瞭解人們怎麼看待他的工作績效、個人表現、團隊合作能力等等，哪裡是他們的優點，哪裡還需要改善等等。但是在實際情形中常常可以觀察到，主管對這項好處多多的安

圖38：企業裡的評鑑會談：主管和「內心有顧慮的人的大合唱」

排只是「敷衍了事」，盡可能規避這項工作。人資部門大都認為，主管對這種談話缺乏練習，所以提供主管相關的課程，以提高主管們的專業能力和動機。如果課程只專注在練習會談的技巧，沒有留意到內心（部分是下意識的）一開始的狀態，那麼課程的效果不大。因為內心團隊吵成一團亂，一個願意會談「給予意見回饋的人」被一大隊「內心有顧慮的人」團團包圍，他們在會議記錄上也著實提出值得注意的心機（圖三十八）。

例如一個人說：「就算批評是應該的，千萬別批評，因為我還是得跟他繼續相處下去。如果批評了，我也無法再把他『吹捧到別處去』！」另一個人說：「千萬別給太多讚美和肯定，要不然他會提出要求！」第三個人也許說：「千萬別觸及某事，否則我又得面對衝突，之前我就一度因此陷入困境！我們井水不犯河水！我絕對不會把長期的合約解約！」

有些員工想起這種「評鑑會談」就非常失望，覺得自己被空洞的言語搪塞，不被當成人看待。如果把這個結果單單歸咎於主管的無能和懦弱，那我們想得還不夠遠，在錯綜複雜的企業棋盤上進行一個看起來毫無惡意的面對面會談，每一步棋不僅會發揮出努力想達到的效果，也會永久改變整個布局（也有可能對自己不利）。（會談雙方的）內心團隊裡都有棋局高手上場，造成了內心衝突的形勢，這是談話訓練一開始的心理狀態。

自身效力削弱

跟自己契合一致的人，可以用團結的力量面對這個世界，這些力量讓他散發出明確、安全、平靜、自信、權威的態度，和因此而產生的分量，以及貫徹的執行力。

這種「散發出來的魅力」是一種社會感染力，會因為內心的部分力量彼此牽制癱瘓、削弱領導人的力量而喪失。與小孩接觸的人都知道：如果我的決定很堅定，認為現在必須停止看電視，孩子立刻察覺（他們特別會對聲調和表情有反應，而不是對說話的內容）結束的時候到了。只要我內心深處一個極小的角落感覺到，在最緊張的時刻把電視關掉也許有點狠心，那我已經輸掉這場戰役。孩子「嗅到」這個部分，從「不」裡很清楚聽到沒說出口的「也許可以」，他們會一直吵到我答應為止。有些老師過去（和現在）無法在課堂上十

圖39：發言人和自我貶抑的人在內心對抗

足堅定地要求安靜和秩序，因為在他們「內心的教師會議」裡坐著一個反權威的人（本身不是件壞事！），常常在決定性時刻讓「維護秩序的人」正好透露出遲疑、猶豫不決，引發學生的「靈敏嗅覺」（這不是件好事！）。這些老師很令人惋惜，因為他們必須消耗非常多精力來管理秩序，以彌補他無法直接用波長散發出有約束力的魅力。

普遍性的削弱。效力因為無法化解的團隊紛爭而被削弱，可以分為普遍性與局部性。普遍性（跨情境）效力減弱的情形是，如果在內心舞台上，每次有人發言後總有一個成員放馬後炮：「這原本不是那麼重要！」（圖三十九）。這場戲很容易上演，「各位先生女士！」發言人說，「請注意，我有事要宣布。」內心那個自我貶抑的人卻對觀眾竊竊私語，「但這原本不是那麼重要！」

這種內心對抗造成的溝通結果是說話時輕聲細語、速度慌忙、願意讓其他人打斷談話，和摻雜自我貶抑的客套話。我們在這裡舉一個父母座談的例子：

「我覺得（當別人還在聊天時就開始說話）我們也許最好等到假期過才辦郊遊，我想，也許這也不是那麼重要，我只想……因為這樣先前還在游泳的人也都可以參加，但是我也不知道……」

自我貶抑的人在斜體字部分干涉談話（自我貶抑的人通常是個女的），用她的口頭禪「我不重要！」削弱了她話裡每一個堅決的要求與分量。談話對象常常感覺受到挑戰，在聽到這些（口頭上的）「小鈔」後，也想放一張真正（口頭上）的千元大鈔在桌上。如此一來，一輪談話中溝通的重量級和蠅級已經形成兩個極端。我們還會再一次談到如何處理內心中的敵手（見第186頁及其後）。但是我們已經預料到，口才訓練在沒有做好「內心的團隊發展」時不會成功。

局部的效力減弱。自身效力局部減弱是指，針對某個特定情況、特定主題或是一個特定的個人（團體）有一個沒有化解的團隊紛爭。例如，我帶著不舒服的感覺憶起剛開始讀大學的那段時光（一九六七年），那時大學受到「左派」的控制，而我不太清楚自己應該／想要對此持何種態度。他們一方面看起來像是好人：義務幫助受壓迫和被剝削的人，以及在越南受苦受難的人，道德上比我超前很多，我當時的眼界還超越不了個人關心的事。他們倨傲勇敢地面對現有的權威體制！相形之下，我是個膽小如鼠的人！他們在漢堡大學禮堂歡迎新生的慶祝會上舉著有名的標語「長袍下是千年的腐臭」，讓高官顯要的慶典派頭蒙上可笑的色彩（參考第342頁）。而我也很驚訝，他們如何把所有現存與發生之事以「整體社會學」的分析來做政治上的歸類和評價。我有些自卑，《資本論》只鑽研到四十二頁，不能真正發表什麼見地。他們的主張不是在許多方面，甚至全面都有理嗎？還是不盡然？另一方面，當他們用自以為是的憤怒把「資產階級」的大學講師帶到前面示眾並公開譴責的時候，我覺得他們很可怕，對他們沒有好感。如果有人敢冒險發表意見，沒有表達出正確的黨派意識，就會無情地被喝倒采趕下台，不被允許再開口說話，特別是在大型群眾聚會上。但是我覺得這種行為「不友善」，不也證明我具備落後的資產階級意識？他們的論點不也證明他們是對的：「要求『人類友善共處』是典型資產階級的戲法（見Springer-Press），目的在轉移大家注意到結構上的暴力和由國家壟斷資本所組織的不人道社會。把人道問題放到個人層面上，並侷限在『友善的口氣』上。」不對，革命的口氣不可能「和藹可親」，尤其是當所謂的「呼籲、訴願和決議的時間」已經過去，我們現在必須「直言不諱」。

另一方面：在變革的時代裡，尊重持反對意見者不也是基本的美德嗎？「自由主義」一直都是「狗屎」嗎？寬容和友善不是倫理上最小的要求，為了人道緣故，在任何一個社會情況下都不應該放棄的嗎？有時候他們上場的態度粗魯不寬容，不也預告著革命勝利後我們的遭遇嗎？「親愛的上帝，讓壞人變好，好人更友善！」蘿絲・孔恩後來在完全不同的場合開了一個玩笑，卻把我的心聲說出來了。

圖 40：一個天真的大一學生一九六七年面對「左派」時的內心情況

用一句話來總結：面對我所認識的「那些」左派時，內心的團隊陣容可以說是非常矛盾（圖四十）。

特點是，內心狀況充滿了衝突：

對內沒有精確性；「混沌不明」讓不舒服的感覺蔓延，既針對「左派」，也特別是針對自己；

對外導致沒有明確方向的被動態度，偶爾敷衍跟著別人一起行動，偶爾又帶著罪惡感靜靜地離開群眾。

其實圖四十裡所具備的團隊潛力完全可以給自己的立場一個堅實基礎，「我站在這裡，就是這樣，沒法改變！」還有機會把自己的分量放在辯論的天秤上。就連「持疑者」也能貢獻出強有力的立場。

但是在衝突還沒有解決的情況下，他充其量是一隻「灰老鼠」（當時的用語，意指普通不起眼），在觀眾台上帶著複雜的心情看著事件與自己擦身而過。

這些考量是否也替希特勒統治德國時政治上膽小怕事的情況投射了一盞明燈？當時的民眾如你和我，對侮辱猶太市民、剝奪他們的權利、大屠殺和驅逐出境（只提每個男女公民都看得到的惡行）做了什麼反應？不也是混合了被動和不舒服的感覺，最好是用轉過頭去不看不想來「克服」這種感覺？五十年後，維克多．克雷姆普勒（Victor Klemperer）出版了他那個時期扣人心弦的日記，一直在尋找真實的「人民聲音」，並發現它矛盾且不清楚。我估計，每個人內心的聲音都糾結在一團。高爾德哈根（Goldhagen）的調查提醒我們，普通德國人內心陣容裡面「反猶太的人」，至少在心靈的暗室裡，是幾世紀來的歷史文化遺產存在已久，並不是法西斯政權的掌權人才開始灌輸的，他們只是用宣傳滲透，將他從暗室請到高貴的沙龍裡，把他變成內心社會裡一個值得尊敬的知名成員。所以可以推想，不僅僅是對告密和迫害的恐懼，讓人民異口同聲的抗議和驚駭的吶喊在萌芽時就被扼殺，而是德國人心靈深處無法化解並造成癱瘓的衝突表現：同情心，內心隱藏的恐懼和偷偷摸摸反猶太人的快感，可能可以解釋內心的僵局，讓我們被動地轉過身不看，讓事情就這麼發生。

內心的僵局

我說的「內心的僵局」表示極端的立場惡化，氣氛緊繃到「什麼都無法進行」：內心有

圖 41：內心的僵局

兩個或是更多的參與者，每個人都值得尊敬，具備很多力量，但是卻纏鬥在一起，不容彼此有透氣的空間（圖四十一）。

結果：對內是又聾又啞的無感，對外是言語或是行動障礙。我們現在就從幾個例子上來研究內心團隊衝突的尖銳化！

伴侶關係疏離所造成的內心空虛。我採用一個年輕男子的例子，他的伴侶關係處於危機當中。

他心中**忠實**和**需要親近**的部分（我有你真好！）有段時間得到滿足。一個受到良好照顧的人在內心聲音的音樂會上不會再大聲清楚地凸顯自己。只有得不到照顧的人才會喊叫，在他的例子上是那個「愛好自由的人」（我需要更多空間！）。這類表示讓他的女友爆發出強烈的指責和激烈的憤怒。在這樣的衝突中會發生下列情況：他沒有能力維持一個最起碼的「溝通急救」，只是呆滯沉默地瞪著天花板，沒有感覺，腦袋一片空白。你知道這種情況嗎？這時候值得檢視一下，這片空白是不是內心情感澎湃的矛盾反應。他事後發現，在這種情況下還有其他的戰友在胸中東奔西跑。一方面「氣壞了的人」很激動，不願接受女友的謾罵和侮辱。但在他還沒能好好「把子彈上膛」之前，一個「自責的人」阻攔他（她說的倒也沒錯，很有道理！你真的無法跟人建立關係！）：這個內心的控訴者跟反擊的女友結盟，攻擊沒有抵抗力的「自我懷疑者」，他變得越來越渺小憂鬱（跟我在一起也真的沒什麼好玩，就像生命也沒什麼精采可期！）。「你們全瘋了嗎？」氣壞了的人對內心法院的審判怒不可遏，阻止他們繼續跟「不感興趣的人」結盟（她吸引我的地方也不多，她到底適不適合我？），這個人到目前為止一直躲藏在愛好自由者的寬大外衣後面。但是在不感興趣的人根本還沒有察覺到不感興趣的背後原因時，「忠實的人」馬上驚慌地打斷他的話：「小心！危險！立刻停止！要不然你會引起她反感，我將變成孤伶伶一個人！」只要這個忠實的人渴望親密關係，愛好自由者脖子上的繩索就又緊一些。

這個「吵成一團的內心」糾結成彼此掣肘的完美系統。內心成員中沒有一個人可以被完整地感受到和察覺到，更不用說可以表達自己。結果：年輕人沒有任何感受，也不做任何表達（圖四十二）。

如果這齣戲在內心舞台熱鬧上演，剛開始可能只讓人感到擔憂，心情沉重，也許也感到

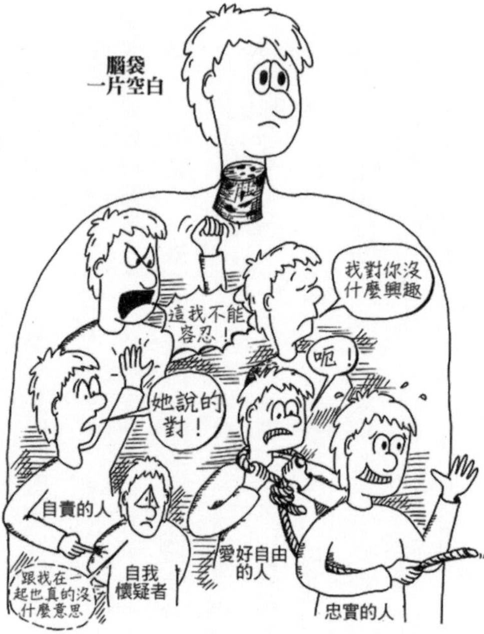

圖 42：伴侶關係疏離的多重僵局

受侮辱，去找伴侶關係諮商（去找內心的團隊發展者）要比去看牙醫更糟糕。「裝死的反射反應」在大自然進化中，難道不是經得起考驗的求生戰略？無論如何，在這個時刻將頭（和心）藏在沙子裡的傾向（不再感受，不聽，不說）是從現在起可以理解的緊急反應。但是我們可不要誤以為，沒有感覺的人不會採取行動！

專業人士和有職業身分的人。局部的僵局也在職場中發生過千百次，一位年輕的課程導師說了這個故事：

在一個時間管理的課程裡，

圖 43：專業和人性之間的僵局

第一天的尾聲，我們在小組裡交換意見，每個人可以表達到目前為止對課程是否滿意。就在我邀請他們發言的開場白還沒結束前，一個女學員立即打斷我的話，並且「發牢騷」：到目前為止，所有東西對她一點用處都沒有，而且她很驚訝，在一個時間管理課程中怎麼可以這樣浪費時間！我聽到心臟的跳動聲，並感受到一股怒氣從心底升起：太過分了！當然，我的下一個想法是：現在勃然大怒完全是錯的，我應該對她放肆態度視而不見，實事求是地探問她有哪些期待，並解釋我的課程是否能滿足她的期望。所以，保持冷靜並反應出自信！但是這並不符合我的真性情，只是一個假面具！我無法採取任何行動，只是驚愕地瞪著她，羞愧地覺得自己束手無策（圖四十三）。

又是一個互相掣肘的典型例子：「冷靜的專業人士」不讓「受傷害的易怒者」顯露出來，自己卻又被他那裡的一個「人道主義好人」召回。如果每個成員滿腦子都是「命令式」，互相掣肘的系統會更趨嚴重。我引用安格麗卡・華格納（Angelika Wagner）的《主觀命令式的理論》，想藉此指出他們從一個絕對必要的命令、信條或是禁令出發，認為人們一定應該怎麼樣，或者絕對不能怎麼樣。如果這個命令式所關注的目標已經發生，可是方式不同。例如我感覺受委屈，但是根據這項命令，我**應該**有自信地克服這件事；或者我不知該說什麼並且很錯愕，但是我**應該**口才辨給——都會造成心中的「結」，或是如華格納所說的，一個「不符合命令的衝突」和它的雙重後果：內心的情緒激動和外在的行動障礙。這裡的例子也一樣，一個滿是命令式想法的冷靜專業人士再三提醒領導人：「在職業角色裡，你必須一直自信穩健，不受任何事情影響，絕不發怒！」（到底為什麼不行？不准表達人性的情緒波動，這是一種什麼樣的專業認知？）一個「滿是命令式態度的好人」要求：「你要一直保持誠實和做自己，絕不要把自己藏在面具後面！」（到底為什麼不可以？有些情況不適合誠實以對，或者時機還不夠成熟，不能承載實情的重量。但是一個人若有好的，也就是說適合情況的面具，就能達成任務！）

每個成員如此沉重的命令會激化內心的團隊衝突，並讓領導人的負擔加重兩到三倍。只要他們嚴格的要求得不到滿足，他們就會重新上膛，用罪惡感、羞愧感和自卑感到處掃射。領導人特別不容易跟他們劃清界線，在「發展內心團隊」的框架下，對此要特別留心（參考第240頁及其後）。

轉為慢性的僵局。這樣的內心僵局有可能持續好幾年。在我收集的資料裡，有一個年輕男子是紀錄保持人，他花了十五年時間去做一個職業抉擇。身為一個富有歷史傳統，可以追溯到十五世紀的家族長子，他被選中繼承父母的飯店，並以廚師為業。「對父母忠誠的傳統愛好者」跟「理性的經濟學家」結為聯盟，他看到眼前一個大好財源。另一方面，心中卻出現無法抗拒的「自我實現者」，他厭惡廚師這個身分，心中有渴望想要實現自己的天分（例如木工），想在已規劃好的傳統道路之外尋求自己的幸福。

他花了將近十五年的時間，做決定的時刻一直往後延，不斷上新的職業訓練，飯店專業學校，國外遊學。一切都是為了接手飯店做「準備」，也是「阻撓」接手飯店的手段。我們可以說：他的領導人想出來的行動和策略都可以滿足內心兩位競爭者的心意。我猜想，一些古怪和難以理解的行為方式會變得容易體會，如果我們把它們詮釋為一種嘗試，企圖藉此同時服侍兩個（或者更多）彼此激烈爭吵的「主人」。有些疾病也能達到這個目的，因為它含有雙重信息：我很樂意，但是沒辦法！之後他真的寫了下面的報告：

這個情況持續了好幾年，最後導致某種程度的憂鬱症，其中的因果關係再明白不過。從

二十歲起，我出現緊急且越來越嚴重的呼吸問題，一群醫師、心理治療師、自然療法舞者和自然療法醫師都不能解決，但是現在問題都不存在了。過了將近十五年的光景，在後期我病得很嚴重，單單因為身體因素就無法接手飯店。順便一提，在澄清了繼承問題的折磨後，我恢復了健康，跟父母的關係變得比以前更好了。

3.2 處理內心的團隊衝突

我們把重點記錄下來：內心的團隊衝突無所不在，而且只要一日不解決，它就是人際關係中模稜兩可和不友善的根源，也是溝通能力弱點和無效性的起因，嚴重時甚至會導致完全的障礙。身為領導人，我該怎麼處理這些沒有化解的衝突呢？基本上跟處理任何一個普通的分歧沒有什麼不一樣：以熟練的規則召開內心的議會會議，在很多情況下可以促進內心團結，找到共同的路線，發展出明確性、友好的態度和自信的力量。因為所有在這裡發聲並在內心占據一角的人都不「笨」！能擁有他們真好！但是如果他們朝相反的方向拉扯一條繩子，就算使盡全力，效果還是零。

如果現場無法立即成功整合這些聲音，例如研討課程的導師面對排山倒海而來的批評，她可以事後召開內心議會會議，目標在替未來類似的情況整理出一條明確路線。現在流行的溝通課程也正是做這件事。如此一來，失敗成為個人發展的里程碑，並有寶貴的價值。但這只有在我承認「失敗」的時候才可能「起作用」，大約要有下面的態度：

「如果我有時候目瞪口呆，呆若木雞，不知所措，這完全無傷大雅，這是人性，不會減損我的專業能力。我決定放棄隨時隨地辯才無礙，雖然能隨機應變巧妙地避開問題，但充其量只是表面上的自信，沒有發展我內心團隊的機會。」

如果不給自己開立這樣的一般許可證，我難免會把每個局部性失敗當成個人的恥辱。那我將無法從失敗中學習，只想盡快把它忘掉，好讓自己再「站起來」。

也有一些內心的團隊衝突很嚴重，不是一個澄明的領導人用一般方法可以解決，或是難以解決。特別是當參與衝突的一方轉向心靈的深處（或是被排擠到那裡），領導人無法掌握到它，我們就需要心理治療的幫助。我們在這裡不想觸及這範疇，但是我們相信領導人有這個能力，並期望他就算條件嚴苛也要嘗試做內心的衝突管理，因為他**必須**克服這些衝突。相對的，逼不得已可以解散現實中的團體，或是改變它的組成分子——企業內有效管理衝突的方法。對內心的團隊而言，真的只能「直到死亡將你們分開」！

我想在這裡探討三種這樣的困難：一、內心抗拒去處理衝突，二、衝突的兩造融合成一個看似統一的「廢物」和三、衝突越演越烈，終至發展成為死對頭。

抗拒處理衝突

內心團隊跟工作上的團隊沒有什麼兩樣：暗潮洶湧的衝突雖然是負擔，但是把它「端上抬面」也不是愉快的事：「**一定**要這樣嗎？它自己不也許會再度平息嗎？船到橋頭自然直？

談論它不是會讓事情變得更糟糕？」

對災難隱約的預感會滋養壯大對衝突的恐懼（然後一切分崩離析！），希望甚至可能比化解衝突大得多。所以有些人寧可一輩子背負著內心的衝突。

了解了這種情形，領導人的任務要把處理衝突的重點放在消弭團隊成員的抗拒心態上：「我感受到大家的不舒服，正因為如此，所以我們必需要這樣做！按照現在的情況，我們的行動力對外受到牽制，對內的工作氣氛又非常低迷！」跟那些在衝突處理開始前就心懷恐懼（或是顧慮，或是懷疑，每個成員都有他自己的用語）的成員事先做友善親切的會談，可以大幅度降低他們的抗拒心理（相關的處理方式可以參考Schwarz）。

形成一團廢物

領導人在執行內心議會會議要克服另外一個困難：兩個（或是更多的）參與內心衝突的成員彼此緊緊卡在一起，成了一團「廢物」，像汞合金一樣融合在一起，中和到無法分辨彼此面目。這是一種心理的化學變化：就好像水（H_2O）跟兩個原始氣體氫氣和氧氣沒有任何相似性。如果我們調查那個疏離的情人（第152頁）內心的聲音和情感起伏，在還沒有整理和消化內心狀況之前，他的答案也許是疲憊和沮喪，這兩者占據了內心的所有空間（反正一切都無所謂！我對任何事情都沒興趣，一切都越來越絕望！），但他並不知道，「沮喪」是一團廢物，是由原先擁有許多力量和攻擊力的不同成員融合而成的一團癱瘓物。在內心議會會議桌上盡可能不要讓這麼一個廢物有一席之地，相反的，應該讓那些滿載能量的成員坐上桌，因為我們的目標是發揮協同的力量，不是中和力量。

這裡附帶一提，心靈形成一團廢物的傾向在調查內心團隊的過程中會是一個方法上的問題，因為在所有點名出現的聲音中一直可能會有廢物存在，它是由兩個（常常是對立的）情緒組成。如果我們增加練習次數，會得到一種感覺，能在「有廢物嫌疑」的成員上更仔細地追蹤。經過多次深入探視內心，這些廢物也有可能自動化解。

最晚在這裡，我們能得到一個概念，與內心團隊的工作不是可以「順便」做做的，必須預料到會遭遇各式各樣的心理併發症，它們也許會超過領導人的能力範圍，看起來必須尋求輔導顧問、澄清助手、治療師的協助。但是覺察自身能力的可能性和極限正屬於任何一個領導階層必須具備的專業能力。了解一團廢物存在，可以幫助我們不上他們的當。特別是毫無生氣、疲憊、沮喪和癱瘓都有一團廢物的嫌疑；下面的範例還要探討這個面向。

對立擴大

如果兩個（或是更多的）成員彼此針鋒相對，以至於水火不容，反應如惡性循環般越演越烈，就為了不讓敵人占上風，會讓內外組成團隊的過程更為艱難。只要一方讓自己的主張發揮了作用，就會讓對方坐不住：他會變得緊張，出手干涉阻撓，使出卑鄙下流的手段，或者呆若木雞。在這樣的氣氛下是無法有秩序地舉行小組會談。

現在有必要暫時停止日常業務，把參與衝突的競爭對手叫到桌上開一次澄清衝突的會議。處理內心衝突的程序跟幫助澄清現實中團隊衝突的程序（見 Thomann 和 Redlich）又有著驚人的相似處。不過有一方面對真實團隊的澄清助手比較容易：所有的衝突參與者已經活生生坐在他面前。相對的，一個人心靈生活中的內在競爭對手剛開始常常不容易辨識。因為它們隱藏在雜亂無章各式各樣的內心情緒、感覺、想法和身體感受當中，像一幅猜謎圖畫，我們得去尋找，還要找到才行（圖四十四 a）。只有當它們的輪廓清晰以後（圖四十四 b），才可能從混亂中解放出來，並與彼此「辯論」（圖四十四 c）！

圖 44a：內心敵對的雙方藏在錯綜複雜的心靈裡，難以辨識

圖 44b：內心對手清楚地浮現是……

圖 44c：彼此辯論（澄清衝突）的先決條件

處理內心衝突的五個階段

辨識（內心）的競爭對手是處理內心衝突的第一個階段。我用下面的例子來說明這個階段以及接下來的四個階段：

女學生麗莎，二十四歲。她說過去一段時間裡萎靡不振，沒有力氣和精神，直截了當的說就是有工作障礙，學業上沒有進展。衝突處理是在一個有澄清助手（KH）諮商的場合下進行。

1. 確認競爭對手

KH（懷疑有一團廢物）：你內心裡到底有什麼聲音針對這件事發言？有個聲音搶著要發言嗎？

麗莎：唉，當然有：我應該再勤勞再專心致志一點，十個學期過去了，我該把學業做個結束，至少也要振作起來！

KH：對，聽起來很有道理。但是你心裡有個人覺得這不是個好主意？

麗莎：不知道為什麼我做不到。

KH：也許也是說：不知道為什麼我不願意？

麗莎（吃一驚，考慮）：對，正是這樣，我不知道怎麼了，就是還不願意完成學業，不願這麼在意我的職業生涯，努力向目標邁進，不願按照「誰遲到就會受到命運的處罰」的座右銘過日子。

ＫＨ：好，那我們現在找到兩個內心的敵對者。一個說：「你應該！」另一個說：「但是我完全不想！」我建議，現在好好來認識這兩個人。

第一階段結束後已經很有收穫，我們確認了內心的敵對雙方，原來的一團廢物（萎靡不振）變成兩個敵對的能量。他們兩個到現在為止還沒有名字，但是還可以等一會兒，直到他們更清楚表達自己以後。這正是第二階段計畫要做的事。

2. 敵對雙方公開表明自我的獨白

澄清助手邀請女學生先後認同內心的敵對雙方：

ＫＨ：我們先拿兩張椅子來，你先後坐在其中一張椅子上，首先把你完全沉浸到一個敵對者的身裡，然後毫無保留地說出心裡話，好嗎？

這個獨白階段在**工作**團隊的澄清協助中能發揮很大的魔力。因為發言不允許被在場的同事或是衝突對象打斷、「糾正」，或是給予任何回應。每一個發言者可以用自己的話說出眼中的主觀事實，將自己從壓抑中解放出來，即使不被聆聽的對手了解，至少可以感覺到澄清助手能了解他。

內心衝突的澄清協助的情形也極為相似：這對女學生也很有幫助，能「暢快地」把心裡每個部分的話說出來，不會有惱怒的敵手隨即插話打斷發言。

麗莎心中的一個成員叫做「朝目標前進的人」，他透露心中的擔憂，害怕麗莎無法爭取到有限的就業機會；當他看到其他人如此熟練，聰明，有上進心地搭建通往成功的梯子，他也惴惴不安。由於這些擔憂和不安，使他成為一個嚴格的驅策者。

另一個成員暫時叫做「踩煞車的人」，他說出心中的嚮往，不想錯過人生（也許我們真的只活一次？）。

3. 對話：對辯和吵成一團

由於準備了兩張椅子，可以讓兩個分離的單位方便「對辯」，使內容明白易懂。兩張椅子源自完形治療法，創建人勞拉和菲力茲・佩爾斯（Fritz Perls, Laura Perls）從佛洛伊德的心理分析中得知，人內心裡的不同主管機關可能會彼此鬥爭，於是發展出一個有創意的成果，就是讓這場鬥爭生動地演出，並導入對話的情境中。完形治療中「典型的」辯論是「勝者」和「敗者」的辯論。「勝者」是心中那個嚴苛、帶著批判眼光打量我們的部分，它以完美自我的名義向我們提出要求，告訴我們**應該**怎麼做。「敗者」是心中想要享受生活的部分，抗拒所有這些要求，編織藉口，想辦法找到機會干擾工作，正好證明自己是「內心的那頭懶豬」。但是，就像這個座右銘一樣，每個人都是可愛的，如果真的有說話的機會，「敗者」也可以體現表達寶貴、甚至有智慧的情緒。所以在這裡也一樣：在辯論的**對話**階段，他抗拒勝者警告性的責備，並開始反擊。

踩煞車的人：你已經用這種方式驅策我二十年，讓我過著沒有自己的生活！一直要當第一名，最快的，最好的！我也想有時間能喘口氣。現在，我又必須在你有效率的職場計畫裡確定未來發展，這讓我真的很生氣，因為我看到很多可能性，想採取開放的態度。我覺得自己像是個花苞，不願透露花朵的顏色。我們不能用武力把花苞打開，就為了讓他長得快一點！

之後，她換到另外一張椅子，用朝目標邁進的人的耳朵再聽一次剛剛說過的話，然後做出回應：

向目標邁進的人：你說出來的想像很美，只為了你的怠惰和白日夢披上詩情畫意的色彩。我親愛的，這麼多霧濛濛的畫面需要財力做後盾！

踩煞車的人：我企圖把工作與我個人和步調協調一致，卻被你貶抑為「噴霧秀」。你什麼都不了解，你這個人，又老又斤斤計較！

向目標邁進的人：你現在越來越厚顏無恥，因為經濟問題踩到你的痛處了吧？對嗎？

「踩煞車的人」現在被更名為「氣定神閒的人」，因為結果很清楚，這個人不能只用反對

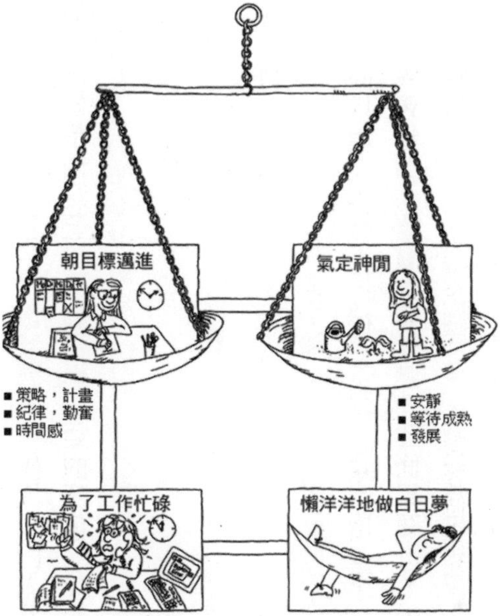

圖 45：以女學生心中勝者 vs. 敗者為例的價值方塊

態度來定義，他還體現了一個正面的形象：安靜和從容，讓事情慢慢成熟，是個在追求速度的時代下捍衛「慢活」的人權律師。

4. 和解

向目標邁進和氣定神閒兩個人清楚地「辯論」，並結結實實地「吵了一架」，也許／希望他們兩個之後能克服彼此輕視與怨恨，可以承認彼此是重要且珍貴的互補夥伴。因為對領導人而言，能有兩個並肩作戰的同伴可供差遣是一大福氣。從相關的價值方塊中（圖四十五）可以馬上看出，如果只有一個成員存在，或是只有一個人決定一切，會發生什麼事。

這裡內心團隊的模型和價值方

塊結合在一起，價值方塊也一直是個發展方塊（Schulz vonThun 1989），所以現在可以說，「內心的團隊發展」已露出端倪。

這裡清楚顯現出：每一個（外在和內在的）團隊發展的重要部分，在於使有對立企圖的成員不會兩極化，「去極化」是用對話來克服兩極化。「兩極化」表示相對的立場彼此區隔，互相敵視，各自強調一部分的真理，或是一半的美德，在一起將會是理想的互補。這樣的兩極化容易讓情況惡化，最後的結果是各自的代表越來越極端，在價值方塊上越來越「往下掉」。典型的衝突上演是，兩個衝突對象各自陶醉在自我價值的光環下，認為對手淪落在頹廢的地下室裡，因此遇到對方時總是帶著譴責的口吻：「我贊成有意識地向目標邁進。相反的，你怠惰，只會做白日夢，振作不起來！」勝者說出典型針對關係的訊息：「我沒問題，但是你有問題！」「我贊成從容不迫，願意為發展自我付出必要的熟成時間。而你汲汲營營追逐飛黃騰達，可憐又小氣！」敗者用相反的內容回答他，態度卻是同一種。這種人際關係之間的衝突形式我們再熟悉不過，在政治、工作，還有私人領域都可以看到。

兩極化的衝突有一個好處，能使對立更形尖銳明顯，也能讓憤怒緊繃的情緒有發洩的空間。這種情形在衝突處理的某個階段時是可以接受的，有時候（當衝突隱藏在貌合神離的外表之下）甚至受歡迎。如果情況繼續下去，無可避免會進一步惡化，直到希望能消滅對手，完全無法促成團隊組織下的「合作」。創造有建設性的爭吵文化的關鍵在於，讓敵對雙方看一看圖四十五和四十六，並學會在發洩完後，看到他們各自擁有重要的（部分）真理，並且是珍貴原則的捍衛者，但是在互補的情況下又需要彼此。

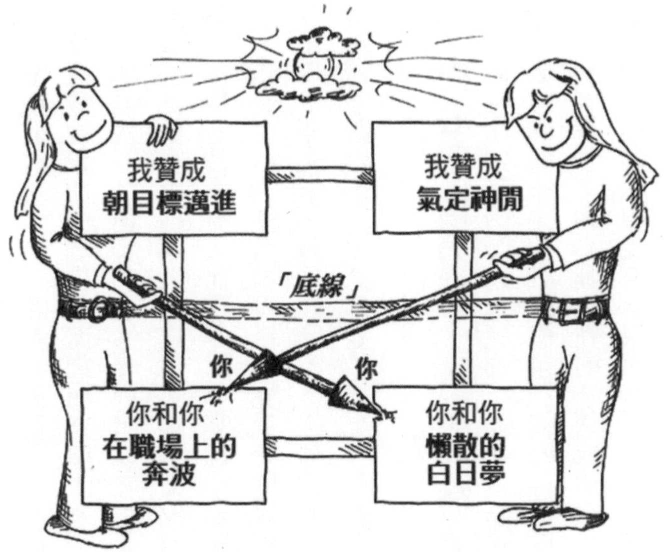

圖 46：兩極化的衝突：自滿於自己的價值，
並攻擊對方一文不值（在底線之下）

這個情形同樣適用外在和內在的團隊。如果向目標邁進的人最後跟氣定神閒的人說（也包括後者對前者）：「我覺得由你一個人來做決定很危險，但我也看到自己的偏頗而必須承認：有你真好！」

5. 由領導人組織團隊

去極化差不多成功的時候，領導人就可以按照已知的模式（參考第 97 頁及其後）召開團隊會議，努力和他的兩個（或者好幾個）「行動者」達成一個內心的協議，以成功克服具體的挑戰。之前領導人已輪流認同不同的成員（參考第 118 頁及其後），在這個階段，領導人最好能丟掉認同。現在他坐在較高的椅子上，和現在願意合作的競爭成員開會。

左頁的圖示把內心衝突處理的五個階段以典型的範例條列出來。實際狀況中，第一和第二階段常常就已經足夠突破困境，有效地讓自己繼續往前邁進，或是有效地幫助一個內心充滿衝突的人。

因為內心的衝突和各方參與者現在清楚地顯露出來，而在這之前，內心衝突隱身在心靈多種面向的「混沌不明」之中，加上衝突裡所有的亂流和一團團的廢物，融合在一起無法辨認。這對一個領導人而言難以「掌握」，因此也難以「掌控」。

但是又有一些其他例子，在第一階段和之後第三階段到第四階段的過渡時期已經出現很多阻礙，不免需要長期的治療。這種情況特別會出現在一個內心的衝突參與者是個被排擠的人（成了無法讓領導人靠近的人）的時候。

3.3 內心的衝突性：人類的宿命

到目前為止，我們觀察了一個內心團隊中兩個對手捲入衝突的案例。另外還有一個有點不一樣的例子，內心團隊裡的一個成員自己跟領導人起了衝突，並以「內心的反對者」姿態出現。在用這個現象來結束這一章之前，我先在這裡加入一段內容。

我們人類為什麼必須要為這麼多的內心團隊衝突傷腦筋？這是我們物種的天性？還是文明和複雜社會結構下的產物？兩者都是！我們暫且離題，到人類學和社會學的範疇去看看。

處理內心衝突的五個階段

1. 確認競爭對手的身分 誰參與衝突？	也許有哪些具備能量的成員融合成一團廢物？他們叫什麼名字（暫時的名字）？替每個衝突對象保留一張椅子。
2. 競爭對手公開表白自己的獨白	他們要說什麼？他們的立場是什麼？會產生什麼情緒？（每個人輪流為自己發表意見，「整個人」輪流鑽進每個競爭對手的身體裡，每次坐在事先安排的座位上）暫時用的名字還合適嗎？
3. 對話：互相「對辯」和吵架	領導人主導衝突對話，他更換座位並與對方談話。常常會有憤怒的情緒和（互相的）鄙視。
4. 和解並局部接受對方	你（有時候）也在這裡，到底有什麼好處？你有什麼可以讓我欣賞的優點？我們為什麼需要彼此，以便我們「整個人」能好好地過活？
5. 組成團隊，領導人做出具體的決定	領導人帶領內心的團隊會議，討論具體要解決的問題。他從高人一等的立場來決定事情：誰在什麼情況有優先權？大家應該如何互補？以後誰應該得到更多的空間，誰應該「健康地縮水」？

人類學的面向：人類內建的衝突潛力

內心衝突刻畫出人類的本質。在動物的世界裡，只要有不同的反應模式，並且由不同狀況引發反應的地方，也會有內心衝突。在不明朗的臨界情況，兩個或是更多的行為方式會互相競爭，例如在遇到威脅的時候，「勇敢的」戰士和「懦弱的」逃脫者不能達成協議，爭相搶奪優先權。例如小貓躡手躡腳靠著燙粥打轉時，內心同時有貪嘴的貓和謹慎的貓當權。有時候在這種情形下會出現「跳躍式行為」：一頭公雞來回拉扯於逃走和戰鬥的衝動之間，突然開始啄食穀粒。這種行為真的不符合處境所提出的挑戰，只能解釋為充滿衝突的緊張情形讓公雞無法承受，牠的天性不知道該怎麼辦，只好用「短路」的行為來結束這個情況，無論會花多少代價。

但是很顯然，內心的衝突在動物生存裡只扮演一個少見的邊緣現象，依我看，人類有三個特別的因素，無可避免會製造衝突：

1.高度分化的認知能力和動機，使人類能成功地在同一件事上看到多種觀點和特徵，例如我可以從舒適性、美觀、價格、材料以及種種其他觀點來觀察一張椅子，每一個觀點都足以刺激我內心團隊的成員：貪圖享受的人、重視美感的人、吝嗇鬼、環保尖兵，他們都想達到不同的目標，也都重視不同的東西。這是最簡單的一個例子。

2.遠大的期望和計畫，人們不只追求此時此刻滿足短期需求，還特別把長期生存的保障和進步當成目標。躺在太陽下多舒服——但是不行，冬季即將來臨，我必須及時補強屋頂。動物尋找現下的安康，人類卻一直被號召，要用現在來服務我們所期待或是追求的未來，並在所有行動中考慮它們會帶來的長期後果：這是一個介於當下享樂者和長期謀略家之間的恆久衝突。

3.動物性的遺傳和人類的美德。身為哺乳動物和獵食性動物，我們背後和體內經歷了很長一段的演化。我們的遠祖是生存競賽中的勝利者，把勝利者的特徵當作動物性的遺傳給了我們。

人類如何可以生存下來？他在意志和努力中發展出兩個基準。一方面，就個人生存而言，他具備頑強的求生意志，這一點跟其他所有動物並無二致。為了生存可以不擇手段，每個人是自己首先要幫助的人。從這層意義看來，自私自利的人在內心團隊裡有一個歷史悠久的固定位子，而且一直被捍衛至今。這個簡單明瞭的「利己主義」原則必須在兩個地方突破，才可能讓人類這個物種生存下來。在一個地方上，我們和動物仍有關聯：在養育和保護自己的孩子方面，雖然自私自利的人並沒有完全從畫面中消失，我們仍然也以無我的付出為基準。這種不是為了自我存在，而是為了維護種族生存的利他主義，不需要在道德上努力去達成；它（或多或少）是賦予給我們的天生衝動和傾向，從遠古流傳至今，一種照顧後代的本能。這是一種生存上的事實，我們既是個別的生物，具有本身獨特的生存和發展權利，也（只）是一長串鍊子上的一個環節，以生養孩子和死亡將自己編進這條鍊子裡，並為這條鍊子服務。沒有一個證據比無法改變的死亡更能證明，個人隸屬於「較大的整體」，隸屬於人類發展的鎖鏈：有人說得好，我們把「位子空出來」給後來的環節。

「肆無忌憚的利己主義」原則必須突破的第二個地方是人類的社會。這是個生物學上的事實，身為單獨的生物，人類不是一個好的生存專家，只能以社會性、群聚性的生物型態生存下來。原始部落及之後的氏族，從一開始就是較大的整體，個人必須把自己視為其中的一分子，而且整體的興亡跟個人命運緊密相連不可分割（見 Redlich）。

對人類的心靈而言，這意味著一個內建的衝突來源：一個是自私自利的人致力於讓「我」這個系統更臻完美，努力利用群體的力量來創造個人的美好生活。在他身旁站著一個對手，他在心靈深處代表「我們」這個系統，並把自我安排在我們的下面服務。

你可以在圖四十七一眼看到這兩個想法的綜合整理：個人處於雙重連結當中，一個是與物種的關聯（維持物種存續），一個是與團體的關聯（以團體福祉為導向）。

毫無疑問，內心團隊中「我們的部分」也有一個年代久遠，一直捍衛到現在的固定位置。但是看起來，它不具有等同於自私自利的人和照顧後代、利他主義的人的本能氣勢。為了彌補欠缺的本能氣勢，發展出一種倫理，賦予人類一個規範責任，不許他毫無顧忌地自私自利，並在博愛精神裡看到（真正人類的）使命。

舊約聖經裡的十誡在它出現的年代必定是個反命題，跟人內心主流聲音相反的聲音。當我們假設人類的天性有殺人的傾向，所以當人們硬碰硬對抗並取得生存優勢時，強調「你不應該殺人！」是有道裡的。古老的神話裡有許多謀殺、凶殺，即使小孩、婦女和老人也不能

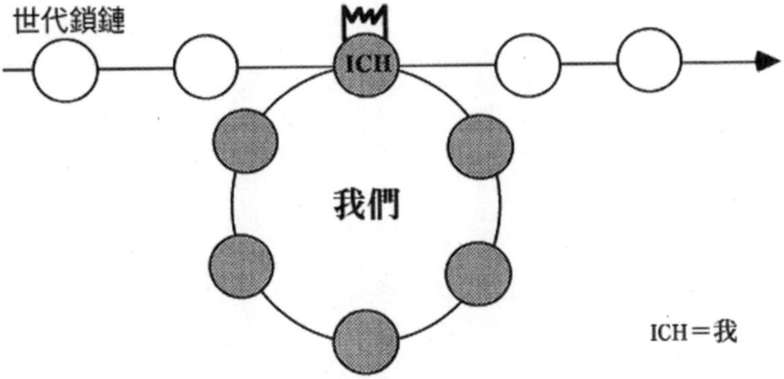

圖 47：人類的個體（身為「萬物之靈」）從兩方面來看，
是個較大整體的一部分

倖免。所以十誡裡的每一條難免會引起內心的團隊衝突，要不然也不會有十誡的存在。

自從人們意識到，他不僅要為個人的生存和美好生活負責，還要為整體的成功做出貢獻時，就會開始產生內心的衝突，也可以解釋為明亮與黑暗、光與影、上帝和魔鬼之間的角力。威海姆．布希（Wilhelm Busch）曾就此打趣說：「上帝總要使勁地拉，魔鬼不費吹灰之力就得到一切！」

佛洛伊德把這個對立情況稱為「它」和「超我」。但是這個對立並不是因為有個設立規範的文化才產生的，它早已存在於人類很原始的天性裡：沒有博愛精神，人類這個物種不可能存活；沒有毫無廉恥的利己主義也不可能。

變身怪醫（Dr. Jekyll and Mr. Hyde）

我們心裡那個只以自我為中心的部分，捍

衛自身福利的天生合法代表，如果沒有和（同樣是天生）贊成博愛，以共同福利為基準的對手結合在一起，就會（也只有這樣才會）變成惡魔。所以內心團隊的形成不可或缺，但是會在不同的情形下失敗：如果一方犧牲另一方以取得優勢，或者雙方處於永久的對抗。羅伯特．史蒂文生（R.L. Stevenson）的小說《變身怪醫》裡的英雄說，最後一種狀況是「人類的詛咒」，「實際上，人不是統一的個體，確實是兩個」，而且「這些不一致的部分如此相互連結」，「在充滿痛苦的意識裡，兩個彼此敵對的雙胞胎一直處於對抗」。傑基爾博士，一個有聲望，循規蹈矩的人，無法忍受這個詛咒，這個加諸在人身上的痛苦。於是他想到一個解決方法：「如果他們分離了，會發生什麼事呢？」藉著一種毒品，他成功地將「內心那個在思想行為上處處只以自我為中心，既惡毒又卑鄙無恥的傢伙」，從雙胞胎相互扭打的對抗中分離出來，「解除他的統治權」，讓他以「海德先生」的名義面對人群。果不其然，「那個長時期被禁錮在我內心的撒旦呼嘯地破門而出」；他十足地卑鄙無恥，最後甚至犯下謀殺案。完整的個人傑基爾每次吃藥，再度取得身分認同的權力時，都覺得自己完全是無辜的。

整個實驗的結局是一場生存上的災難。我們後生晚輩最好遠離這種毒品，繼續忍受「兩個意志力的詛咒」以及內心敵對雙胞胎所帶來的折磨，加以塑造（用比較不悲觀的口氣表達）。如果傑基爾博士能想到「團隊」的點子，如果他知道，可以把海德先生以本來面目從監獄解放出來，讓他在一張椅子上說話和感受，而不是放任他對人類為所欲為，誰知道，說不定他現在還活著呢，有可能「跟自己契合一致」。

現代的「我們」

從維多利亞時代，也就是史蒂文生小說的背景時代開始，已經有了一些改變。「以自我為思想行為的中心」不再那麼可恥。鐘擺已經向個人主義的方向擺了那麼遠，甚至可以說是到了「自戀的時代」。我們不得不很擔憂地問，自我實現的想法是否已經沉淪到自私自利，而團隊精神也大幅度凋萎，以至於「它能帶給我什麼好處？」已經成為現代純粹為自我打算的主流問題（見Müller）。

但是對現代的西方人而言，就算極度強調個人主義，歸屬於一個團體或是一個「大的整體」一直都還是心靈上的關鍵因素，一個人對自我價值的感覺自始自終來自於他為團體帶來的利益，以及他從團體那裡得到的肯定。為了生存下去他需要一個「意義」：一個深刻感受到的確定感，他是為了某種超越自己的東西而存在。

這是所有研究人類深層心靈的心理學家所探討的要點。特別要提到的是阿德勒（人類會受到神經官能症折磨，他會過分擔心自我的價值，然後以強迫性的企圖心犧牲團隊精神，以努力提高和保證自我價值）；維克多·弗蘭克（人類的存在必須超越自己，也就是說，為不是自己的對象效勞，為一件事服務，或是愛另外一個人；要不然將會面臨生存上的真空，對心靈有害）；卡爾·羅傑斯（Carl Rogers）（人類性格的內在核心既要維持自我的存在，同時也是社會性的），還有蘿絲·孔恩（只有當我不僅僅只感受到自己，也感受到我也屬於整體世界一分子，我才能看到自己的價值）。

無論如何，對現代人而言，「我們」的定義不像以前原始部落、氏族、階級制度和祖國那麼明確。我是其中一分子的這個全體（家庭、鄉鎮公所、工作小組、國家）在現今這個年代的形式非常多樣、脆弱、多變。特別是在德國，社會普遍對此想法抱持懷疑：不正是個人對這個「較大全體」的犧牲奉獻精神被無恥地利用了嗎？「你不算什麼，你的民族才是一切！」

由於「我們的經驗」不顯著且被削弱，內心中「我們的部分」變得不可捉摸，面臨在混亂中逐漸消失的命運。如此一來，能掌握的部分就會在心靈裡取得上風：個人的自我會成為所有努力中過度被看重的目標。所有被我們抱怨的個人主義高漲、「追求自我」，以及被我們譴責的「價值淪喪」，並不是基於道德敗壞增加，而是因為現代人與時俱增的無助感，他不知道該將他準備奉獻和互助合作的熱忱往哪裡送。他只是暗暗感覺到，自私自利是心靈上的一個權宜之計，卻給他帶來心靈上的傷害，因為內心中缺乏我們的部分，而且他的存在權利並沒有得到實現。自私自利的人從心靈上來看，是被塞滿的「半碗飯」，像他的對手一樣也受到憂鬱症的威脅，他的對手熱心服務所有人和任何一個人，但是要費很大的勁才會服務（一下）自己（見 Cohn und Schulz von Thun）。

後現代的人必須自己尋找他的我們、他的系統，他自己想要歸屬，或是也許暫時覺得有歸屬感的整體。在這裡，他也被要求成為自己身分認同的建築師，必須面對自由所帶來的一切不確定性和恐懼，因為嚮往有助於認同的歸屬感所帶來的迷惘。例如在宗教組織，或是新納粹的編組裡，他們把「我們」的感覺奠基於德國人的血統上，並因此仇恨外國人。

另外，後現代人現在也被要求，特別要把地球上居住的人類當成大的全體。當「村子」變得世界化，全球網路化影響我們的生活，萬物受到危害的影響遍及全球的時候，地球成了一個全體，而我們是其中的一部分。「我們內心的地球公民」，「世界內政的政治家」注定要成長。我們的歷史心靈期待在一目了然的鄰近區域有「我們」的存在，還沒準備好去接受這種大範圍的「我們」。但是要在這個星球（存）活下來，除了往前大幅躍進以外，別無選擇。我們不是生存專家的後代嗎？

社會學的面向：角色衝突

針對人類的（天性）和裡面隱含的內在衝突性，我就提出上列幾個想法。在一個分工合作、組織複雜的現代社會裡，還有其他更具關鍵性，深入影響我們心靈的因素：透過接受不同的角色，我們無可避免會陷入多重的角色衝突。這個社會學面向補充了人類學的面向，並有重疊的地方，在這裡只能非常簡短地介紹。大體上，角色衝突被分為不同角色間（以及角色內部的）衝突（見 Reimann）。

不同角色之間的衝突產生的原因是，我在生活中同時具有雙重或是多重的角色，並感受到部分不能協調的地方。例如我既是母親、妻子、祕書，又是家長會的發言人，到了晚上下班以後，內心的聲音就會開始舉行一場不和諧的音樂會：「送小孩上床時，妳要拿出一點時間給你的小女兒吧！」我內心的母親這麼說，還馬上升起一股罪惡感。「妳今天還得為了新的座次打電話給老師！」心裡的家長會代表說，而我感覺到後頭有些家長在盯著我。「我也想偶爾把自己打扮得漂亮一些，從容地跟老公喝杯酒！」心中的妻子很激動，擔心先生可能老早就覺得受冷落。「但是別弄得太晚，明天在部門裡還要跟老闆一起打一場硬仗！」職業婦女警告著，她現在已經精疲力盡，而且「基本上只想看到床」。「我分身乏術，忙得團團轉！」領導人很絕望，表達出現今很普遍的生活感受。如果我們接受多重的角色，自己就是一半的受害者，一半的加害者，雖然值得驕傲，但並不是沒有哀嘆。就像馬戲團裡用許多棍子轉盤子的藝術表演者，他來回奔跑，只為了接住轉得最不穩且搖搖欲墜的盤子，再讓盤子轉起來。同時還要能成功做到讓人瞠目結舌的表演，再轉動起另一個盤子，提高藝術上的緊張程度。

不同角色之間的衝突產生的原因不只是因為時間有限，也是因為角色無法協調。我們從跟嬰兒一起慶祝耶誕節的例子中已經很熟悉。朋友、大姊、公民和考慮自己的人在同一個情況下，立場非常不同。這是一個私人領域的例子。這類角色衝突在職場和政治領域中更具有爆炸性，例如一個同時具有多重角色的人陷入一個情境（而且無可避免地陷入），他有雙重的責任和義務，要將一個客觀的衝突「內化成個人的問題」，我想先暫時如此稱呼這情況，他還冒著背叛角色任務的危險。例子：很重要博士是猛禽銀行董事會成員；他也是一家土木工程公司（複合股份公司）監事會裡的一員。現在發生了一件事，迷你靜力股份公司企圖「惡意併購」競爭對手複合股份公司。迷你靜力股份公司是猛禽銀行的客戶，銀行董事會必

圖 48：很重要博士處於不同角色的衝突中

須研究是否要貸款參與這項生意。很重要博士現在陷入窘境：他心中的銀行家非常積極有意願贊成這項生意，相反的，他心中的複合公司監事委員卻滿腹驚恐和憂慮（圖四十八）。

啊，這裡有兩個靈魂住在他的胸臆，然而這個內在的團隊衝突主要不是心理上的，而是正好反映出客觀狀況的邏輯。我們可以也帶著這樣的角色衝突生活，但是有些衝突影響深遠，如果可以預見兩種職務有不能協調的地方時，每個正經嚴肅參與社會運作的人都應該在接受新職務時，把舊職務放下。

角色內部的衝突到處可以看見，也無法避免。因為只要我接受了一個角色，就要面對角色對象的期望。角色的定義可以說是針對一個職位持有人的所有期望。

現在讓人痛苦的是，這些期望很多是矛盾的，因為

- 不同的角色對象有不同的利益取向
- 甚至同一個角色對象都可能有互相矛盾的期望，如果他自己也遭受到內心的團隊衝突。

如果角色對象不僅有「期望」，也會施加極大的壓力，而且（如果我讓他失望）還會變得很卑鄙，情況就會更不好過。用學術性的術語表示：每一個期望後面都有威脅性的制裁。一個簡單又經典的例子是中階經理的三明治立場，承受來自上級和下屬的壓力（圖四十九）。一方面從上級得到指示：「組織重整後，你必須以更少的人力帶來更多的績效！（希望你可以接受重擔）鼓勵你的手下（希望你具備鼓舞士氣的天分），讓他們明瞭，在這個時刻，每個人都要拿出全力投入工作！」另一方面，人資部門傳來消息：「一份員工問卷調查發現在『領導和溝通』方面有不滿的聲音和缺點，我們一定要消除。董事會因此委託製作了領導準則，這裡就是這份準則！請你公平對待下屬並樂於配合，員工任何時間都可以找你商談，你要值得信賴，有批判能力。請記住：我們以員工為重！」還有從下屬來的聲音：「請你讓上面的人明白，不可以再繼續這樣下去，這樣我們都會累垮。希望你還有必要的骨氣，有效地捍衛我們的利益。」

圖 49：一個中階經理角色內部的衝突

在這個簡化的範例中，我們的中階領導階層「只」聽到來自三方的聲音，和感覺。

實際上，通常有更多的角色對象用他們的呼籲強有力地包圍這個主管，他無法滿足所有人的要求。這裡要強調的是，主管內心的團隊衝突是事先設定好的，早在衝突以人的形式出現在舞台前，就已經安排在角色裡。

儘管如此，他仍然必須親自承擔衝突的後果，或者決戰到底。我們可以想像，每個角色的對象在角色所有人的內心團隊裡都有「外交代表」，這些外交代表聲音非常響亮地參與內心的自我對話和內心議會會議（我已經聽到企業職工委員會說……）。

現在要視情況而定！如果主管的內心團隊裡以和諧為重的「好好先生」取得優勢，他想讓所有人滿意，不想得罪任何人。這時他會向各方人士發出贊同的信號，但是不久之後，他的處境會十分為難，成為多方面的代罪羔羊，因為他最後終究不能信守這些（互相矛盾的）承諾。他成為整個事件的受害者。如果想有積極的作為，必須在研究他的角色的時候找到一條屬於自己的明確路線，一個有理由根據，而且有細微差別的自我認知，與角色對象相遇時，成為內心的力量中心，讓他穩健、果斷、自信地行動，用理由說明他拒絕的原因，堅持自己相對的要求（見Hager und v.d.Laan）。透過這個事先散發出來的自我認知，可以從他的角度來影響加諸在角色上的期望。根據人際溝通和企業顧問哈格爾和馮・德・朗恩的看法，認真研究角色是領導階層做諮商和在職進修的核心關鍵，也是達到有效溝通的內在基礎。所以還可以補充一點，不只針對領導階層，而是對所有職場上以及私人領域中的角色所有人：為了可以明白有力地解決家庭糾紛，家庭主婦和母親必須發展出一套明確的想法，哪些是她的任務，哪些不是。她自己期待從角色對象那裡得到什麼協助以便整體運作成功：什麼是她一定要要求的，什麼是她希望能做到的，什麼又是看情況可以討論的。要不然她永遠在碎碎念，卻沒有人聽她的。對負責營造一個和諧小窩的角色所有人來說，這種溝通藝術並不容易。在瞬息萬變年代的職場上，角色也跟著經常轉變，整理出一個協調一致的自我認知也越來越重要。

為了掌握這個核心，要達成兩個心靈任務：第一個任務是為自己所要扮演的角色召開內心議會會議。議會桌上，除了自己的聲音之外，旁邊還坐著不同角色對象的外交代表。首先替自己的角色整理出一套清楚的想法，接著第二個任務是做好與角色對象激烈爭執的準備和能力，堅持爭取一個合適的關係定義。好好先生和好好太太一定很想避開這個任務，但是現在沒有其他退路。例如一個工作坊主持人被學員嗆聲：「你看起來離問題的解答還很遙遠！你是故意這樣做，還是你真的就跟你的外表一樣，對此一籌莫展？」這時主持人不能把以和諧為重的好好先生送上戰場說這幾句話：「好，我們現在可以一起來看一下，有哪些解決方案……」而是把批評中隱含的關係定義（我們提問題，你負責解答！）明白地反駁回去。也不要說：「我覺得你的話很傷人也很狂妄！」雖然這也是問題的一部分，但是無關問題的核心，問題核心在於對主持人角色有不同的詮釋。例如可以說：「我了解你急於尋找答案，也認為可以找到，不過你的批評給我一個機會，讓我再一次清楚強調，我**不認為**我在這裡的角色是……而我的任務是……」接著明白闡釋自己的角色，視情況給予理由和相對的要求。

好好先生最鍾愛的用詞是「一起」；如此一來，只強調了關係的一個面向，另一面向卻被避而不談：「……但是在不同的角色裡，而且……」

好好先生是內心團隊裡的寶貴成員，他確保「顧客至上」的現代美德。但是如果讓他孤軍奮鬥，他一定會淪陷。他身邊需要一個好戰的人，仔細監督角色的分際。職場新手內心的單純團隊裡經常缺少這麼一個「專家」，設置安排這麼一個專家是專業溝通訓練中優先學習的目標。

3.4 跟內心的敵對者打交道

根據之前的討論，一件事變得清楚了：內心的團隊衝突，也就是和自己不團結一致，是人類典型的命運，人類學和社會學上的現實一起發揮作用，讓心靈成為對立企圖的遊戲場，並且在（後）現代的年代越趨嚴重。為了不讓內心的競爭對手造成無法挽回的兩極化，我們需要強有力的領導作風，一個有自信的領導人，他不僅能成功地用去極化降低衝突的緊張程度，還能更上一層樓，化危機為轉機，通過整合對立的立場來創造力量和品質。

如果領導人的主權受到個別成員傷害，該怎麼辦？如果有個別成員以不友善的方式在團隊稱霸搞破壞呢？每個團體和團隊的主管對難搞的隊員都有經驗，他們破壞和諧的合作關係，讓主管不好過。根據平行共同點的理論，我們也可以預料內心團隊會有同樣的情形；我這裡就有兩本書是研究如何跟「內心的敵人」，也就是跟糾纏不休的人，有效地磋商，例如他們持續不斷地

——加深自我懷疑（像你這麼笨，你永遠也做不到！），

——散布悲觀主義（所有的結局都會很糟！），

——自我譴責（你怎麼能這樣做？），

——喚醒內心的恐懼（千萬要小心，所有的事一定會搞砸！），

盡一切可能恐嚇威逼領導人。在領導人努力創造幸福有意義的生活時，不斷進行破壞，使內心的工作氣氛低迷。他們經常用令人氣餒的「你信息」和／或者命令式的呼籲直接對領

圖 50：內心的敵對者：「哈」，那個人叫著，「說，你是誰！」小精靈笑著說：「我是你的我。」（Wilhelm Busch）

導人說：「你必須一直和隨時隨地保持（完美、友善、自信、準時、有充分準備、誠實、能幹……）！」（圖五十）。

喬治・巴哈（George R. Bach）很久以前就開始研究，如何讓人的攻擊性在公平爭吵之中也能得到應有的重視（例如 Bach und Wyden）。他在一九八三年把理論擴展應用到人內心的問題上。德文書名《愛自己，恨自己》只是很模糊地觸及核心，因為書的內容如同美國的原書名，是關於「內心的敵人」。

這本書的基本假設符合對內心團隊的想像：「我們稱為自我的東西，實際上是一個聲音組成的團體，或是複數形式的我，他們彼此不斷對話，不論有意識還是無意識，公開還是隱藏。」（見 Bach und Torbet）

作者們認為，這些敵對者原本是外在的加害者，對我們澆冷水、諷刺、指責和貶抑，教會我們對自己的負面態度。當我們內化這些來自父母、兄弟姊妹、同學、老師等的聲音以後，加害者繼續活在我們心中做他們的壞事：但是從現在開始卻是「自家生產的」自我洩氣，自我貶抑，自我控訴，自我破壞。

巴哈和圖爾貝特用「內心的敵人」、「內心糾纏不休的人」或是「惡意的我」等概念來稱呼這些做壞事的人，並認為他們是我們覺得不幸福的罪魁禍首，或阻礙我們前進，即使我們（還）帶著一身的力量，不能發揮所有的發展潛能，為了保險起見，寧願將就已經習慣的困境。這些內鬼的工作方式無法不讓人想到鬼鬼祟祟的狙擊手：總是出其不意地打擊敏感的痛處。也許比較重要的是，他們從不出示清楚的面貌，而且聲音多半「不是口頭的」，也就是說，沒有清楚的內容可以讓人反駁。這些內心工作氣氛裡的「白髮紅衣主教」在會議裡沉默坐著，他散發出來的不快和隱藏的攻擊性，把其他人的心情都搞壞了。他不用表達，卻有很大的影響力。

如同這個理論中的樂觀論述一樣，我們不需要忍受這種對內心環境的破壞！這本書有說明，如何在沒有專業治療師的協助下，有決心和有建設性地面對內心敵對者。

確認犯案者

該如何做？第一步而且也許是最重要的一步，在於**確認**內心敵人的身分，強迫他走到

敵對者第　　號 姓名： 最喜愛的長篇大論： 一丁點事實： 下意識的信息： 戲服： 外表：

表51：對內心敵對者的通緝令

鎂光燈下，也就是發現犯案者的蹤跡：在哪種情況下，他會針對哪個主題以哪種形式發言？你會給他什麼名字？他的發言內容是什麼？我們的座右銘是：強迫這個破壞氣氛的人放棄匿名，把話說出來。因為（只有）這樣才能掌握他和攻擊他！第一步很重要，不只因為可以就此發展一套合適的作戰計畫，而是因為它也具備有益的效果：單單透過發現他，就可以讓他失去很多恐嚇、驚嚇和傷害我們的力量。

還有方法可以更有效地籌畫「指認惡棍」的策略：心理治療師高爾汀（M. Goulding）在她的書《大腦居民，或者誰主導你的思想？》一書裡建議，「用輕鬆愉快的方法將針對自己的敵意轉變成友誼」。她對人的概念裡也擠滿了怪物，交替用惡魔、流氓、惡棍和歹徒來稱呼，不僅讓自己，也讓別人（我怎麼對自己，也就怎麼對你！）的生活不好過。這裡首先也是要發現做案人的蹤跡，然後把他們列在通緝令上（表五十一）。如果把這個原則用在我身上，我會發現內心裡有一個人，每當有人跟我推薦計畫和活動時，他馬上會以堅定不移的勤奮勾勒出可能的災難：在河上划獨木舟慶祝兒子的生日？跟十歲小壽星的朋友們一起？我的老天！我馬上在眼前看到翻船的畫面，全身濕透透的孩子，引發洪水的暴雨，漂走的槳，破了洞的船身！而我們父母沒有一個人受過游泳救人和急救的訓練！

誰在我心裡想要發言，不僅控制我內心的發言權，還讓我對外散發出強勢和咄咄逼人的作風？如果我父親用這種方式提出論點，我的母親就會叫他「災難愛好者」。這樣一個人很顯然因為「心理遺傳」也在我心裡發揮作用，他是我內心團隊的一位熟面孔。他之所以讓人不舒服，是因為他在計畫家庭活動時愛發牢騷，掃大家的興。做案人現在「有名」以後，必須草擬他的說話內容，高爾汀說這是「最喜愛的長篇大論」。在這個情況下：「看在老天份上，想想所有可能發生的事！不，不，不，還是算了吧！」

然而，這樣的信息不僅有頑固的不合理，總還是有一丁點事實：「像這樣的行動無法事先計畫並掌握到最後細節，你要對突發狀況做好心理準備！」

高爾汀指示我們的下一個步驟是找出「下意識的信息」，即使情況不斷變化，犯案者還是會讓這樣的聲音一直被聽見：「生活裡充滿危險，你要避免任何一個風險！」

最後我們也應該用圖畫想像一下內心敵手的外表，替他打扮上適合的戲服（舉起警告性的食指，穿上灰色西裝）。

如果我們草擬了一份類似的通緝令，就可以著手上演這齣戲，由不受歡迎的主角在我們的內心舞台上主演。就這樣：鑽進這個角色裡，按照心之所向做一個災難愛好者。盡情讓他揮灑，也可讓他誇張一點，如果能產生一些樂趣和幽默更好！這些簡約的解釋應該足以標誌高爾汀的精神和處理方式。這本書用鍥而不捨的認真態度處裡內心痛苦的憂愁代表（典型德國式精神），有如一股微風，讓人神清氣爽；對於「正面思考」的代表，他們反正都想用輕鬆的態度和一點藝術手腕將所有事轉向好的一面（典型美國式精神），這本書就像在他們已經運轉流暢的水車上添加更多的水。

當然也可以出於「不認同」而採用通緝令，原因在於：我熟知「對方的弱點」和他運用的方法，把他當成在我心中發揮影響力的人，同時也跟他保持適當距離，讓我這個領導人可以擺脫他的包圍，並把主導權重新拿回手上。帶來不幸的程式「強勢＋咄咄逼人＝權力」會失去效力。現在**我**是主席，說：「哈囉，你又來了，親愛的災難愛好者，讓我聽一下，你到底有哪些話想說。你並不笨！但是你千萬別以為，這樣就是最後的決定！」

了解效果間的相互關係和尊敬敵對者

做到第一步（辨識罪犯）就已經很有收穫，現在第二步不是要將他消滅、驅逐、解職。這幾乎不可能，尤其也不值得。因為在某些時刻和生命關聯中，他是塊絆腳石並具有破壞性，但是也許在其他情境中，我們又迫切需要他。他之所以變得如此強大，就已經顯示他是不可或缺的——至少以前曾經如此。這個人真的是個敵對者嗎？還是因為領導人太快認同他的對手，因而失去領導人的寵信？我們還記得：敗者以內心懶骨頭的形象出現（第130頁），一開始看起來對女大學生完成學業的目標是一大阻力；但是慢慢才發現他的信息值得一聽。在這個人的內心團隊裡，有追求效率和以勤快掛帥的人，他則以支持慢慢成熟的維護者身分展示出一個有益的制衡力量。這一直以來也是啟迪學上的重要問題：哪一個對手被內心的敵對者成功牽制了？這也許就是他的功能？也許就是他的貢獻？我內心的災難愛好者也許就因為這樣而有價值，要不然，內心的舞台會被輕浮的年輕人占據，按照他的座右銘「一切都不會有問題！」草率行事，忽略了必要的安全措施？

也許隱藏起來的對手擁有巨大的能量，所以必須運用這麼多的強勢加上咄咄逼人，才能事先建立一個有效的防禦力量？也許內心的敵對者是個「救火隊員」，他的任務在於約束不受控制的力量。被驅逐的成員本來應該關在枷鎖和門閂後面，當他試圖突破重圍，例如某人的心裡藏著許多恐懼或是罪惡感，或是易受傷害，為了避免（假設的）災難發生，救火隊員導演了一個行動分散注意力，阻止被驅逐者奪門而出，並讓領導人有其他事可做，例如酒癮或是厭食症，或是其他無法控制的症狀。

不論情況如何，都值得去研究敵對者試圖滿足系統性任務時所處的內心情況。領導人可以靠著記憶口訣學起尊重敵對者的態度：

縱使你讓我的日子不好過，
我也不會這麼快送你走！

如何能查明敵對者的潛在價值？我看到兩個可以互補的解決方法：調查善意的意圖，和在價值方塊裡分類。

調查善意的企圖。這個由NLP[7]代表（例如O'Connor）所介紹的方法，假設敵對者心存善意。如何調查出這個善良意圖呢？我們打電話詢問他。一般而言，他有能力給予資訊。然後，我們打電話給一個「有創意的當事人」（我們很樂觀地假設他存在），請求他構思一套行為方式，適合達到敵對者要追求的目標，走敵對者為達成目標所敲定的路，但是又不會讓人不舒服。有創意的當事人至少建議三種可能性，尋求建議的人可以在未來嘗試，但是千萬不要在沒確定敵對者和其他內心團隊成員都同意的情況下進行。如果有人表達疑慮，有創意的當事人就要重來一次，以便發明出能弭平疑慮的方法。因為誰今天有疑慮，卻沒有被聽到，他就會破壞明天的更新計畫（完全跟一般的團體一樣）。

在價值方塊裡分類。為了找到內心敵對者的價值貢獻，價值方塊可以提供一個另類的幫助或是補充。眾所皆知，價值方塊是以哲學為基礎，任何一個缺點和任何一個具有破壞性的本質，表現出來的都是一種失控的美德（好過頭了）。這些美德之所以會和必然會失控，是因為相屬的姊妹美德不存在，或是分量不夠，不足以維持兩種美德之間建設性的平衡。我們

7 NLP：神經語言規劃。由班德勒和葛瑞德（Bandler und Grinder）將大師的治療理論和技術為範本加以收集整理系統化而成。

再拿「災難愛好者」為例，他有什麼價值貢獻（就算好過頭了）？最起碼，他心中有衡量風險，是我們想開給每個莽漢的處方。他還需要哪一種姊妹美德，才能使我們提到的美德不至於失控？一個「愛冒險犯難的精神」，沒有它，生活將會單調乏味。如果這個姊妹美德獨自站在寬廣不受拘束的空間裡，它也必然會失控，成為大膽、草率的魯莽行為。現在價值方塊完成了。如果用相關的成員來取代美德，結果如下圖。

藉由價值方塊，我一眼可以看到把內心的「災難愛好者」當成「內心的敵對者」的三個重要面向：

1.上方左邊是有建設性的價值貢獻，也就是內心失控的壞人有能力可以貢獻的價值，也是讓它成為潛在「內心的朋友」的原因；

2.下方右邊是內心裡的一個對手，如果沒有以「強勢和咄咄逼人」牽制住，會伺機奪權；

3.上方右邊是敵對者內心美德有建設性的雙胞胎，我們必須鼓勵發展他，讓他登上內心的舞台，讓上方的雙胞胎美德組成一個團隊。

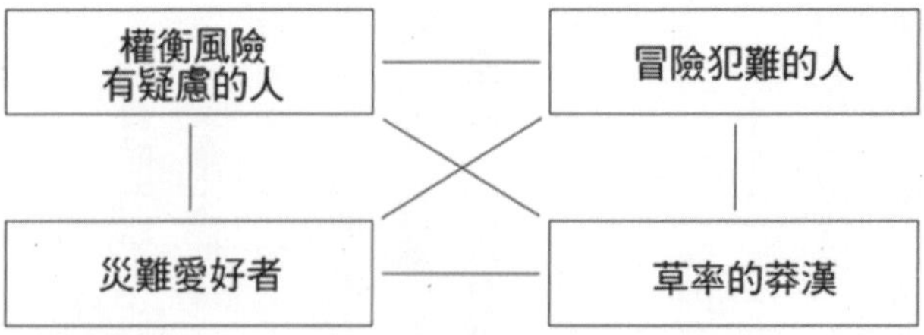

請來有益的對手，或是促使他發展

最後一句話已經勾勒出處理內心敵對者的下一個步驟：把內心的對手請過來，他的益處在於補充敵對者的貢獻，並能邀請敵對者一起組成團隊。

所以在這個例子裡：我心中「愛冒險犯難的人」在哪裡？可以請他上台說話嗎？一個小型且特別籌畫的演出就可以強化他或解放他。也許他還小，還沒發育完全，還要先成長。那我們就有一個小型的團隊發展計畫，以成長為目標（不是以對抗和殲滅為主）。

我們發現交流分析（Transaktionale Analyse, 見 Schlegel）也有同樣的原則，將有益的對手叫來參與計畫。交流分析認為。現代人被許多「監工」重重包圍，他們可以把心靈變成練兵場；相對的，要先建立和鍛鍊起「許可者」的角色，然後可以將有益的平衡力帶進內心的運作（見 Rogoll）：

監工者

要完美！
要快！
要努力！
要盡如人意！
要堅強！

許可者

做你自己！
給自己時間！
從容不迫地做！
接受你自己！
尊重自己和自己的極限！

想要建立一個有助益的對手，自我催眠地對自己唸他們的核心句子（我受大家喜愛，今天做任何事都會成功！）不會有多大價值。雖然這樣很省時間（要快！），但是危險卻顯而易見，出於好意的聲音還掛在唇邊，胸腔裡這時卻有其他的力量喧鬧不休。《自我溝通》（見Tönnies）的實證研究解釋，自我暗示並不會帶來其他單單透過放鬆就能達到的附加效果。

尋找內心現有的力量源泉並動員他們，就像NLP的理論所強調的一樣，看起來還比較有希望。用我們的例子示範一下：我認識內心裡一個愛冒險犯難的人，也許是以前，也許在另外一個生活情境？那我，領導人，可以學習在需要的時候把他叫出來，例如回憶他的形象，或者他大出風頭的情景。或者，如果我的心靈完全不認識這號人物：也許我認識某個跟我很親近的人，他可以體現這個愛冒險犯難的人？那我可以在精神中把這個人叫出來，讓他出現在我眼前（或是透過他的聲音在我的耳裡）重現，受他的精神感染。動員資源在這個方法中優先於對抗或是治療缺點。

現在把處理內心敵人的指導原則綜合起來：

1. **辨識惡棍**（糾纏不休的人）能將（常常不說話且強大有力的）白髮紅衣主教變成能掌握的犯案者，然後用通緝令的方法逮捕他。
2. 首先經由**認同**（他是我的一部分！），然後透過不**認同**（他只是我的一部分！），幫領導人解圍，並贏得掌控的能力。
3. 調查並稱讚惡棍在整個系統關係裡的作用和功效（藉由價值方塊的協助，以及區分他的意圖和方法），取代繼續對抗他。
4. 最後，尋找**有益的對手**來**發展團隊**，內心敵對者在形成團隊時會失去敵對的本質，用跟以往不同的方式貢獻他的價值。

第4章
內心團隊模型觀點下人格的建構和動力

4.1 內心舞台上的劇團

我們可以如何想像內心團隊模型觀點下人格是如何建構的？

與固定的結構（我就是這樣，而且無法改變！）不同，我們眼前立即浮現內心的團體動力，不同的局部力量生氣勃勃地交互作用，隊員在舞台上互相合作、彼此對抗，簾幕可以多多少少為觀眾打開或合起。現在換一個比喻，然後再仔細看一看舞台、劇團和導演。現在把重點放在內心成員不僅只是發言人和參與內心團隊會議的參與者，而是在人際接觸中負責「外勤」可以看得見的行動者（參考圖九）。

舊有的人格類型學想要我們相信，人「不是這樣就是那樣」。例如，要不是堅守原則，可靠，愛好秩序，就是有創造力，雜亂無章，有一大堆新想法又多變。或者是，他要不是樂於助人，真心，充滿溫暖和忠誠，就是冷漠，有距離感，理性和嚴峻。當然這一定也沒錯，每個人的內心劇團裡總有一些基本演員，常常喜歡站在第一排。這些內心團隊成員曾經在個人的生活歷程中因為特殊成就而有一番事業，因此也特別經得起「舞台的考驗」，主導一個人的外在表現。

但是這些基本演員即使在表演計畫中的多齣戲裡扮演主角，就算是唯一站在聚光燈下表演的人，也絕對不是劇團中的唯一成員。舞台後方燈光不足的地方和布景後面還有很多人：一部分是非常容易受傷害和需要保護的人，他們帶著舊傷，害怕在觀眾面前展示自己。他們非常高興能躲在大人物寬廣的肩膀後面。誰知道前面是不是槍林彈雨？應該讓有盔甲和

圖 52：用內心團隊模式觀點解釋的人類性格：基本演員在舞台前方；
容易受傷的人、見不得光的流氓和內向的人在舞台後方，
他們之間的關係是排擠、往前推和保護的交互動力

穿防彈背心的人上「接觸的前線」！

有一部分是陰森森的人物，像海德先生一樣，藐視人類道德的典範，還有內心的魔鬼和懶豬，他們自私、小氣、貪婪、變態、有控制欲、嫉妒、肆無忌憚。這些都體現了深層墮落的人性，循規蹈矩的人會為此羞恥，站在舞台前方也不會交到朋友。

第三點，舞台後方有深藏不露的天分和潛能，提供很多力量讓生活更有深度且豐富，但是他們害羞，沒被喚醒，因為導演至今在表演計畫中尚未看到適合他們的角色，也可能因為他們與世無爭，所以被導

演忽略。

所以人格是內心團體動力和外界回饋交互作用下的暫時結果。這個角力遊戲讓劇團的某些成員往前站，讓其他人留在後面，並加以驅離。讓一部分人跑外務，其他的人做內勤（圖五十二）。

這是第一個粗略的區別，之後還會慢慢細分。我們會在這章裡把「前方的人」（基本演員和主要演員）和「幕後的人」（性格相反的人）拿到顯微鏡下仔細檢視他們不同的舞台命運，也用從劇團如何合作無間來與其他人溝通的角度觀察。

內心團隊的形成和發展是導演的任務，他處於典型的兩難之中：一方面他要確保外在成功，想辦法讓角色安排符合這齣戲的挑戰（以及觀眾的口味），另一方面也要維持內心和諧，滿足演員的需要並且相處融洽。因為觀眾只能看見聚光燈下登場的成員，導演卻一直都要跟整個劇團合作，特別也要跟那些一直只能演配角，或是從來不曾被派上場的演員打交道。他們有可能給他找麻煩。如果他為了討好觀眾，確保外在的成功，只讓受歡迎或是做好準備的人走到燈光下，對外在情勢施予有利的影響，那可能會導致內部的工作氣氛低迷，造成罷工、叛變或是造反。導演的工作非常棘手！我們必須考慮再三，是否真的要這份職務，但是自從我們進化成人類以後，身上就已經有這個職務了。

4.2 基本演員和主要演員，以及他們被隱藏起來的對手

我們首先仔細觀察一下，那些在人格舞台上已經享有輝煌成就，並且不會羞於在舞台前方接觸線上活動的人。我用的「基本演員」和「主要演員」兩個概念不完全能互換：「基本演員」強調的是演員常常會重複出現在變化的情境中，例如某個人不論在工作還是私人領域，都散發出一種有距離且無法親近的氣質，帶著一貫客觀理智色彩的說話習慣，避免情緒性的表達。雖然也會有親密的時刻，這時，保持距離的邊界守衛會把舞台空出來給來自真心的同事，但他還是經常在生活上出現，並贏得「基本演員」這個稱號。相反的，「主要演員」凸顯氣質在一個適當情況下的主導地位：有可能我們寡言內斂的距離男在難得無拘束的聚會裡，把內心的「餘興節目藝術家」請出來，他知道如何用笑話和魅力讓氣氛活絡，並把注意力集中在自己身上。在座有些人從別的地方認識距離男冷漠難以親近的態度，會覺得他這一面很「不尋常」，甚至覺得他突然變成「另外一個人」。

但是他「完全是同一個人」，只不過這次讓一個一般不屬於外勤基本演員的人走到舞台前方當主要演員，如果不是有很特殊的條件讓他甦醒，他習慣「深藏不露」。

跟這個例子不一樣的是，主要演員通常也是基本演員，或是反過來；下列所有的觀察特別是跟基本演員有關。

基本演員的成功故事

哪些生命歷程讓他們成為知名和經得起舞台考驗的基本演員／主要演員？只要不是受到基因特徵影響，有兩種學習類型可以列入觀察：

1. **跟榜樣學習**（「你們從他那裡學會怎樣清嗓子和吐痰！」出自席勒的《華倫斯坦》）：實際上可以確定，我們把母親、父親和早期其他重要的人變成我們內心團隊的成員。有時候導演意識到這個雷同時，並不是很高興。

2. **從成功中學習**，雖然「成功」在人類心靈上的界定比訓練動物時更複雜，牠們只要在適當的時機得到一塊飼料，就可以學會表演特技。

再仔細觀察一下成功的結構：每個劇團成員都會有兩個方向的作用，向外和向內。不管是這裡或是那裡都可以獲致成功。外在的成功在於人類環境做出符合期望的反應，內在的成功是一如期望地抵抗了不受歡迎或是需要保護的劇團同事。我們再個別來看看：

外勤的成就。在簡單的案例中，受觀眾「歡迎」的成員會成為基本成員，誰能贏得掌聲（受到喜愛，誇讚，欽佩，承認），就會被導演很高興地不斷送到舞台上。

然而，親切友好的一面絕不可能一直為我們贏得向陽的位子。艾莎要先扮演「哭哭啼啼的悲慘公主」才能得到關注；漢斯得大發雷霆才能獲得尊敬，保護他不會受到譏笑或冷落。也有可能，某些人已經放棄了得到向陽位子的希望，只要能得到一個位子就很高興了。如果

圖 53：團體（左邊）裡已分配（●）和尚未分配的（○）的角色以及新成員（右邊）內心角色的種類。適合的成員會成為主要演員 / 基本演員（皇冠）

好位子都被占走了，也許可以用卑鄙的手段，極端無恥或是無情地粗野無禮找到一個「不好的」，但至少是他的位子：在陰影下的位子。

愛貝哈德・史達爾（Eberhard Stahl）在他的書裡描寫「團體裡的動力」，解釋每個團體裡預先安排了一些（心理學）的角色，例如汲汲營營的人、愛哭的人、小丑、反叛者、調解仲裁者、能幹的人、魯蛇、批判者、自誇者，卑微無助的人等等。如果一個人新加入一個團體，或是慢慢融入這個團體，他會很直覺地感受到哪些角色已經被「占據」，哪些角色還有空缺。最後的這些角色就像是「公開啟事」徵人，大家可以應徵這些角色。如果有一個新的內心團隊隊員符合一個沒人扮演的角色，那個新人就會接受這個角色，並為自己**強占一個心理上的位子**。適合的內心成員至少在這個團體裡會成為基本演員（圖五十三）。

圖 54：孩子的頭型完全符合父母心靈的「空洞」

每個我們隸屬的團體，或是我們習慣的團體，對內和對外都要面對待克服的特定任務。如果父母雙方必須工作，照顧幼小弟妹的部分任務勢必要落在兄姊的身上，我們需要一個「有責任感的幫手」，而正是這個幫手會在主人的內心團隊裡得到一個固定的位子。

「被需要」的定義可以用客觀的角度來理解（＝生存必要），或者也有主觀的意義，父母根據他們的心靈狀態「需要」一個孩子，而這個孩子以他的方式滿足這個心理的困境。所以一個母親也許為了虛榮心，需要一個成功站在人人欽羨眼光下的「公主」，並且下意識地透露出這種期望。相反的，一個父親可能需要一個魯蛇，讓他重建受傷的自我價值。侯斯特・艾博哈特・李希特（Horst Eberhard Richter）在他的《父母，孩子和精神官能症》（*Eltern, Kind und Neurose*）陳述了這些觀察。我把他的基本想法用圖五十四表示出來。

一個孩子如果將他的特性以這些系統裡的深層需求為基準，表面上他不會受到表揚，反而會被責罵：因為父母的「另一部分」在那裡運作！每個代罪羔羊在被塑造成代罪羔羊之後（讓自己成為代罪羔羊），都會受到毒打。所以有時候對外接觸的成就看起來是失敗的。有正常理智的人常常很驚訝，為什麼有些人會保有只會帶來責罵和恥辱的基本演員。

內勤的成就。基本演員也要感謝他們在內勤達到的成就，他們的成績主要表現在成功阻止了所有那些要散布恐懼、痛苦和不舒服的同事。

每個劇團中都有「躲在陰暗角落裡的壞傢伙」，黑暗的人物，與我們理想中的自己大相逕庭，所以導演發給他們舞台禁令。當基本演員和主要演員在前方大展手腳，他們做了壓抑自己的工作。

他們同時也是保護者。我們心中有非常軟弱、敏感和受到傷害的成員。早期在保護措施還沒有組織起來的時候，他們經常受傷害。史東（見H. und S. Stone）提到「脆弱易受傷害的孩子」繼續活在我們心中，「也是文明世界裡……最被壓抑的」角色。當基本演員／主要演員用粗糙的外殼包裹起這顆柔軟的心，他們也接手了重要的保護措施。然而有一個危險，就是他們做了全部的事並把受保護者埋起來（也參考Chopich und Paul）。

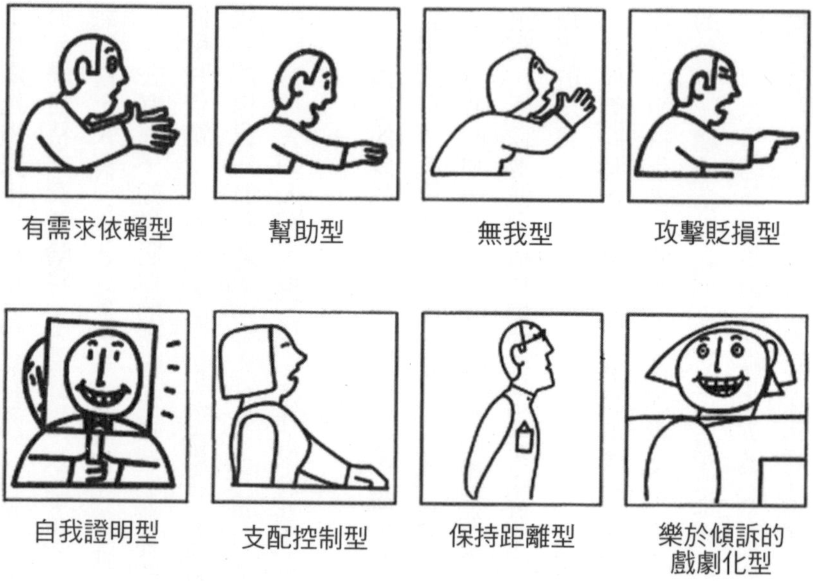

圖 55：內心團隊中八個可能的基本演員

外殼不是在任何情形下都是粗糙的，它也可以是可愛的，傳統的，或是樂於助人的，只要它能維持**人際接觸的安全**。但是它也可以令人討厭（高傲，冷漠，卑鄙，不易親近，虛偽，武裝）；然而這樣的基本演員常常終生工作，因為他內部的作用（保護）比有失體統的外在作用來得更重要。

我們現在要把八種溝通風格詮釋為八個不同基本演員的表現形式（圖五十五）。

我還要補充兩個例子，以彰顯基本演員和他們在內心舞台上的意義。

例子：陽光男孩

一個年輕男孩說：「我到哪裡

都是陽光男孩。」透過這樣的言語已經讓人隱約聽出來，他內心的劇團更豐富。這個陽光男孩怎麼樣？始終友善，天真爛漫，心地善良，不忍傷害一頭蒼蠅！在一個略帶憂傷的家庭氣氛裡，大家對他的評價很高（這個角色還空著！），他的開朗氣質也受玩伴的喜愛。之後在辦公室裡，陽光男孩先生也受到歡迎（奇怪，他一來，太陽就升起了！）。針對他的外在作用（讚賞和攻占位子）就先說這麼多。至於他的內在作用，身為一個內行或是變得內行的讀者，你也許有能力根據這兩個敘述

1.「天真爛漫」和
2.「不忍傷害一頭蒼蠅」

指出他內心有相反性格的嫌疑：誰躲在內心舞台的後方？也許你馬上想到兩個隱藏的對手？

一方面，那裡有個易受傷害的憂鬱兄弟蹲在簾幕後面。導演為他的巨星陽光男孩傾倒，不願在舞台上見到這號悲劇人物。表演結束後，有時候會在路上遇見他，無法擺脫他，對導演來說就有夠受的了！提詞室裡也有可能還坐著一個人，對著舞台輕聲提醒著一些呼籲，例如：

儘管你在心裡還要哭，
對外還是要看起來很快樂！

圖 56：基本演員陽光男孩的例子和他隱藏起來有相反性格的人，以及一個提詞人

憂鬱兄弟完全無法對抗導演、巨星和提詞人的強力聯盟，至少當觀眾還在的時候，他無論如何都沒有希望。

另外一方面，幕後還蹲著一個尖酸刻薄的人，他絕不會一直親切友善，而是鬼頭鬼腦的卑鄙，不僅很喜歡傷害蒼蠅，還有蓄積的憤怒和鄙視，想發洩在先生和小姐身上。但是陽光男孩對他示意：「不要在這裡招人討厭！」多多少少成功地把他擠開。

提詞人用威爾漢姆．布希的話輕聲警告：

因為禮數不周到，

就會有一大堆不愉快！

尖酸刻薄的人現在不知道該把他的精力用到哪裡去！他三不五時從後面拿著尖銳的草叉往前刺。所以陽光男孩的開朗中有時候參雜著一點點輕微的攻擊性，就像「彼此嘲弄」的男性聚會中很典型的攻擊性（圖五十六）。

我們遇上劇團成員裡的一個新範疇：提詞人。他們把以前吸收到的生命指導原則轉換成現在的提示，並藉此影響舞台上的表現。有些提詞人完全體現過去或是現在生命中重要夥伴的規範性信息，他們耳提面命的訓示，教我們應該怎麼做。所以在提詞人室裡擠滿了我們「親愛的人」。齊爾科勒（Zirkler 的碩士論文）提到「博物館裡的人物」，就像「白髮紅衣主教」發揮影響力，自己不現身，但是有力地影響上場的行動者。

這些外來聲音（投射物）的永久回音可能會是一個障礙；特別是當他們用命令式口吻強迫我們接受不可更改的東西（見 Wagner，參考本書第156頁），他們有「不理性的信念」時（見 Ellis，參考《談話聖經 1》），都會苦苦折磨一個人，並把他侷限在一個僵化的模式裡。

這些句子可能變成我們的「血與肉」，但是在自我教育和個人發展的過程中，也有可能將他們淡化或是改變。「對外你應該看起來開朗」這個句子，新的提詞人可能會用凱斯特納（Erick Kästner）詩句取代：

悲傷吧，如果你悲傷的時候，
不要在你的心靈門口站衛兵。
你特別疼愛的頭腦，
不會有任何損失！

例子：矛盾的人

下面的例子是節錄自一本有名的日記：安妮．法蘭克（Anne Frank）從十三歲到十五歲自一九四二年到一九四四年在阿姆斯特丹的一間後屋記載的，她的家庭和其他猶太難民為了逃避納粹走狗，一起在裡面躲藏了好幾年。我們現在要提一九四四年四月一日最後一次的記載，三天後她被發現並送進集中營，九個月後在裡面離開人世。無論是讀這篇文章或是為了展示的目的而引用這篇文章，都不得不再次感受到日記裡現實情境一次又一次引起的震驚。特別是有血有淚的個人命運讓我們對猶太人的大屠殺很悲痛。

安妮日記裡結合了童稚的純真和對文章驚人的反省能力，她打算把這篇文章的最後版本公諸於世。她以自我分析的方式寫給虛構好朋友（親愛的凱蒂）的一封假想信中描寫自己：「身為一個矛盾的人，我的名聲並不是空穴來風！」下一封也是最後一封給凱蒂的信裡詳細地解釋了這個說法。一方面這個說法有（外在）的字義，在別人面前她喜歡反駁人。她以此著名。但是還有第二個字義，別人不知道是她的特點，那是她的祕密：「我已經常常跟妳說起，我的心靈可以說是分成兩半。一邊收藏著我興高采烈的愉悅心情……特別是我的風格，凡事避重就輕……心靈的這一面大多坐著守候，把其他更美好，更純真和深沉的面向排擠開來。」小丑雖然有短暫的娛樂效果，但是很快就會對他膩了。然而：「我輕鬆膚淺的那一面總是比深沉的那一面搶先出現，所以總是獲勝。妳不能想像，我已經嘗試了多少次，把這個只有整個安妮一半的安妮推走，徹底改造和隱藏。但是沒有成功，我也不知道為什麼不行。」

她繼續解釋，為什麼這個深沉的安妮不准走到前面：她太軟弱了，無法忍受別人的譏諷。「輕鬆的」安妮習慣了，並且堅強得足以承受它，相反的：「如果我真的有一次使出全力讓這個好的安妮站在聚光燈下一刻鐘，只要她必須開口說話，她就會讓安妮一號說話，自己就像不要碰我的小花一樣退縮，在我還沒察覺前，就消失得無影無蹤。」

所以這個「親愛的安妮」從來不曾和其他人接觸，只有在獨處時自言自語：「我說出來的，跟我感覺到的都不一樣。」雖然人們覺得調皮搗蛋的安妮不親切，但是她（安妮，領導人）不能服從（心中好的那一半的建議）：就連自己的家庭都會覺得很不尋常，會認為她生病，然後拿著頭痛藥和鎮靜劑過來，也會批評她不好的情緒。「所以我把心再轉過來，把壞的一半轉向外邊，把好的一半轉向裡邊。我不斷在找尋一種方法，可以變成我喜歡的樣子和我可以做到的樣子，如果……如果世上沒有其他的人生活的話。」

對基本演員／主要演員的批判性評價

我們要對主要演員和基本演員的角色做一次批判性評價！他們也被稱為「重量級人物」（見 H. und S. Stone）和「經理人」（見 Schwartz），因為他們在舞台上「大顯身手」，或是因為他們能把裡外所有東西掌控得很好。他們很有用處，也很重要，因為他們讓人變得能捉摸、成功，並「符合社會要求」。他們是社會生存競爭的幫手，文明交際的保證人。如果你認為陽光男孩先生是很可憐的假面具，那你就是詆毀了內心社會中一個很寶貴的成員。有些人失去了輕鬆和開朗的一面，很希望能把他當成榜樣。這是大自然的禮物，也是生物學上發展的表現。

同樣的，安妮的調皮搗蛋、開朗的輕浮少年絕對也是一等一的生存幫手，在這個情境中，日夜受到威脅的人必須抬頭挺胸，抵抗處境裡所有的恐懼和絕望。在這個求生團體中，這個角色「公開徵求人選」，而所有人都默默享受到這個團體動力表現帶來的好處，雖然他們也曾經咒罵並很生氣。事實上，安妮感受得很清楚，成年人將會用也必須用何種凝聚的抵抗力來對抗「內心的安妮」。

在生命受到威脅的極端情況下，所顯現的狀況過份明確，若是形式較為溫和，便適用於人類的共存生活：每個團體無論如何都是一個「求生團體」，必須仰賴團體中的效率和團結，不是任何時候都能忍受心靈上具有的氣質。只要基本演員保證效率和符合社會性的要求，他就做好了一份工作。

但是危險在於，他做了太多好事。雖然在個人早期有許多豐功偉業，但是有時候他們並不再適合目前的時代和新環境。通常他們占據太多空間，並阻礙了團隊的發展。這種情形可以繼續發展到，他們要求獨家代理權，誘導領導人把他們錯當成整體的人格。也許最重要的是：當他們對易受傷害、脆弱的成員保護得太周到，以至於這些成員在「保護拘留下」無法動彈，他們把人從活力和感動的內在中心切除，在極端情形下使他成為運作正常，但是沒有靈魂的機器人，無法與人深入接觸。這是現代人類學上的一個中心課題；因此我們更進一步觀察內心對手的命運，以及他可能跟有經驗的前方基本演員的合作關係！

4.3「整治一新」或性格相反者的災難

在一個市場經濟導向的世界裡，我們不僅被要求拿出好的表現和產品，越來越多的趨勢也要求我們要展現優良的人格。這裡面有一個機會和一個危險。機會：人格發展也成為專業的挑戰，不再侷限於人性且私人的挑戰。我們被督促省察自己，如何在公開場合登台亮相，如何與人應對並留下什麼印象、我們的立場、困難和缺陷。危險：當人格成為一個人的商標時，它必須以委託人和顧客的需要為導向，冒著把人格簡化成「完美形象」的危險，把所有屬於一個人，但是會破壞成功形象的特點全部排除。「你走的時候是個男子漢，回來的時候可別像個懦夫！」當一個主管啟程要來參加我們的「溝通和領導」課程時，他太太臨行送給他這麼一句話上路。她懷疑，原本是個「有膽量的好漢子」的老公，現在必須受到在職訓練的洗禮，會讓他從一條漢子變成半條，而這個部分還會被整治一新。

然而身為溝通顧問的我有這個印象，主管階層通常早已經接受過成為「半條」的社會化歷程。在討論課程裡，他們比較需要鼓勵和指導，再度把一個完整的好漢子搶回來。但是現代溝通以及人格領域的培訓有個進退維谷的困境，讓這位太太一語道破（也參考第250頁及其後）。

正面接觸

人類的心靈是「一團矛盾」，受到對立面的影響。所有的東西都集中在一起，我們內心團隊的每個成員都有一個性格相反的人，表現出相對的一個極端。

如果領導人單方面與基本演員和主要演員認同，僅僅跟人格的正前面接觸，並把性格相反的人驅逐到人格看不見的反面。這樣的認同可能很適合情況的要求；但是如果外勤和內勤的分裂持續下去，會阻礙內心團隊的形成，並逐漸增強有害的緊張氣氛。為此還可以舉一個例子：圖五十七裡我們看到一個人，他有三個基本演員面對外面的世界，同時有三個性格相反的人在看不到的背面，並被侷限在執行內勤上：

1. 一個是「發電機迪特」，非常健康，精力充沛，還有投入工作的喜樂。當然，有時候在他後面的另外一半「老邁的軟香腸」也會發言，他已經筋疲力盡不行了，質疑為什麼要這麼忙。兩者是一起的，構成一個完整的人。
2. 一個是「樂於助人的哈利」，對所有人都很親切友善，樂意幫助別人，而且品行高貴，熱心，想做好人，也做得到。在他背後也「伺機埋伏」著某人：討厭鬼傅利茲，

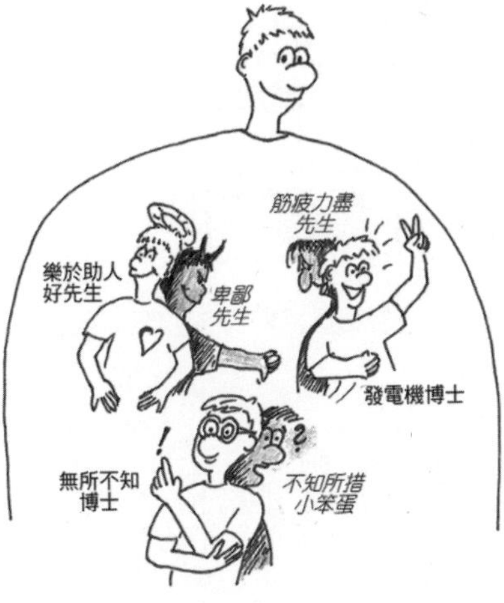

圖 57a：三個主要演員以及和跟他們性格相反的人

圖 57b：經過巧妙地旋轉和翻轉，不會讓外界看到：「正面接觸」

可以很尖酸刻薄並拒人千里之外。如果有人請他幫忙，他最想說一次：「你去找別的笨蛋吧，你這個老吸血鬼！」這裡也一樣，他們倆相屬，並構成整個人。

3. 一個是「無所不知博士」，他一直都知道答案，對所有的領域都很了解，從來不會陷入窘境，總是以機智取得上風。「這個人自信滿滿！」他的老闆尊敬地說。無論範例中的主角走到哪裡，他一定（為了各種情況）會把無所不知博士帶在身邊，即使在私人領域中，博士也很樂於工作。當然也有一些情況，無所不知博士會突然沉默，讓他的反面兄弟「不知所措的小笨蛋」一個人站在舞台上，他不知道該怎麼辦，目瞪口呆又震驚，他原本需要幫助，但是無所不知的博士馬上

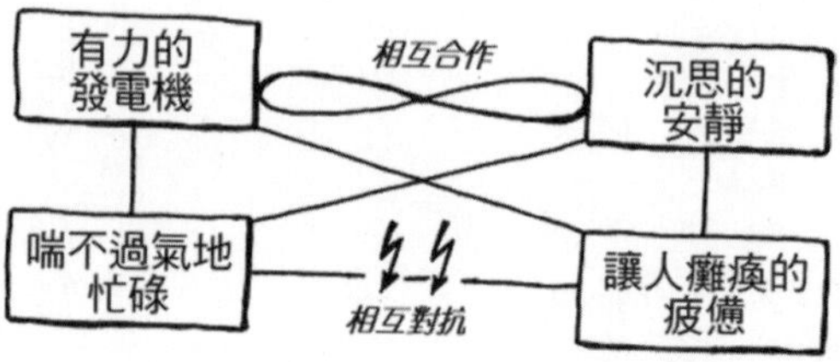

圖 58：相對雙胞胎的團隊工作（上）。危險：分裂和互相對抗的工作（下）

又回來了並且插手：「我們自己會解決！」再一次，他們倆屬於一體的兩面。

如果外勤和內勤的分裂太嚴重，只有前方的人走向接觸線，並且在與其他人接觸時不斷旋轉翻面，不讓別人看到性格相反的一面，那他不僅會成為「懦夫」，還會有心靈上的災禍。因為性格相反的對應體，「相對的雙胞胎」，失去站在舞台上的權利，無法成為團隊夥伴的時候，就會成為對手。主要演員沒有相對雙胞胎有益的補充，就會變得越來越極端，從價值方塊的上方滑到下面一層。

例子：如果發電機迪特沒有團隊夥伴安靜魯迪的陪伴，一個人在舞台上興風作浪，他很快就會成為喘不過氣的忙碌之人，消耗我們的整體人格。我們的反應是在舞台背景後面產生一個疲累的老香腸，他的信息（我很累，我不行了！）不喜被前面的人聽到。然而（正是因為這樣）他也變得激進，發展出一種地下祕密的癱瘓作用，而發電機迪特必須更加油，才能在被踩煞車的情況下維持速度。一個緊張的對立狀態在發展中，就如同價值方塊最下面一行所列舉的情況（圖五十八）。兩者互相對抗而不是合作，一個在聚光燈下，另外一個在黑暗中。

職業角色所期待的輪廓：團康人員

說得沒錯，但是！從人類健康和整體發展的觀點來看，值得給性格相反的人空間，並把他融入團隊。但是在工作上證明自己能力的一股壓力，不是要求我們的「前方隊伍」要符合期待，並將個性相反的人關在大鎖和門閂後面嗎？

我們將這個問題用實證方法針對一個職業做了研究，這個職業在許多年輕人心中是一份「夢想的工作」：團康人員（見Meyer）。他由旅遊業者或是度假中心雇用，負責提供度假的人休閒活動，用運動、遊戲和娛樂節目，讓陽光普照的度假勝地充滿了團體樂趣。邁爾對十個男性及女性的團康人員做深度訪談。我將訪談結果輸入內心團隊模型裡，並綜合整理在插圖五十九中。

研究的結果：團康人員的內心舞台就好像用牆分成前後兩半。前面聚光燈下站著五個主要演員，他們無間的合作是優良成功團康人員的條件：

1. 保持友善的聊天先生，這個先生早在早餐之前，就已經用掛在嘴上的友好言語和小小的讚美問候所有他遇見的人，任何時間都可以找他談話，他也願意跟大家聊上一兩句，以維持並增進良好氣氛。

2. 和他有親屬關係並結盟的是輕鬆的陽光男孩，自始至終散發出好心情，並用「放輕鬆一切沒問題」的座右銘，幫助度假者遠離平日生活的重擔和嚴肅。

圖 59：團康人員職業形象的主要演員（在前台）和被驅逐的性格相反的人（在牆後面）

3. 有創意的小丑，他特別會在夜晚時分站在（真實的）舞台上演出，提供帶有笑話和舞蹈、接龍舞和鬧劇等等娛樂性節目。

4. 鼓勵人的休閒活動教育家，他也能引導那些膽小和沒有自信的度假者做運動和玩遊戲。

5. 舉止得體的外交官能平息爭端中的洶湧波濤，或是用親切的言語告誡那些行為不當的度假者。

對於天生就有機動性和魅力，擅於打交道，有創造力和少許樂於助人的人而言，這個工作一開始真可說是一份夢想的工作。他或是她可以發揮所長，站在南方燦爛陽光下最美麗的地方，以及假期旅客所給予的喜愛和讚賞的光芒下。團康人員陷入一種「自戀的興奮心情」：「我們在那裡是人盡皆知的人物，受到旅客獻殷勤和尊敬，就好像一個偶像！」（見 Meyer）

牆後面卻正在上演性格相反的人的災難，許多內心團隊的成員在那裡過著不見天日的囚禁生活。這個團康人員多一點這樣的人，另一個團康人員多一點那樣的人，大家急迫地感覺到，他們「也還在那裡」，卻得不到他們應有的權利。圖五十九是個「集合總表」，也就是說，我把好幾個團康人員所驅逐的性格相反的人畫在同一個胸腔內。例如有：

1. 躲在蝸牛殼裡的人，他有時候喜歡獨自一個人，退出人群中，不用說話和傾聽。我們在所有跟人接觸的行業裡，最有可能遇見這個懶於跟人接觸的人，因為在這個例子中，規定要二十四個小時投入工作，所以躲在蝸牛殼裡的人不受歡迎的程度加劇：「我，一個人很能獨處，必須經常與其他人接觸，不管我願意不願意。我們被強迫一直跟某個人在一起，一整天就這樣一直吵吵鬧鬧地過去，從來沒有機會可以思考。」
2. 孤獨悲傷的人：「你永遠不能讓人知道你很悲傷，他們期待看到你友善開心的臉，如果你過得不好，你必須強打起精神，給人看到愉悅的神情，好像你過得很好。」
3. 需要依靠的人，他好幾個小時或是好幾天以來，友善地協助眾人。現在他自己也需要一個人能讓他依靠。
4. 潛水的人，他無法忍受長時期與人膚淺地打哈哈，他也想跟人談一談真正讓人深刻感動的事。不過團康人員禁止跟客人談論內部的事情，例如：「我做這份工作的感覺，以及和同事、老闆、其他客人相處的感覺」，所以這份工作並沒有為潛水的人安排一小塊保留區。同樣的，他也不樂見同事們長時間坐在一起。除此之外，這個圈子裡也常常會有嫉妒和競爭的情況存在。

5. 起反感的人，他對一些客人的說話方式和行為感到反感和厭惡。「我強迫自己要保持友善，就算我個人不喜歡這些客人。人付我錢，不是要我帶著一副晚娘的面孔到處跑，而是要當散發熱量的陽光。」起反感的人特別容易出現在某些女性團康人員的心中，當客人觥籌交錯間開始講淫穢的笑話，或是帶性別、種族或是國家主義口號的時候。這個部分必須隱藏在外交官的後面（我覺得非常愚蠢，但還是保持微笑），而他想要對抗的能量——對了，要引導到何方？藏在內心裡，以至於長時間下來，一個筋疲力盡愛發脾氣的人和一個愛發牢騷的人在胸中坐大，這是個二重奏，完全跟前方正式工作且受期待的團隊相反。

這種介於正面和反面之間強烈的緊張氣氛很難讓人長時間忍受下去，於是可想而知，酒精和毒品，讓人心情開朗和鎮靜的藥物就成為短期或是暫時度過困境的手段，長期下來卻會將人帶入更深的內心愁苦裡，還會提高崩潰的風險。

每一個工作典型的影子內閣

團康人員的例子在這裡明確表示，每一種職業角色都需要人格的某特定正面面向，然後把團隊裡特定的成員趕走。為不同職業整理出內心情況將會是個有趣的研究任務（參考 Winkler 關於溝通訓練的碩士論文，以及 Sautter 關於廣告影片導演的碩士論文）。一個現代的就業諮商也可以提醒一個職業角色的執行者會遇到的內心挑戰。在職業的教育訓練和進修中也可以及時導入這些主題，以便研究預防和解決問題的可能性。

你是老師或是經理人，學生還是學徒，舞蹈老師或是空中小姐，護理師還是出租車司機，醫生或是老人看護，售貨小姐還是分店店長？不論你從事什麼職業，都值得整理一下職業典型的團隊陣容，包括在舞台前方接近接觸線一直在工作的團隊，也包括那些不適合這些角色而被驅逐到後台的人。你可能還是會跟這些職業上典型的影子內閣打交道。

身為溝通教練，我們必須先學會將這個列入考量。例如一開始為醫師策畫溝通進修時，可以先讓醫師練習具有同理心的談話，我們根據的看法是，對某些傷口最好的藥，就是關心的人說的話和傾聽的耳朵。然而過了不久我們發現，首先「人」這個治療元素本身也急切地需要治療：許多醫生內心的「藥膏叔叔」不停在工作，自己也處在心靈衰竭的邊緣，因為他們內心舞台後面沒有照明的地方擠滿了「坐困愁城的性格相反的人」（特別是需要依靠和具有攻擊性的成員）。我在年輕時，有一次去一個對我友善的醫師診所看病。不知道為什麼，他突然用「生氣的」聲音說，他很厭煩從早到晚「握著小手」，他最想「拿著鐮刀」衝過成

圖 60：醫師職業中的主要演員和性格相反的人

群的病人，然後，好像是為了證實他的想法，他從抽屜裡拿出一把左輪手槍，大力地甩在桌上。

回憶的最後一個部分，從現在的角度看起來難以想像。我想了很久，事情真的是這樣發生的嗎？還是在我的幻想中，事實和虛構融合在一起了？但是事情真的是這樣發生的。二十五年後，這位醫師的診所還是門庭若市，他並沒有生病或是「爆發」。一個健康人心中被趕到後台的團隊成員，趁未被監視的時刻翻過內心的圍牆跑了出來。用俗話說，就是某人「發火了」。但是其中有一個重要的區別，這個被驅逐的人是否將指揮權攬在身上，促使整個人想要隨機殺人（沒發生的事），或者是領導人保有最後的控制權，只容許被驅逐的人有一小塊自由奔跑的空間（發生的事）。

無論如何，我們得為醫師的溝通進修做些改變：要提供已經疲累不堪的「藥膏叔叔」更多行為模式之前（這會使介於正式的模範團隊和「受詛咒」的背面之間的鴻溝更深，持續的時間更久），我們必須先關心愁苦和被遺忘的人，他們在很後面舉手發言，而且讓人一眼看出他們是急迫的「急救病患」（圖六十）。

身為溝通顧問，同時也是處於生活情境的一分子，我們該如何跟背後性格相反的人打交道？他們被排斥，有時候愁苦，有時候害羞，被阻絕在接觸線之外，使他們參與和發揮作用的機會受到限制，因此也成為問題兒童。導演將如何發展出一個團隊？外在的溝通顧問又能如何從旁協助？

由於這些問題的答案跟排擠或者抑制的激烈程度有關，所以接下來我想先區別三個不同的驅逐階段。

4.4 驅逐的第一個階段

首先，我們重新拾起脈絡：人類的人格受到對立面的影響，我們把他們標誌為屬於一個整體的同胞兄弟。生命歷程的影響和滿足職業角色期望所帶來的壓力，導致兄弟兩人在舞台上的命運大不同：一個可以而且也必須一而再再而三以主要演員的身分出現在接觸線上，另一個多多少少躲在幕後，甚至會被嚴格禁止上場。

驅逐的第一個階段在於，受到影響的人雖然躲在主要演員後面，但是能被領導人

——清楚地感受到，

——原則上承認和尊敬。

「只是」基於機會之故，領導人決定：我在這裡最好不要這樣表現！

例如一個女團康晚上跟客人坐在一起，笑話隨著一杯杯的酒變得越來越令人作嘔，她暗地裡雖然反感，但是不讓人察覺：「陽光女孩」執行外勤，很有責任感地跟著一起笑，雖然有點受折磨，因為「起反感的人」在舞台的下層找碴。這個性格相反的人站在這裡等候差遣，她準備投入工作，只需要許可和鼓舞就可以表現自己。在溝通諮商中我們會進行兩個步驟：

步驟一：先在單獨訪談中仔細認識「起反感的人」：什麼東西讓她尷尬，什麼讓她反感？經常克制自己的她，終於得到機會舉行一場「沒有人可以攔阻她的」演說（參考Brückner），效果可能非常抒壓。

我們也應該用同樣的方式多了解一下陽光女孩：她的行為舉止如何？這個行為背後有什麼感覺和信念？陽光女孩是為了這個工作新雇用的人嗎？還是內心團隊裡的「老面孔」？

步驟二：認識了這兩個工作人員以後，得問一個問題，他們如何能互助合作形成一個團隊。起反感的人（單獨一人）很難跟團康員的角色協調，而陽光女孩（單獨一人）的角色

會讓整個人痛苦。他們兩個如何將困境（他們的對立）變成美德（互補的能力）？這是個發揮溝通創造力的時刻！溝通諮商裡有很多種方法，可以去尋求解答（見 Schulz von Thun 1996）。

例如，有一種可能是邀請一個團體來做「行為激盪」（見 Redlich）：跟收集不同點子的腦力激盪不一樣，這裡要在角色扮演裡嘗試不同的行為建議，所有的行為都要帶著一個中心思想，將（真實的）起反感的人和（有外交手腕的）陽光女孩連結在一起。例如有一個建議，女團康可以這樣反應：「唉唷……先生，笑話現在可不能再繼續下去，基本上你是個有水準的人。但是（淘氣地微笑）你心中高水準的人大概也去度假了？我想建議一下……」然後建議一些你也感興趣的事，轉變相處的氣氛。

如果有好幾個行為方式，女團康可以選擇一個最適合她和情境的方式，為這類情況發展出一套團隊的行為模式。理想情況是，事後客人私底下說：「這個小姐有時候真能對人說很嚴肅的事，但是方式不會讓人生氣，甚至還會發笑。」

內心和外在團隊發展的關連

在驅逐的第一個階段，性格相反的人能派上用場，但是有所節制。在現實的工作團隊中，這個內心陣容很典型且合適，只要團隊還處於**形成我們**（形成）的開始階段。只要感覺上大家還不屬於一體，單一的個人也還沒有找到自己的「位子」，工作氣氛就會受到協議和表面的禮貌來決定。如果這個團體現在錯過下一個等著要發展的步驟，停留在這個階段，性格相反的人會因為沒機會發揮而用地下活動來破壞工作氣氛，使之凝結僵化。一個以前在銀行上班的行員（見 Stiegemeyer 沒有發表的論文）回憶他在銀行的時光。他的團隊經驗對我來說不是很典型，因此我把它當成教學例子，說明一家銀行如何錯過團隊發展的機會。

> 貨幣交易業務部門裡一直有八到十二個同事，由一個主管和他的代理人帶領我們。我們大家坐在一個大圓桌上，每個人都有自己固定的工作位子。
>
> 打從一開始他就「無私」奉獻：我想什麼或做什麼都不重要，重要的是，我能為大家服務！例如他替大家跑腿拿咖啡：
>
> 只要有人表達想喝咖啡，我就已經跳起來走到自動販賣機去取六到十杯的咖啡，為此我得到許多友善的讚賞，而且所有的同事都覺得我特別「親切」。
>
> 每星期一晚上下班後會有個全體同事的聚會，以便探討問題和內部的事情：
>
> 所以每個人都可以在這裡傾吐心聲，徵詢私人意見。在這個會議裡，我從來沒能表明自己原有的觀點，只是一直贊同老闆的建議和執行方案，雖然實際上我的意見常常完全不同。

其他人的情形也差不多，可惜只會在背後批評主管的領導風格。例如我們和幾個同事坐在一起，談話的主題常常是對現在工作的不滿，在老闆面前，每個人都假裝很滿意，這又讓他們更自鳴得意。我想讓大家滿意，迎合同事，特別是迎合老闆的期望。如果老闆說了一句很蠢的評語，我完全不覺得好笑，但我也跟著笑，就跟其他人一樣。在這裡，我也把自己的人格完全列為次要。老闆覺得有趣的東西，他的下屬也必須覺得有趣，然後大家好像接受指揮一般一起發笑。

我把最令人髮指的例子描述得仔細一點，因為現在回想起來，我還會覺得不舒服。就在我第一次的長休假要開始前，最後一個工作天是星期五。不知道是偶然，還是我的老闆希望如此，這一天晚上例外要舉行一次小組會議。我不像一般理智的人會說：「不要算上我，我今天下午三點下班。」我表示願意參加會議，甚至屬於最晚離開活動的人。正當我要走的時候，我的老闆開始說：在我去度假的三個星期中，有一個非常重要的金融主管會議。所有重要的交易員都會齊聚漢堡，我有機會認識所有的人，對我的職業生涯來說很重要。如果他是我，一定會特地從度假地飛回漢堡。另外，他不喜歡我的髮型，頭髮太長了，我應該去剪頭髮！此外，他祝我假期愉快！我心想，這不是真的吧！但這是真的。我去了趟理髮院，還中斷我的假期，飛回漢堡參加一個不愉快的金融主管會議。我當時應該辭職才對。

在一個員工績效評估會談中，老闆對他很滿意：

我對工作的投入很合他的意。他當然也問我，我的想法是否也能在部門裡實現。我當然也表示完全同意，甚至稱讚部門裡的氣氛和團隊精神。

你會如何重現這個員工的內心陣容呢？如果只列出最重要的成員，接觸線上出現的主要演員是樂於助人和投身工作的「親切小夥子」以及「服從的模範生」，他毫無異議地接受一切，並認為是好的。老闆只會接觸到這兩個人。但是請注意，心中有藏著性格相反的人的嫌疑！隱身在內心的封鎖線之後，還有三個人蹲在那裡等待，抱怨他們的失業（參考圖六十一）：一個是「批判精神」，他有自己的意見和唱反調的想法；一個是「健康的自私者」，考慮到自己（和應得的假期）；最後是「自尊心的守衛者」，如果受到超越界線厚顏無恥的責備，他會非常憤怒。

哪個老闆不是衷心希望被第一線的演員包圍？無論如何，如果表現（就像這裡一樣）符合要求的話！在禁區外埋伏的一群暴徒可能會變得讓人無法忍受：如果他們被放出來，要小心！尤其當我們想到，有時候工作是很殘酷無情的，我們不需要特別自負就知道，一點點的善意和禮貌性的節制很難得。所以我們亟欲想對那一半模範生的表現表示滿意，對他友善。然而這個情況迫切需要外在和內心的團隊發展，並清楚地展現出兩者休戚相關無法分離。**外在的**團隊發展必須以喚起團體的批判潛能，建立起一個吵架文化為方針，每個人都敢清楚表達自己反對的意見（在事實和關係層面）。「風暴期」（互相爭吵）和「正常期」（發展一套大家都能接受的遊戲規則，什麼時候、什麼地點、以何種方式做事）有待完成，在我們

圖 61：一個銀行員工在面對上司和在團隊會議時，
心裡的主要演員和被驅逐的性格相反的人

的例子裡早就該進行了。團隊領導人應該邀請大家進行一項（首先）讓他的日子不好過的工作，但是他只會從中獲利：雖然被「親切的小伙子」包圍很舒服，也不傷神，但是這樣的關係久了也會讓人孤獨：沒有人會講真心話。如果關係中的實情必須過著地下生活，那他會以這些面具出現：請病假，辭職，陰謀，惡意毀謗。

如果與別人相處過分小心，創造力和活動樂趣會因為批判精神而大打折扣。在守規矩和謹慎的氣氛底下，每個人的內心團隊都有個強有力的「安全顧問」，他會留意用詞和想法，避免「犯下任何錯誤」。要達到這個目的的最好方法就是步伐一致，沿著可靠的路徑前行。雖然現代對員工和領導階層接班人要求的特徵是創造力、批判力和企業性思考，但是上司沒有這些寫在亮光紙上的廣告詞來得有耐心，他必須忍受部門裡有這麼一個不安靜的靈魂。而且，由很多思想異於常人的人組成的團隊可能會是一場噩夢！

但是現在不要去思考團體動力和適切的團隊發展等問題。我們的主題是內心的團隊發展，沒有它，不可能實現外在的團隊發展。我們的報導者必須克服自己，讓「唱反調的後方隊員」通往前方接觸線的道路暢行無阻，但是盡可能不要排斥那兩個基本演員。

他心灰意冷地寫道：「我當時早就應該辭職！」卻繼續表示：

這也許不完全正確，自我肯定訓練（適度貫徹自我意志的訓練）對我來說或許比較迫切。但是當時我並沒有發覺到這個訓練的迫切性，也不知道有這種可能性，而主管階層也對這方面的認識欠缺必要的敏感度。

如果真的只出現「驅逐的第一階段」，可以透過鼓勵和溝通課裡的練習，以及／或者一個團隊訓練就能很快獲得突破。溝通教練、（團隊）指導者和團隊發展助手在這裡都能得到最大的成就和滿意的工作經驗。而且許多團隊可以靠自己的力量向前發展，但是如果是「驅逐的第二個階段」，事情就困難很多。

4.5 驅逐的第二個階段

第一個階段可以用這句話來描寫：「雖然我也是如此（謝天謝地），但是我在這裡最好不要以這種面貌出現！」在這裡，機會（有時候完全是對情況適切的敏感度，參考第六章）戰勝了內心的事實。驅逐的第二個階段適用這個句子：「我也是如此（可惜），但是我不應該這樣！」

在這裡，領導人和他的基本成員對性格相反的人持保留態度，並且感到羞恥。要不是覺得這些人一、可笑、可憐、次等、笨（能力層面），或者二、下流、卑鄙、不人道（道德層面），或者三、不健康、不正常、反常、病態（心靈健康層面）。我稱之為「內心的局外人」（圖六十二），他們代表了情緒激動、想法、感情、衝動，雖然我或多或少清楚地感覺到他們存在，可是我不能站在他們那一邊，根據這個想法：

我肚子裡什麼在咕咕作響？
哎呀，我的天！我也是這個樣子？！

我試著用幾個例子界定這個現象：

■對自己的表現要求很高的學生不理解物理老師的解釋，但是不敢承認（例如提問），因為他覺得「笨蛋、反應遲鈍」是很大的缺點。我們可以想像，就連班上的**團體標準**

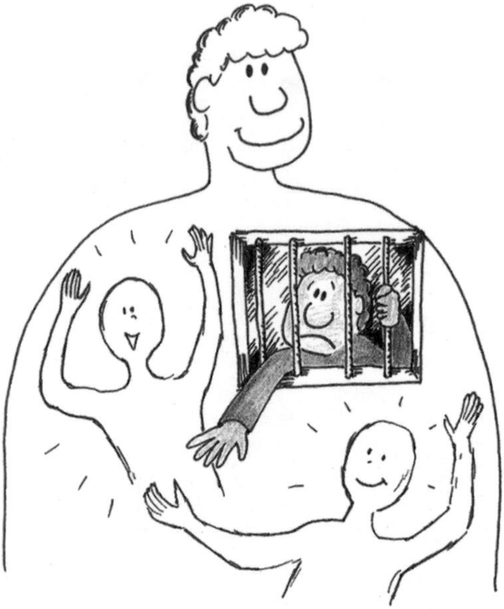

圖 62：內心的局外人（在鐵窗後面）

也決定了內心驅逐程度的強度。每個聽不太懂，並且多次提問的人，也許都得承受來自同學，也許也有來自老師不耐煩的嘆息。

■接受祝賀的人因為得到老闆和同事的讚賞和感謝而非常感動。但是他認為自己的形象應該是自信理性超越一切。現在這個「多愁善感的老好人」讓他熱淚盈眶，聲音哽咽，實在很尷尬。他用快速果斷的言語，幾句堅強的評語，讓心情鎮定下來。

■一家大企業的銷售主管在困難時期有許多事情要做。內心有個聲音發言：「救命，我不行了，我的力氣已經用盡！」但是因為他（在自己和老闆面前）的形象是個有活力和能吃苦的經理，所以他覺得這個「筋疲力盡的軟香腸」很可恥（軟弱的形象）。他咬緊牙關把它關在門後。

■有個人希望能出名發大財，但是他屬於一個工會或是在一個環保運動中活躍，很認同他們的價值。因此當他覺察到心中這個「熱中名利的人」時很不舒服，希望不要被他志同道合的夥伴發現。因為如果有人在自己的陣營中，顯示出屬於對手的意識形態特色，他將會被毫不留情地獵捕。

■一家化學大企業的團隊主管有顆深刻的環保良心，但是他遵守公司的官方想法和發言規則，攻擊憂心環保的人士受到意識形態矇蔽，是不切實際的夢想家，並嘲笑他們荒謬。每當他的良心不安時，就會感到不舒服。

■一位婦女有時候想把一歲的孩子「往牆上扔」。她對自己的想法很震驚，因為她殷切希望的莫過於當一個好媽媽。

■一個老師很怕一名學生，因為他相信這個學生會使用暴力。他想當一個「男子漢」，不想當膽小鬼和懦夫，所以他試圖忽略心中的恐懼。

■女員工在團隊裡和對團隊本身都有些批評，但是她覺得「心裡發牢騷的母老虎」很令人厭惡（我覺得自己很醜陋！），因此只好逆來順受。

■一個父親有時候默默感到一股衝動，「想順便去買菸」，然後不留痕跡地消失無蹤。因為他愛妻子和孩子，所以把這個起心動念當成病態的幻想。

■一位女性朋友聽到最好的朋友考試不及格，內心充滿了惋惜和同情，同時她也感受到內心有個人滿意地開香檳。她因此感到不人道和罪惡感，希望聽取懺悔的神父處罰她。

所有這些例子裡面的內心發言人在自己的房子裡不為人所樂見，分配到一個口罩，如果可能的話，會用門鎖和門閂關起來，或者一旦他們敢往前走得太遠，會被咒罵、凌辱、恐懼和驚嚇召回。

他們之所以會被驅逐，部分原因是不符合一般的理想自我，部分還加上他們跟自己團體的主要價值觀背道而馳。如果一個團體的意識形態將世界黑白分明地區分為好與壞，並嚴格監督成員的「政治正確性」，性格相反的人會成為異議分子，必須躲在嚴密拉起來的簾幕後面。這也表示一種思想和感覺上的禁令，因為性格相反的人戴著自己的眼鏡看世界，而且在世界裡看到跟堅持路線的基本演員不一樣的觀點。所以每一個團體發展出一個「容忍歧異的能力」是正確的，也就是一種自信的能力，能忍受，甚至歡迎多種詮釋角度和不同的態度。內在和外在的團隊發展能互相影響。

驅逐性格相反的人有時候看起來必要，因為領導人擔心，並且想像放開性格相反的人，他們會發展出惡魔的力量。如果母親的憤怒絕望真的導致虐待和殺死孩子，父親真的棄家庭於不顧，這想像多令人震驚！我們必須把潛在的罪犯關起來以保護一般大眾。這不也適用於內心的社會嗎？

反倒比較容易出現相反的情況：他們被關在門鎖和門閂之後，不能適應文明的生活；如果累積出超高壓，最後爆發，衝擊力將無法控制，可能會隨機亂砍殺。相反的，如果他們適應自由和新鮮空氣，可以在一個完好的團隊中由一個強有力的領導人帶領，有建設性地貢獻他們的生活能量。因此，明智的決定是融合內心的局外人。

下列例子中的內心局外人是被一九六八世代最看不起的人物：德國小市民。

「小市民」：內心局外人的融合

這個實際例子來自溝通諮商。一位年輕小姐有一層三房小公寓，她有許多朋友和熟人，因為不一定需要其中一個房間，所以把那房間租給正好沒有住處的人。在她內心舞台的前方站著一個大方有包容心的開門人，允許每個入住的室友所有共同使用權和不受限制的生活方式：「把這裡當成自己的家！」直到目前為止一切沒問題。現在卻發生了一件事，一個新室友詢問，他的女友是否可以偶爾在他這裡過夜。「當然啦！你把我當成監視每個來訪小姐的房東太太啊？」到這裡也都還好。但是時間一長，她卻發現自己的心情有了轉變。常常當她回到家的時候，她覺得公寓被「占領」了，特別是當這對情侶毫不拘束地坐在廚房裡，而這種情形在過去一段時間越來越頻繁。問題（在諮商的時候）：「誰在你心中發言？」她用反感的聲音回答：「那是**我的**廚房，我只想一個人**獨享**！而且我完全不能接受來訪的客人開始得寸進尺，也想住在這裡！」她賦予聲音一種大媽抱怨的語調，讓身為領導人的自己跟她有所區隔。「這樣很小家子氣！」她自己語帶批判地補充，並且強調這兩位客人的行為舉止友

圖 63：大方的人當主要演員，小市民是內心的局外人

善無可指謫，她對他們「從客觀角度上完全沒有可以責備之處」。

這是驅逐第二階段的典型例子：一個性格相反的人在「內勤」上發言，但是她極度不受歡迎，因為她與性格所有人對自我的概念（我很大方也很自由！）相違背。於是她被阻擋，被看不起：一個局外人的命運。但是就算在門鎖和門閂後面，性格相反的人還是可以成功地發揮（不好的）本質，她的存在權利受到多大的壓抑，她就以相同程度去掃性格所有人的興。「大方的人」為了阻擋小市民，雙手有做不完的工作，並且在這項艱難工作當中失去了真心親切的態度（圖六十三）。

在這樣的例子中，溝通顧問會問一個問題：這是「人際之間」還是

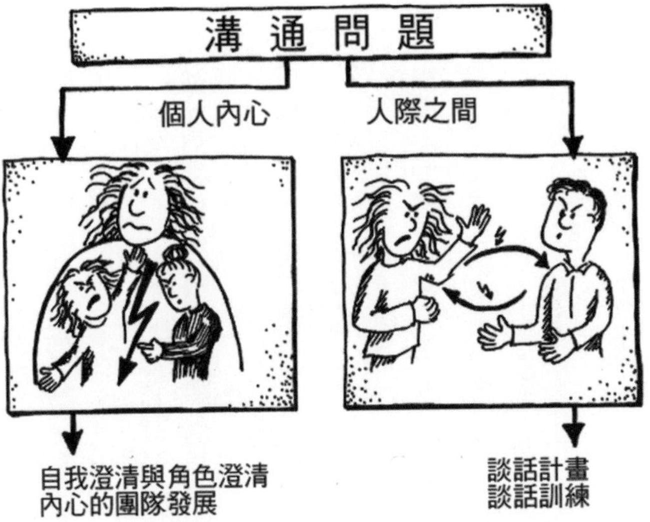

圖 64：溝通諮商中，內在和人際間人事元素的典型區別

「個人內心」的問題？這會是一個人際之間的問題，如果她不願接受在自己的四面牆裡「受到過多的外來影響」，但是她又不敢，或者覺得自己沒有辦法跟室友針對這個問題好好地談。

這會是一個個人內心的問題，如果他和自己的內心反應不和，而且不能站在同一邊。

或者她對自己的立場還不是很清楚：她想要什麼，接受什麼，什麼能睜一隻眼閉一隻眼，什麼絕對不能接受。只要內心的界限不明朗，外在的界線也不會清楚。

第一種情形可以適用談話訓練，例如角色扮演，第二種情形可以用自我澄清和／或者一個內心的團隊發展。常常是同時出現兩種情形，而且互相糾纏在一起。那溝通的問題就有一個內心和一個人際之間的元素，而且一般來說也是按照這個順序來處理（除非個人內心的問題一直等到談話訓練時才意識到）。在進一步探究這個例子之前，我們利用機會先畫出這個一般的模式（圖六十四）。

這個例子很明顯，這位小姐對問題的答案是：不，對她來說對話不是問題，她可以不費力地跟室友商討引起衝突的問題。真正的問題在於，她的心情很糟糕很市儈，使她在家裡的樂趣盡失，還覺得自己令人討厭。

諮商顧問在這樣例子中的任務是給內心的局外人（陰影中的傢伙）光線和溫暖。還給她內心團隊拒絕給她的尊嚴。「請坐在妳認為很市儈的人的椅子上，鑽進她的身體，把小市民心中的事都說出來！」

每個人都是可愛的，只要他真的能說上話——也適用於被驅逐的性格相反者。如果看進「小市民」的心裡，裡面都是很正常的人性情緒起伏，完全沒有驅逐的必要。例如：「我討厭這個字，但是我實在感覺『受到太多外在影響』。」

顧問：「這個時刻先放下帶有批判性的安全距離，它是由別人帶進你的心裡！只要看進小市民的心裡！所以你，小市民，覺得自己受到太多外在影響？」你（身為小市民）：「對，沒錯！每當我回到家，我覺得廚房被占據，好像裡面不再有我的位子。當然我可以坐在裡面工作，但是……（她考慮和『感受』）我不是很能夠了解自己的心情，我覺得自己好像是被容忍的客人……」顧問：「而且是在你自己的家裡！」

接下來值得訪問一下心裡的另一個部分，它用命令式（人絕對不能太小家子氣！）努力區隔開局外人。問「心胸開朗」的人：「小家子氣有什麼不好？」這個問題背後的理論是：

如果內心的指導原則是絕對，沒有任何附帶條件（我一定要，絕對不行！），藏在後面的是一種恐懼，害怕沒有遵守內心的命令就會出現個人主觀的災難。如果能成功面對這個（可能會發生）災難的想法，把災難清清楚楚地呈現在眼前，並處理所有跟災難幻想有關聯的情感和恐懼，這個命令式將會失去鍥而不捨的強度（可參考 Angelika Wagner 的諮商理論）。

要注意的是，我們的目的不是讓這個部分「走出」生活，不讓自己成為一個小家子氣的房東。這表示我們又有一個新的主要演員，卻仍然沒有建立起內心團隊。我們更關心的是，去發現被流放的人也是內心社會中有價值的成員，為他們平反，把他們從監獄中解放出來，讓他們樂意合作，為組成一個團隊效力。在平反的過程中，也必須給她一個新的，但是現在不再是（自我）貶抑的名字，可以反映出她在團隊裡的正面貢獻，例如「有能力主張界線的人」，她能卓越地彌補自由派姊姊的不足，並和她一起合作。一個說「你可以……」，自由展現慷慨的心，另外一個補充「但是我不希望……」，讓別人不會超越她的界線。

藉由融合局外人來發展內心團隊的想法，可用圖六十五表示。

在相關的價值方塊中（參考圖六十六）可以清楚看到，這兩個美德如何先透過團隊的形成和平衡來發展正面品質。只要他們單獨站在舞台上，他們的美德將會敗壞，並成為干擾人性的因素。

從這個價值和發展方塊中，我們認出一些東西具有普遍意義：如果兩個相對的品質中，只有一個存在或是被實踐，那它就會因為過度膨脹（太多好的東西）而頹廢成惡習。所以，必要的發展方向是（從左下方到右上方）相對的品質，這個品質到目前為止並不足夠也沒有

圖 65：藉由融合局外人來發展團隊

圖 66：價值與發展方塊中的內心團隊發展

充分地發展。

現在我們可以（帶著對內心團隊動力的認識）補充：這個直到目前看不見，而且還有待發展的相對品質，其實常常已經存在：她身為流放者，任務減少為內勤，等待被解放。但是她覺得自己很醜，由於缺乏團隊的關聯，她處於價值被誇張貶抑的「狀態」中。只要這兩個美德不能統一，他們會極端化，一個（被理想化）做外勤，另外一個（被詛咒和流放）做內勤。

所以顧問和自我顧問要對內心團隊中的醜小鴨特別親切地關照。

融合的障礙

成功融合和蛻變成一隻美麗的天鵝之前，還得先注意並克服三個障礙：以前的局外人在第一次「演出」時，常常

——不受周遭環境歡迎，
——登台時舉止笨拙粗魯，
——被內心團隊夥伴攻擊。

不受周遭環境歡迎。這是很多人在個人發展之路上首先遭遇到的痛苦經驗，他們第一次跨越舊有行為模式，展現自己新的一面：周遭的環境（婚姻伴侶、工作同事、老闆和朋友）

常常不傾向讚美夥伴在人格上的進步並張開雙手歡迎。相反的，他們覺得突兀並感到詫異：「你到底怎麼回事？」一方面是因為，發展中的人格常常比較「不好處理」，至少會期待伴侶放棄已經熟悉習慣的東西。這也表示關係會跟著改變，在人的關係達到新的平衡之前，它必須經歷一段不穩定，而且充滿爭執的階段。我們建議從一開始就對這股逆流做好準備。

登台時舉止笨拙粗魯。夥伴常常受到驚嚇很正常，因為外勤團隊的「新手」在一開始的時候表現得很不文明。坐了好幾年牢的人，還不能馬上適應突然獲得的自由。「有能力主張界線的人」有可能一開始因為不熟練和緊繃，使得行為粗魯並反應過度。只要「新手」尚未完全融合在團隊中，例如他的登台演出還沒有搭配外交手腕和從容不迫的態度，那他可能還一直使用那個長時期壓抑某些東西的人的蠻力。在這種情形下，適合一個輔助的事後說明，大約以這種形式：「如果我反應過度而傷害了你，很抱歉。我長時間扮演慷慨大方的人。現在我的另外一面以雙倍和三倍的強度出現！」

受到內心團隊夥伴攻擊。第三個障礙在於，就算在自己（前方的）團隊裡，「新手」也不會馬上受到敞開的雙手歡迎。他們還持強烈的保留態度。在「大方的人」和「有能力主張界線的人」形成團隊之前，他們必須先彼此接觸，也就是釐清彼此的關係。溝通諮商中，我們支持這個過程，就像在談衝突那章所描述的（見第165頁），透過引導，並藉著兩張椅子的技術進入內心對話。團隊的新手到目前為止是局外人，最初可能還會感受到強大的排斥力：「你很小家子氣又很市儈！」至於市儈到底是哪裡糟糕（見第239頁），大方的人可能會大叫：「你跟爸爸是一個模子印出來的！就連你說話的口氣：都是爸爸的原汁原味！」（圖六十七）

圖 67：內心局外人「現出原形」，原來是父母的遺傳

實際上：我們所有人得到的不只是基因和財務上的遺產，還有心理層面的遺產。一生中重要的人物在我們的心中繼續以內心團隊的成員（甚至原汁原味地）活下去。我太太如果覺得我父親正好活躍在我心中，會開玩笑地用我爸爸的名字叫我。說確切一點：他的一個典型的團隊成員在我的心裡再現。

這原本是個很美好的想像，把所愛的人聚集在心中，栩栩如生。但是如果突然發現親愛的人令人厭惡的一面也再現在我們心裡，而我們絕對不想變成這個樣子，感覺就不是那麼好了。這是完全有可能的，「大方的人」之所以可以也必須成為有名的基本演員，就是為了把令人厭惡的父親遺產摒除在舞台以外。但是現在他躡手躡腳從後門進來，還要求要有個固定的位子。

這裡適用一句歌德的名言：「要先掌握從父親那裡遺傳到的東西，才能擁有它！」這句話在這層關係中表示：接受父母的遺產，你無法拒絕，充其量只能在心中與之對抗，而這會耗費力氣。不要把它當成異物接納到心裡，而是要和自己的本質結合，以這種方式讓它昇華，成為自己的一部分。例如把從父親那裡遺傳到狹隘小氣和劃清界線的成員，結合你的自由氣息，會轉變成很好的東西：轉變成一種能力，可以在慷慨的框架下維護人與人之間的界線！

如果事關融合內心陷於驅逐第二階段的局外人，會遭遇強大的反作用力。我們可以相信，那些成功解決融合局外人這份困難工作的人，他們比較不會鄙視、諷刺和排斥他人，不會因為局外人顯示出可惡的特性就嚴格追究。這點我們要「感謝」**投射**的心理機制：在外面生活舞台上對抗的外敵，就是我們努力在內心心靈舞台不讓他有台詞的人，而且根據這個原則：

我不能接受的地方，
會投射在別人身上！

或者如作家羅伯．格恩哈德（Robert Gernhardt）所說：

麋鹿最嚴厲的批評者
自己以前也是一頭麋鹿！

你心裡頭早已有了一頭「麋鹿」。

我們做一個綜合整理：融合陷入驅逐第二階段的局外人遠比第一階段更困難，必須預料會有來自兩個舞台的反作用力（阻力）。為了內心的和諧，這份艱難的心靈工作還是值得的，有了內心和諧，就會放棄把仇恨投射到外面。此種人格發展不是以「完美的理想」為目標，去除所有意識形態所厭惡的人格特性（驅逐局外人並讓模範生的表現更臻完善），而是讓這些人在內心會議中有席次代表可以發聲，讓他們參與，成為聯合行動者。「我更加努力嘗試做真正的我」（卡爾．羅傑斯），這個不完美的理想含有向所有擠在舞台後面邊緣的人的歡迎之意，也包括我們心中「市儈的人」，在內心團隊的關係下，他失去了小市民醜陋的嘴臉，可以幫助我們關注自己的基本需要。

4.6 驅逐的第三個階段

如果現在要談驅逐的第三個階段，就得把內心舞台的想像擴大，除了前台和後台外，還要導入地下室的想像（圖六十八）。

驅逐的第三階段牽涉到團隊中那些看起來對領導人和主要演員極具威脅的成員，他們不但不允許躲在簾幕後，還必須從畫面上完全消失。

與驅逐的**第一個階段**有關的性格相反者，他們基本上被「所有者」視為內心社會裡可貴的成員，但是在機會賜予的情境裡，或者因為不合適，他們會被阻攔下。**第二個階段**會波及

圖 68：內心舞台有前台、後台和地下室

到被拒絕的局外人，禁令是這個階段的特色：「我不應該這樣！」第三個階段牽涉到被否認、不為人覺察的成員：「我不是這樣！」不僅觀眾看不到他們，就連導演也看不太到，他們似乎也從內勤的任務中退隱下來。

驅逐三階段中性格相反者的核心句：

階段一：「我在這裡最好不要這樣出現！」

階段二：「我不應該這樣！」

階段三：「我不是這樣！」

將成員驅逐到地下室首先有一個優點，舞台上的團體動力會比較清楚明朗，也比較能讓人接受。被驅逐的人在地下室裡也能享有最大的保護免於受傷（如果觀眾丟石頭的話）。但是從地下室和深淵仍然會發展出極具危險的動力，登台禁令並不能祛除他們的生命力，他們用掃帚敲天花板不斷試圖發言。雖然上面聽到敲擊聲，也許把它當成情緒不穩或是頭疼；也許這些聲響會干擾睡眠，或是進入（噩）夢中。但是上面的人對這些噪音摸不著頭緒，因為它不適合那裡要上演的戲，所以試圖去忽略它。有效達到目的的方法是更多噪音、更多行動、沒有休息！

我們大部分的生活方式可以理解為「忽略敲擊聲的策略」。對壓力上癮的人，可以短時間成功地避開來自地下室的信差。這裡指的絕對不是只有見不得光，帶著反社會能量的流氓。如同一個由不法暴權統治的社會，從畫面上消失的往往是菁英分子，因為他們很麻煩，常常製造衝突。所以在我們內心生活中，也有可能是良心、尋找生命的意義、真心誠意中的人道精神遭受心靈驅逐的傷害，如果它們在上面妨礙到人生規劃中有效率的生活方式。特別是「內心的小孩」，當成人世界正在上演能幹和實力這齣戲，他在上面只會打擾，所以他停止哭鬧，沉默地待在地下室。

地下運動

如果被驅逐的人（也就是被分裂出來的性格相反者）無法被人聽到，他們的行為就會開始令人氣憤：他們結盟成立地下運動，從事某些破壞。他們也許讓我們大為震驚，或是對我們緊迫盯人，讓我們不好過。搞砸我們的成就，讓我們犯錯，阻礙我們在所有的生活情境中「完美地運作」。他們的行動可以如此詮釋：惡意的報復，或是明智的恩惠，為我們省去沒有深度、愛和意義的成功經驗。無論如何，我們都得考慮這個地下運動。極少數造成轟動的例子是有人會衝出監禁隨機殺人，就像有些人不願傷害一隻小蒼蠅，卻突然用一把刀瘋狂地在身邊亂刺，事後不知所措，否認自己的行為：「那不是我，那是一個陌生的惡魔戰勝了我，控制了我！」

除了「化身為惡魔」和先前提到「身心症」出現，還有可能會「失去生氣」：分裂出來的性格相反者團結組織了一個地下運動，叫做「憂鬱」或是「職業倦怠」。經常克制他們的能量和感情強度，結果是付出無感和心靈疲乏的代價。

如果放棄使用複雜且帶有前台、後台和地下室的舞台畫面（圖六十八），我們可以用簡化的視覺來展示（圖六十九，初始狀態是圖五十七）：

發展的最初，我們的自我（領導人）只認同主要演員，感受也是（圖六十九a）。地下運動贏得多少土地，克制它們也需要越來越多同等的能量，結果是失去了活力和內心的生氣（圖六十九b）。

人際間的接觸也會失去深度，因為只有「一半的分量」，也就是人格的前面一半投入關係。如此一來會產生惡性循環，因為一般來說，有支持力量的關係具有治療的力量，可以解救被放逐的成員。這個災難性發展到了最後階段，地下人員會「奪權」，他們用沒有機會發洩的精力，他們的憂鬱，填滿整個內心，整個生命感覺，以至於曾一度散發光芒的主要演員現在遭到排擠，充其量只能勉強維持一段時間不真實的假面生活、假裝出來的門面。在這個階段尋求心理治療的人談到自己：「我白天扮演一個心情好，有活力，什麼都會的人，但是

圖 69a：相反性格者分裂

圖 69c：內心被「奪權」

圖 69b：形成一個地下運動

內心裡覺得一切都很絕望，沒有意義和無力！」他需要一個巨大的心靈臂膀才維持住門面。服用藥物、毒品和酒精頂多能延後崩潰的時間；如果身體素質強壯，這種情形也有可能永遠維持下去。

這樣的生活危機也蘊含著一個很大的機會：可以把地下活動詮釋為解放行動，並加以籌畫。在這裡，心理治療是有效且必須的。溝通心理學負責的範圍就到這裡結束。

4.7 內心團隊的發展處於內心和諧和外在能力的緊張關係中

在內心團隊模型裡，我們檢視了人的性格，並看到了「性格相反者的不幸」。從這個角度來看，內心團隊的發展在於重新納入被流放的局外人，視驅逐的階段而定，工作有不同的難易度。另一方面，特別是專業的範疇要求一個適合的「前方團隊」，就如同我們看到過的團康人員例子。領導人視自己為幫助團隊發展的助手，也看到自己必須接受雙重挑戰，面臨許多矛盾。

其中一個挑戰要求我們形成一種「外型輪廓」，既要完美地符合以工作表現為重的社會要求，也讓我們在社會上發揮作用。這裡需要一個能幹而且配合情境的前方團隊，能掌控內心所有的搗蛋分子，並將他們阻擋於事件之外。另一個挑戰要求我們全人發展，也就是存在於現實中真實的我們，在實現自己和生命意義時候，並不會設限在好的一半，侷限在適應良好的前方團隊。（進修）教育課程通常是針對這兩種挑戰設計的（圖七十）：一方面有

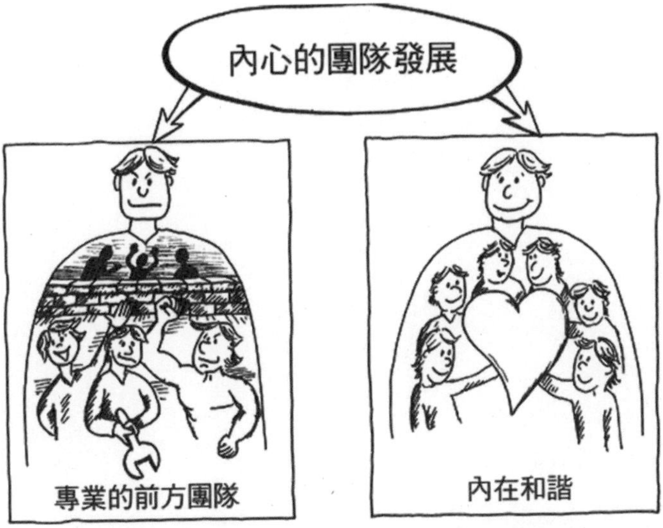

圖 70：內心團隊發展的兩難：結合專業和人性是諮商和進修的任務

訓練課程著重培訓如何完美掌握情況，卻不問單方面注重工作的外在對人的內心有什麼影響。另一方面有注重「全面」發展自我的課程，遵循治療與人道的理想，認為工作上的幹練特別會帶來扭曲人性的危險。

我抱持樂觀的態度，雖然會有一定程度的對立緊張，外在成功還是能和內心的發展協調一致，專業能力和人性屬於一體，工作方面的諮商和進修對專業人士和一般人都有同等助益。到第六章會再談到這個主題。

第5章

內心團隊的陣容變化

上一章在描述人格結構時，我們假設每個人都有一個屬於自己的基本組合，從許多不同的生活情境中平均下來，對他來說是很典型的，讓他跟其他的人不同。這只是我們理解的一半事實，另一半藏在經驗裡，同一個人面對不同的情況，不同的人，不同的生命課題，他通常擁有相當可觀的變化廣度。我已經多次更換了譬喻，根據不同的運動項目、運動場地、對手等等，各會以不同的團隊陣容上場。

一個好的足球教練會根據他可資運用的球員（誰現在正處於巔峰狀態？）來改變團隊的陣容，也會根據對手和情況：是主場還是客場？比賽排名如何？如果估計對手會採取攻勢，那安排「雙後衛」上場，讓沒有什麼點子但是像銅牆鐵壁的球員當球隊隊長，可能是合適的安排。但是，如果已經是背水一戰，那位銅牆鐵壁該坐在候補的板凳上，教練得派五個前鋒，暴風雨和疾風都得上場。

同樣的，我們也必須想像一個內心團隊的陣容：它經常變換，視情況、主題、談話對象而定！透過這個認知，我們開啟了一個精采有趣的篇章。對於置身困難人際情境中的自己和其他的人，我研究得越久越相信，當下的溝通能力跟我們是否「聚集所有人在一起」緊密相關，也就是說：我們的內心陣容是否符合向我們挑戰的情境？符合到何種程度？溝通心理學中令人著迷的問題由此展開：內心團隊如何根據不同的談話對象、特定的情境和個人的起始狀態組合而成？這個過程如何產生？有個人或是超越個人的規律性？身為領導人、教練的我，如何發揮正面的影響，在嚴重情況下不僅能聚集所有人，還能將適合的人放在正確的位子？我如何練習這個「建構的藝術」？棋藝大師這樣解釋：一個建立好的人格基本陣容，並不是許多下意識自我裡唯一、有約束性、終其一生的秩序。每個人都可以隨時將自己的「棋子」重新組合出任何一種秩序，排出無窮多樣的生命棋局。「就像作家用人物創造小說，我們也用從自我分割出來的人物不斷建立新的團體，面對新的球賽和緊張氣氛，面對永遠不斷變化的情境。」（赫塞《荒野之狼》）。

我把情境的適合性問題保留到第六章，這裡先來觀察陣容替換，以及人類適應環境變化的現象。

5.1「像是換了一個人似的！」日常生活中的變換

快轉舞台

先舉一個例子，這是一個自營商人的太太對於她先生的陳述。「一整天的勞累之後，他晚上筋疲力盡累癱在沙發上，不講話，一臉厭煩和不耐，很難親近，大多目光呆滯和沉默。電話鈴響，是客戶來電！你們該看看我先生：他像換了一個人似的！他高興，充滿了興致，風度翩翩且心情愉悅地迎合與他通話的人，對他的客戶，他就會開心得不得了！本來還希望會有一丁點愉快的心情留給我，可是，想得美呢！他馬上又像洩了氣的皮球，提不起勁來！」

圖 71：「內心的旋轉舞台」是團隊快速變更的象徵

這個例子毫不掩飾地證明，我們有建立完全不同的團隊以及迅速改變自己的能力：下班後疲累的丈夫和提不起勁的人一起上場，身旁還有愛發牢騷愛挑剔先生和嘆氣先生。為了那通電話，商人閃電似地更換團隊，和風趣、熱心助人和奉承一起踏進新的比賽場地。

這裡不要問這個人能否適應兩個強烈極端的團隊、工作和私人領域的分裂；這裡的重點首先在於展示人類能快速轉變的現象。上一章提到的內心舞台，現在擴大成為一個旋轉舞台，只要按下按鈕，就能讓新的組合出現（圖七十一）。

個人的改變幅度

露易絲十八歲的時候，她爸爸非常不屑地批評她：「妳沒有個性，反覆無常！」她在小說《生命的中心》仔細描述了這個感覺，讓書中的女主角說：「當時，我還年輕，我非常地困惑。

你也知道這個感覺嗎？早上起來，卻是跟前一天完全不同的人……我們彎著腰從上方看自己，看到一百個不同的自己，沒有一個是真實的，一百個在一起，也許才是真實的。」（見Rinser）。

稍後她把「反覆無常」做了正面解釋，並創造了「勇於改變」這個詞。「個人的改變幅度」和「勇於改變」在現代的職業生涯中成了社交能力裡很重要的一環，就算（或者也因為）有時候很難跟隨機應變的牆頭草區分。我們可以說，這裡形成了一個新的社交典型。史汪尼茲在他的大學小說《校園》（*Der Campus*）裡，以機靈的貝尼・威斯康普（Bernie Weskamp）這號人物來介紹這個典型：一個教授，把對學術的企圖心轉移到微政治上，參與所有的委員會，經營一個以正式或非正式接觸巧妙編織成的人際網路，喜歡在幕前和幕後拉關係。他個人的改變幅度在於，在交替更迭的情境中，也可以在相同不變的會面裡，一直在內心團隊裡安插新成員，派他們去與人接觸，他了解如何好好運用交替變化，就好像技巧高超地在鋼琴鍵盤上演奏（圖七十二）。這裡補充幾段摘文：

> 在貝尼心靈的空間裡，男性優越的解釋者以秒速迅速地站起來，把原本悶悶不樂的萎靡形象繃緊成一公尺八十五公分令人尊敬的真人大小。等一下！誠實的貝尼在很遠的地方大叫……但是極大膽的貝尼不聽他的（繼續帶著興味撒謊，敘述他鬥牛的經驗）。無所畏懼的貝尼和有經驗的貝尼躺下來休息，讓位給愜意的貝尼……神祕的貝尼現在必須走上前線。

圖 72：貝尼內心團隊的靈活多樣性，這裡以高超技巧彈奏的鍵盤來表示

我們對此應該有什麼看法？一方面，這是一種很重要的能力：面對不停變換的情況帶來的挑戰，只有透過靈活的角色種類才能勝任，而合適的溝通需要這種改變幅度。另一方面，我們可能對所有生活情況中太靈活的隨機應變懷有複雜的感覺，並且想念「真實的核心」。

進階的讀者可以考慮一下，哪一個價值和發展方塊會出現在眼前！個人的改變幅度會墮落成機會主義的「牆頭草」，如果沒有出現不會混淆、不能改變的核心、一個自我認同的中心，它可以給轉變的不同面向一個意義和方向（我是誰？我的立場是什麼？哪裡是我隨機應變的界線？）。如果這個本質核心存在，並能被感受到，但是沒有搭配適合情況的靈活

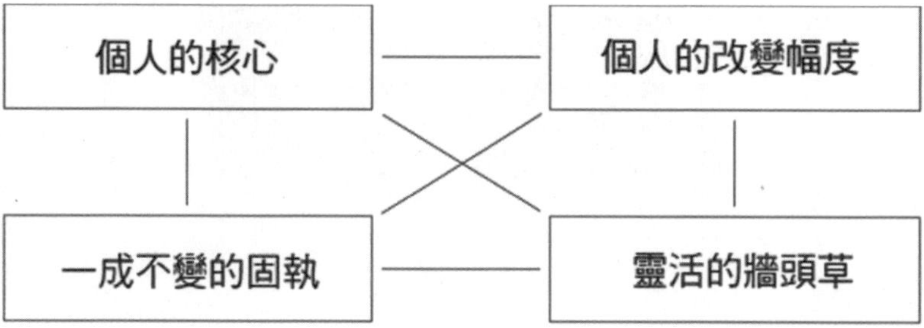

性，那這個人會顯得太死板，會被認為固執（上圖）。

內心轉變的速度

根據我的印象，每個人內心轉變的速度相差很大。我自己本身是個速度很慢的轉變者，要花費時間和精力改建舞台和組織新團隊。例如，當我內心準備好要安安靜靜坐在書桌前計畫行程，我的「接觸團隊」離我好幾公里遠，如果這個時候有人來，找我有事，他會遇見一個躲在蝸牛殼裡的人，不堪其擾，憤怒地拒絕抬起頭來，或是藏在內心舞台簾幕背後，派公關經理到前面，為這個來訪者提供「溝通上的緊急救援服務」。這種近距離接觸中的反應，在通訊上稱為「接錯線」。緩慢的改變者如果被行動快速的人包圍，或是突然發生不可預料之事，他會感到特別辛苦。我們就下面的例子再仔細研究一下，內心的舞台上到底發生了什麼事。

內心舞台亂成一團。例子的主角是一家大公司的主管，他最好的員工想找他談話，這名員工的私生活陷入困難處境，讓他進退兩難，這可能會影響到他的工作和能力表現。上司慢慢進入會談的情況，員工的處境越來越清晰，他也越來越清楚地感受到，他的內心裡建立了什麼樣的「內心接待委員會」：站在最前面接觸線上的是「感同身受的諮商師」（你這個可憐人！我能怎麼幫你？）；站在後面的是「吃驚的野心家」，如果這個員工缺席，大型計畫將會出問題（千萬別在現在丟下我不管！）；最後，不引人注目站在後面，但還是能讓人感覺到的是個「嚴格的道德家」（活該！現在你嚐到漫不經心的生活帶來的苦果了吧！）。雖然還沒有把他們組成一個團隊，但至少慢慢地把所有人聚集起來，而會談獲得了專注力和內心的參與感（圖七十三 a）。

電話鈴聲突然響起，那個無所不在，無辜又毫無忌憚的機器，我們允許它扯壞剛剛小心翼翼用接觸線編織起來的脆弱編織品：「對不起，請等一秒鐘……啊，董事長祕書？什麼？什麼搞砸了？誰說我擅自決定……？是，嗯，那是……我什麼時候要答辯？今天晚上就要？哎，這不會是真的吧！」當內心舞台上所有的人跌得東倒西歪時（圖七十三 b），舊團隊（有同情心的顧問、吃驚的野心家、嚴格的道德家）被趕到後面，而新團隊嘗試以發警報的速度完全不協調地想登上舞台，這時候也許是「實事求是鎮靜的公關經理」在電話中接手緊急任務，他感覺到背後有個「膽小的男孩」，嚇得魂不附體，還有一個「憤怒的復仇天使」（我絕對饒不了這麼對待我的人！）；隨即加入一個「算計的謀略家」，著手草擬他的作戰計畫（圖七十三 c）。

電話再度掛上，「哎，對不起，一件不太愉快的事。我們剛才談到哪裡？」他呼喚「有同情心的顧問」，現在應該再接手他的位子——剛才還有誰也在這裡？他呼叫著舊有團隊，

圖 73：談話中斷，內心舞台上發生的事件經過

但是他們擠不進來，舞台還被嚇得魂不附體的小男孩、復仇天使和算計的謀略家占據，他們怎樣也不想撤走，也不能夠很乾脆地中斷情緒激動的會議。除了再派緊急救援去與人接觸外，沒有其他的辦法，他必須繼續跟那個員工「會談」，但是最主要還是努力拉上帷幕，盡可能不讓沸沸揚揚的喧鬧傳到外面去（圖七十三d）。

這是個赤裸裸的例子，的確。然而我擔心，在工作與私人領域中，有很多談話沒有用到合適的內心陣容；在與人接觸中，多數情況根本就沒有把所有的人聚集在一起。對某些人而言，「跌得東倒西歪」已經成為正常狀態。雖然還可以跟他們交談，但是他們的心完全在別處。如果這種情形出現在交換專業情報和溝通協調中，造成的傷害還不會太大。但是如果事關內心參與感，把談話內容降低到與公關經理接觸的層次會讓人遺憾，特別是私人和與家人相處也動用到緊急救援的時候。這不是我們用決心來改善對話習慣就可以避免的：因為內心參與感要出現，特別要透過「晚發言的人」和住在自我深層裡輕聲細語的居民，出現需要**時間**，不受快速和講求效率的生活管理控制。我和我太太之間有些話題要一起健行三個小時後才會出現。誰知道，當我們以日常的家庭管理（孩子、家務、約定行程、待辦事項）為優先時，還省略了哪些話題。

這裡不用為「慢的藝術」及「慢活」歌功頌德！在講究效率和快速變遷的社會裡，這很難實現。但是我們也許能成功地讓內心的加速器在跟它無關的地方停止運作。有時候，小小的預防措施就可以保證內心陣容比較能夠配合會談內容。例如我現在比較能靈敏地察覺到，會談的進展比我內心配合的速度來得快。我現在習慣在這種情況下說：「我還在思考前面那一點，就是……」讓快速變換的事件放慢腳步，和內心團隊一起尋找掩護。或者如果有人帶著心事來找我，而一時之間所有的人並不在身邊，我現在比較能成功地避免用快速打馬虎眼的態度敷衍人，會說：「我正有個狀況要處理……」（內心正在為別的事操煩），「我可以／你可以什麼時候再談嗎？」

在討論課裡我常常問：「接下來在講新內容之前，還有什麼東西想問或是想一吐為快的？」換句話說：還有誰占據你的內心舞台，不願讓新內容的歡迎委員會走到前方？這是領導人的新任務：一直不斷做簡短的「檢查」，看看（自己的和對方的）談話情況是否與內心陣容吻合。如果不是，那我們通常可以做些事。

5.2 因人而異的基本陣容

在面對不同的人時，我們的基本陣容變化也會充滿了動力。我用「基本陣容」一詞來描寫一個典型的團隊陣容，雖然會因為情境改變而變換，但是常常會為一種人際關係而重返舞台。

這個現象從孩提時代就開始了。當我兒子大約兩三歲的時候，我太太（她感到很遺憾）常常得面對他「倒退的」團隊：「固執的磨人精」和「無助哭哭啼啼的膽小鬼」。我看到的孩子完全不一樣，在我身邊，他派出一個「合作的夥伴」、「獨立的經理人」（這個我已經會自己一個人做了！）和「體貼的搭檔」（爸爸，只要你覺得沒關係的話，我很想要這個和那個！）上比賽場地（圖七十四）。

圖 74：小小孩在父母面前派不同的球隊上球場

雖然父母與他建立的人際關係非常相似，但是他派出不同的球隊陣容，很顯然跟早期的經歷以及這些經歷在心靈深層留下的痕跡有關。從這裡可以明白看出：他心中的「小男孩」求助於媽媽（而且會因為她在場而活躍），心中的「大男孩」在爸爸身上找談話對象。早上在起床前也有個嚴格的區隔：對媽媽是想要溫存依偎的玩具熊，對爸爸是戰士和憤怒的人（雖然他早上比較喜歡當玩具熊）。

身為成年人，我們也會因人排出球隊。你馬上可以做個測試，從你的生活中選出兩個人，例如：

母親，父親	孩子1，孩子2
同事A，同事B	左鄰居，右鄰居

圖 75：師傅心中面對兩個學徒的不同基本陣容

請你將面對這兩個人在心中會形成的典型內心團隊做個比較！引導你的問題是：如果我在心中想像這個人，想像跟他接觸，哪個人常常／優先會被我派上場（無論是外務或是內勤）？誰會走上接觸線？誰會留在後方？誰會被關起來？

這裡有一個師傅面對兩個學徒的例子。

師傅（回答他對兩個學徒內心和對外的反應為何的問題）：我很喜歡沃夫這個人，但是要非常小心留意他，不要讓他胡搞瞎搞，或者變得漫不經心。所以我很堅持，也會兇他，甚至還很頻繁。如果不注意，他就跟你講得天花亂墜。我一直說：「言歸正傳，年輕人！」但是我沒有惡意，純粹就人情上而

言，我們之間溝通沒問題，我該說，也許有點把他當兒子吧。（圖七十五a）

而這個巴斯提，他完全是另一種類型。必須放手讓他做，他不喜歡別人干涉，馬上覺得自己受到控制或者怎麼樣。但是他會做好份內的事！我大都只是說「好」，有時候也說「很好」。但是不會跟他真正熱絡起來，有時候我順口問問：「怎麼樣，你好嗎？」但是得不到真正的答案。我不知道他是否有煩惱還是有問題？他非常閉塞，難以接近。（圖七十五b）

如果用內心團隊的模型表現這些陳述的內容，我們可以看到師傅用兩個截然不同的團隊來跟兩個學徒接觸。

在沃夫面前，三個人很顯然輕而易舉組成了一個團隊。在塞巴斯提安的面前，師傅心中有完全不同的成員走到前面來，而且比較難形成內心團隊：他把「師傅」擱在後面，言詞間還顯露出一個輕微的團隊衝突，一方面拉近關係（走向他！），一方面又保持距離（別打擾他！）。

如果A分別認識B與C，現在第一次與兩人同時見面，會讓人意識到（有時候是很尷尬地），兩個關係夥伴彼此見面時會用一個特定的球隊陣容。現在跟B見面時一般會上場的球隊，跟一般保留給C的團隊配合不起來。也許A是用一種諷刺的自我陶醉口吻和B連結在一起（我們最強了，不是嗎？特別是我，但有時候連你也很強，哈哈哈！），用這種方式讓接觸更有趣，就像「塗了潤滑劑一般」。假設，跟C接觸時通常以嚴肅的態度和互相爭辯討論為主。三個人會面時，預設好的球隊彼此不適合，有時候會出現一些沉默的片刻，試圖尋找三個人的共同點，這時候內心球場上的動作會變得畏畏縮縮，有些人被點名卻沒派上用場，最後被逐出場外，還找不到候補球員。剩下來解決尷尬的方法常常就是有些無趣且最微小的共同點：公關經理禮貌性地會面，他們勇敢地執行任務，內心的舞台卻越來越空。

人際關係中充滿動力的交互作用

從你自己的測試中，也能確定類似的明顯差異。顯然，不同的關係夥伴會從我們的內心團隊裡吸引、刺激、活化和阻擋不同的成員。這聽起來很有因果關係，我再說得精確一點：不同的關係夥伴會促使（引起）我們用一個特定的陣容來回應。一般而言，我們明確體驗到自己會對另外一個人和他的外在表現做出同樣的反應。師傅會主觀地肯定，他的每一個團隊都能透露出談話對象的本性，甚至更勝於透露自己的本性。這種意識常常表現在一句話裡：「如果某個人怎樣或怎樣，那我也就照那樣反應！」

但是我們要考慮到兩件事：

第一，另外一個師傅極有可能用非常不同的基本陣容來回應這兩個年輕人。每個人都認為自己的反應是「相應的」。但是師傅的反應也反映了他的人格（和他個人的改變幅度）。

第二，這位假想的另外一個師傅也會有「不同的」學徒，雖然學徒還是沃夫和塞巴斯提安兩個人。為什麼會這樣？因為學徒也把他大部分的外在表現，設計為針對師傅特性而反應。如果塞巴斯提安對這個和另一個師傅也同樣做過比較測試，可能在這個師傅面前，有個「閉塞的人」站在第一排，在另一個師傅前面（極端的情形下）可能有個「不認生的話匣

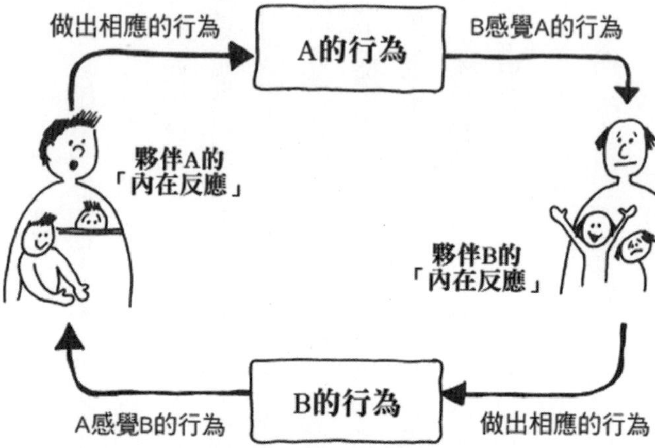

圖 76：「惡性循環」和「內心團對」模型的關聯：
內心成員會被對方的行為啓動或是阻擋

子」在第一線。我們會參與、引發別人的外在表現，別人的外在表現也會引起我們再度反應，反過來也一樣。這是人際關係交互作用的奧秘，其中的動力不是用因果關係可以重建的。

因為這個原因，所以會出現「惡性循環」。藉著內心團隊模型，我們可以清楚地描繪現象：A球隊裡一個特定球員X挑釁（引誘，誘出，啟動）B球隊裡面一個特定的球員Y。這個Y反過來啟動A球隊裡的X（或是另外一個球員，他又將X「往前送」）。例如：塞巴斯提安的團隊裡有「閉塞的人」；他啟動了師傅團隊裡「擔心的心靈醫師」。當他帶著謹慎的問候（怎麼樣，你好嗎？）出現時，刺激到塞巴斯提安團隊裡的「邊界守衛」，這個守衛認為這樣的「追問」很不舒服，覺得侵犯到隱私。他反而因此更加封閉，給人閉塞的感覺，又再度增強了「心靈醫師」的擔憂。兩者有再度反應的跡象（我做了相應的反應），卻不知道自己早就參與，引發了別人的外在表現。

我們利用這個機會，仔細觀察惡性循環和內心團隊兩個模型的基本關聯（圖七十六）。這裡有個雙循環現象，在關係夥伴A和B之間同時或交替進行，常常一個比較公開，另一個比較不明顯。這樣的雙循環的結果在於，不同的內心團隊成員同時或是交替「反應」，並影響行為。

如果兩個關係夥伴覺得他們互相誘導和阻擋很痛苦，想要擺脫這個糾結，可以尋求關係治療師的協助。他特別會做兩件事，第一，他會讓參與者意識到，他們之間的惡性循環如何「運作」，其中有什麼意義和什麼優點。第二，因為參與惡性循環成員的反應讓領導人失去了自主權，所以他會逐一幫助兩個夥伴的領導人重新獲得自主權。只有在跟這樣的成員談過和協商過——他看到自己的企圖得到讚揚，害怕會發生壞事的恐懼心被分散，並放棄投入情境，才會有意願在未來有所節制，把位子讓給別人（見Schwartz）。個人治療和系統治療如此交錯進行。

人際關係中的化學成分

人際關係中互相誘導和阻擋如何運作，有部分還是個祕密。我堅信，在溝通科學從口頭和非口頭行為上可以觀察（和掌控）到的現象之下和之外，還有能量氣流和共鳴現象發揮作用（參考 Bliesener）。誰可以事先看到兩個人之間是否（而且如何）放電？誰可以解釋，為什麼我和這個人可以毫不費力一來一往活絡地打交道，以跳舞的方式交替鼓勵，和另一個人說話卻很費勁，得拿出最大的誠意才能維持對話不中斷，也激不出任何火花？

誰可以預測我們都認識的兩個人會不會相戀？當然，身為心理學家，我們大概知道愛神不會全然盲目地射箭。除了感受到心靈的契合（物以類聚！），一個夥伴的團隊陣容對另外一個人的陣容的影響也很重要。其一是「令人愜意的互補原則」：如果我的基本團隊裡有個需要保護的膽小鬼，他覺得自己無法勝任命運的挑戰，這時夥伴能在最前排提供一個強大的保護者，他很高興能保護別人並牽著被保護者的手，那會令人感到愜意。另一個原則是「喚醒生氣」：假設我內心舞台上有一個人被擱置在後台或是地下室，沒有生存的機會。他也許是個活潑輕狂的人，有時候喜歡做一點瘋狂的事，但是他沒有機會活躍，因為舞台上被有理智，有責任感和嚴格的主要演員占據了。或許是個「浪漫的詩歌愛好者」，他深深感覺到在自己的團隊裡沒有機會，因為生命賽程裡的篇章毫無詩意可言。如果現在夥伴用鑰匙打開地牢，放出關在裡面毫無生氣的成員，因為夥伴心知，有這些（愛鬧著玩的或浪漫的）成員在第一排歡呼，他將成為我充滿渴望的那一面的救世主，成為親吻青蛙使之變成王子的人（圖七十七）。誰可以躲得過這個魔力？誰不願意談戀愛？

互相和互補的誘導

圖 77：兩個內心團隊在相戀時的合作關係，
根據令人愜意的互補原則和喚醒生氣的原則

人際間的化學成分在工作領域同樣重要。我在溝通課程擔任講師的時候，也發現了我們的參與會引發別人的外在表現。我們講師圈裡有一個人，他的學員大多非常友善，懂得讚賞與感激。另外一個講師的學員則比較多傾向批評、敏感，部分甚至有攻擊性。第三個人的學員也許是表現忠誠和信賴那一面的人。我大部分則是跟「和平的」同儕一起合作。

用內心團隊模型來說明：導師帶著內心的球隊陣容上場，散發出某種特殊的氣質，也向對象那裡某些特定的團隊成員表達邀請之意，和不希望其他成員出現的意思。對這種邀請「相應的」回應可能是**互相**的和／或者**互補**的。「互相」表示：同樣的團隊成員會出列（我怎樣對人……）。如果我的先鋒球隊中有個「友善的小夥子」，他從來不傷害人，那我在互相的共鳴中也比較常被友善的人圍繞。「互補」表示：另外一個，但是合適的團隊成員會被啟動。例如面對像父母親般熱情的氣質時，學員中「內心的小孩」就敢走向前來；面對嚴肅的氣質（跟我很難相處！），首先會是謹慎的膽小鬼爬上斜坡，而且（或者）他也會是具攻擊性的挑戰者（互相）。

在練習和實驗中我們發現，早在五分鐘內「第一時間散發出來的氣質」，就會讓對方建立暫時性的特定對手球隊。當然學員那方面的接待委員會也跟自身的規律和情景因素有關，甚至非常有關係。然而，還是很值得用放大鏡仔細觀察自己散發出來的氣質，以便對誘導出來的共鳴做好準備，與它打交道。

這個**人際間**充滿動力的交互作用是一個因素，另外（同時或者稍後）還有**個人內在**充滿活力的交互作用參與。我們再繼續談課程講師的例子。假設，一位女講師在一家企業主持一場「溝通和領導」的進修課程，學員是十四個男性主管。這位女講師是個年輕的女性，帶著一種友善，稍顯母性的氣質，說話率真、誠心、善體人意。她的整體風格不帶有強調高工作績效、咬緊牙關追求完美的態度，讓這些一般帶著完美高績效球隊上場的主管們心裡有一些感動：內心被流放的人嗅到清晨的新鮮空氣，嚮往地將頭往前伸，一個貧乏的人，一個能受感動的人，一個尋求幫助的人（圖七十八a）。解放這些脆弱人物的時候到了嗎？下午團體分組，準備處理個人的問題。在這裡，內心團隊的陣容做了轉變（圖七十八b），善體人意的人和能受感動的人現在敢走到前面主導氣氛。小組工作進展深入，並且團結一致。專業的先鋒球隊離開球場，解除職務。女講師很高興，因為這種性質的進修對象包含了內心的成員，完美主義的門面通常會是學習障礙。

圖 78a：男性主管的一般陣容

圖 78b：相反性格的人敢走到接觸線。
基本球員（暫時）「下場」

圖 78c：女講師離開後，
內心團隊裡很尷尬

圖 78d：基本球員（加載了攻擊性），
把他們的活動範圍攻占回來

然而到了晚上，這些男人處在一起，受感動的人被點召，卻沒有被派上用場，缺乏舞台經驗地呆站在那裡。一個小孩在內心裡覺得被母親遺棄：現在誰送我上床？一個「人」不可以用這樣的面目與同事接觸。尷尬的氣氛瀰漫（圖七十八c），有經驗的先鋒球隊快速地把舞台搶回來，並用諷刺和玩笑趕走「軟弱的人」。粗魯自吹自擂的人和理性的專業人士再度主控場面，如果老闆突然從另外一個團體現身，那麼，重建舊陣容會進行得特別快速有效。

第二天，出乎女講師的意外，她的學員用充滿諷刺的評語評論前一天下午的課程，並攻擊她是這個毫無價值的活動的始作俑者（圖七十八d）。咦，他們還是昨天同樣那批人嗎？

他們還是同一批人，他們把自己「拉回來」了。身為講師，我們現在看得比較明白，只有事前取得前方人員，也就是基本球員和保鑣的同意，才能對被流放的後方球隊發出邀請。他們想要被稱讚和看重，只有和他們一起才有可能形成內心團隊，沒有他們不行，更不可能反對他們。

內心的接待委員會

每個溝通者面對嚴重後果的時候，他不是面對一個軀殼，可以隨意將信息傾倒進去，而是遇到一個人，他的內心舞台上站著一列特定的接待委員會。我的信息是否傳達到，傳達的情形如何，有時候跟遣詞用字沒有太大關聯，而是負責接收信息的人是「誰」，而「他」啟動了四個耳朵裡的哪一個（請參考《談話聖經1》）。

一個年輕的母親說，在短短幾天內，在替嬰兒換尿布時，她聽到幾乎相同的句子兩次，但是每次的反應完全不一樣，反應包括內心和外在：「跟幫寶適相比，我比較喜歡給兒子用布尿布，因為他比較不容易有傷口。」她的女性朋友這樣說。這位母親覺得非常有意思，更仔細地打聽了相關資訊。幾天後，婆婆來家裡，問道：「這種塑膠材質的尿布對寶寶的皮膚到底好不好？我們以前只有布尿布……」這位母親覺得這句話「極不合適」，而且她的反應粗暴，拒人千里之外。問題不是出在措辭或語氣上，而是給女性朋友的接待委員會跟給婆婆的不一樣；先是一個感興趣和好奇的人，喜歡跟別人交換經驗，後來是一個邊界守衛，她仔細注意婆婆是否管太多閒事，反抗每個呼籲的信息。

每個人際關係都有它的歷史，而它的後續影響可以在因人而異的基本陣容裡找到。從外表看起來，有時候無法解釋，為什麼某個人對一個善意評論的反應如此激烈。也許心中被刺激到的人已經遭遇了一段（苦難的）歷史，現在躲在心裡，隨時準備跳起來防衛噩夢再現。

影響內心的接待委員會

當我身為溝通者想要影響接受者的想法、感覺和行動時，內心接待委員會具有特別的意義。每個改變管理的成功與失敗，都跟我的說服力息息相關。雖然有兩種極端的案例，使勁衝開沒關的門或是衝向一面牆，但是由好幾個人組成的接待委員會裡面，通常有開放的人和反抗的人等異質性的人。為了達到某些目標，我如何有目的性地與接待委員會攀談？

圖 79：強調呼籲的溝通情境裡的歡迎委員會

每個案例都有差異，但是從形式上來觀察一個介於呼籲發送者和呼籲接收者之間的情境，基本上可以預期有下列的接待委員會（圖七十九）：

■**坦率開放的人**：他總是先以好奇感與趣的態度接觸。他自己也知道，很多事情不好，需要改革，所以他希望「終於要有所作為」。他對呼籲發送者喊叫，「儘管進來！」「我會友善評估你的呼籲！」

■**自主權的衛士**：他會保護自己的領土不受外來者侵入。每一個呼籲都在侵害接收者的主權。為了不像球一樣被撞來撞去，他必須確認自主權：「你不能命令我！」壓力產生反壓力，**關係層面上有輕微的反抗**，一個微小、頑固的基本態度，完全跟呼籲的內容沒關係。至少可以確信，接待委員會裡也設有檢查員，他會仔細檢查呼籲的發送者是否有入境領土的有效車票（以上面的例子來說：女性朋友有，婆婆沒有）。

■**多疑的權謀偵探**可以嗅出藏在每個呼籲後面的巧妙陷阱：幾乎每個呼籲，而且正好當它以「建議」的形式（給接收者）時，是以（發送者的）願望、利益為基礎。正當的懷疑是合理的：你建議我做的事（或者你以公益的名義向我要求的事），難道不是關係到你的利益嗎？尤其你用那三寸不爛之舌描述這個東西對我的好處時，我的接待委員會裡就會有一個多疑的人站上第一排：這個友善的顧問背後是不是藏著一個聰明的銷售員？

■**捍衛內心平衡的人**：幾乎每一個呼籲都想在接受者身上造成改變，除非呼籲是：「繼續下去！」但是改變會威脅現狀，也許會威脅到費盡千辛萬苦爭取到的內心平衡。就算現狀是不利和悲慘的，還是會去捍衛：無論如何，我們熟悉現狀，在一切都在流動、搖擺和變革的世界裡，它給我們安全感。這個形式的反抗給接待委員會添加了第三個抵抗力：內心平衡的捍衛者（千萬別這麼做！我們從來沒有做過這種事！）。

鑒於有這樣一個接待團隊，呼籲過關的希望不能估計得過高（如果自身的力量只侷限在文字力量時）。但是接待委員會不是靜態、不會改變，它會在對談中間經由談話或是演說而改變。所以一個好的溝通者知道，他不可能輕而易舉地繞過反抗團隊。如果他不關心此事，不用三寸不爛之舌來說服坦率開放的人，那他之後得付出更多心力應付那些沒談過話覺得被忽略的人。所以，如果想為某事贏得某人支持，最好也要跟對方團隊裡內心持「否定態度」的人談話；但不是要嘗試勸說他們放棄，而是（很矛盾地）確認他們存在的合理性，並請求他們合作。

開闢垃圾場。下面的例子並非不尋常：國家想要開發一座新的垃圾場，第一次調查的結果顯示，X地的外圍條件還算有利。X地方上組織了一個抗議運動，政府代表前往X地參加在晚上舉行的討論，想要爭取民眾的支持，並和反對的群眾辯論。這個事件的最後決定尚未定案。

政府代表在他的演說前言中，企圖影響在場居民的內心接待團隊：

各位女士先生，雖然我在這裡的感覺像是深入虎穴，但是最終我還是很高興有這個機會，跟你們報告事情的進度和調查結果。

↓評論：這段導論能讓人放下防衛，也許是真實的感覺，但是從效果來說，很適合讓聚會民眾內心接待委員會中最想把代表撕成碎塊的獵食性動物選擇開恩。

我很清楚，來這裡開會的非等閒之輩，都是特別投入和有專業理智的女性市民與男性市民。所以我已經做好準備，你們會很內行、很嚴厲地檢驗我的論點。粉飾太平並不適合我們今天開會的動機。

↓評論：稱讚在座的人有建設性的企圖和能力，很適合把客觀就事論事、有建設性的員工請到舞台上，並把可能的搗蛋分子趕走。但是主講人在這裡不可以太誇張，因為這樣會馬上把權謀偵探叫出來。而且，指出這次聚會的敵對特色，也很適合降低激化對立，它們在等待機會，準備用戰鬥的衝勁來對抗和諧的空話。它們存在的權利已經預先被褒揚了，聽到自己受稱讚，就不必用反叛的力量壓倒對方。「政治正確地」稱呼「女性市民與男性市民」是對在場女性的一點敬意，只要他們內心團隊裡有個負責女性事物的人，這樣的稱呼可以他們挑釁。

我先說明：我沒有把我的意見當成最好的意見，往往要在溝通之中才會挖掘出真理。但是我堅信，我在這裡陳述的觀點，將會是我們共同尋找真理路上的重要助力。

↓評論：他不把意見當作無懈可擊的專家意見，而是「尋求真理的推助力」，他平息了（跟挑釁相反）接待委員會裡的自主權衛士，讓坦率開放的人比較容易走到接觸線上。

當然，我們關心的不只是尋求真理，還關心利益，我們雙方合法的利益。我不會隱瞞我所代表的利益，但是，唯有實事求是的基礎才有可能貫徹自身的利益，也才合法，澄清這件事情的客觀基礎，就是今晚的主題。

↓評論：藉由指出自身的利益，讓權謀偵探安心，並且邀請了接待委員會中對澄清事實有興趣的成員上場。

雖然抗議的氣氛高漲，藉由這段前言，演講者提高了被聆聽的機會，這是每場辯論的先決條件。他藉由挑釁（努力尋求客觀事實）和平息（想要鬧事的企圖）來影響觀眾的內心陣容。

也許我這幾行字刺激了讀者內心團隊裡的權謀偵探。也許你會說：「這就是巧言者的花招！公家機關把受過演說和辯論訓練的代表送上前線調解糾紛，好讓他們能對抗民眾，貫徹他們的利益！我隱隱約約就猜到：溝通教練就是讓狼改變聲調，好讓大門為他而開，如果大家知道狼的本性，門照理是不會打開的！」

有效溝通和狡猾操縱之間的分界不是很清楚，它跟我觀察事情的角度有關。如果我是個有誠實信念的公家機關主管，認為開闢一個對大家都有利的垃圾場有絕對的必要，而且必須把它建在一個條件好、鄰近地區也比較能接受的地方時，我會（這也是我該死的義務）派遣一個有能力抵擋抗議，不會馬上被吹倒的人去前線；他能掌握會談的情況，避免混亂、挫折和激化，讓不受歡迎的措施被接受的機會提高。最後對評價很關鍵的因素是，工作方法是否誠實和透明化，他是否除了說服的目的之外，真的對「在對話中求真理」感興趣（並且也真的這樣做），或者只是假裝，讓手中有一副好牌。

其他例子的情形比較明顯。狡猾的溝通者有直覺的天分，一直都知道，影響對方的球隊陣容比較能達到目的。下面發生在日常生活的例子正好可以示範這種形式的「心理戰」。

門口的不速之客。我坐在家裡的書桌前，門口電鈴響打擾了我，令我懊惱，一個我不認識的年輕男子，他想賣東西嗎？我內心「持拒絕態度的邊界守衛」進入球場，準備投入工作，將這個不受歡迎的接觸扼殺於萌芽時。這名男子有禮貌地自我介紹，保持距離，離門大約

圖 80：一開始在門口時的內心球隊陣容

有一公尺（我的邊界守衛放心了，不需要加強警備）。他來自一家著名的出版社（說出名字），並且做一個問卷調查，題目是「對犯罪青少年的偏見」；我是否能給他三分鐘，時間絕對不會超過，針對幾個問題說出我的意見。哎呀，沒有人想不通人情：如果三分鐘就可以幫助這個人……「樂於助人的人」走進球場，邊界守衛在（內心裡）向後退了兩步，並看著手錶。

現在訪客開始提出問題：我是否也認為，青少年罪犯在釋放後一定會面對資方、一般民眾和我個人的成見？我是否認為，必須給這些現在想過正常生活的人一個機會？當然，一定！誰不會在心中發現這個信念，必須為這些人打開新生活的機會。大約兩分鐘後，樂於助人的人身旁又站了「寬容的人」和「友善的人」在最前方的接觸線上，邊界守衛在閉目養神。

現在這位年輕人順帶地提到，他自己也是蹲過監獄的囚犯，只是一次交通違規，但是受到法律上最嚴格的處罰。突然間，他從一個不知道姓名的「問卷調查者」變成遭到不幸的人：啊，你這個可憐的人！「充滿同情心的人」進入球場，還有「特別內疚的人」。但是邊界守衛醒了，特別是這個「問卷調查者」和「遭到不幸的人」以第三種身分「銷售者」出現時：只要一次性訂閱，就可以大大改善他重新得到工作的機會……

邊界守衛所有的警報燈馬上亮起來，而且全副警備。但是接觸線被占據，那裡還有樂於助人的人、寬容的人、友善的人、有同情心的人和有罪惡感的人在東奔西跑。心情很激動，內心混亂。

結局？不確定。但是無論如何，跟開始時只有「持拒絕態度的邊界守衛」一個人的狀況相比，機會有很大的改善。

在我的例子中，邊界守衛拒絕訂閱，而第一排的善心人士每個人捐一歐元（總共捐了五歐元）。「單純的人」太晚感到憤怒，他覺得被騙了，把這個例子交給溝通學者做進一步的分析（也是一種團隊工作形式）。

針對自己的團隊陣容

如果談到「團隊陣容因人而異」，那麼同樣（而且特別）也要想到，我們對自己也發展了一個類似的基本陣容。所有在這裡發聲的信息總和是自我價值感覺的基礎。總體來說，可能偏

圖81：在門口受到操縱的接收者內心的陣容

向好的一面，或是偏向壞的一面，無論如何，這裡也要考慮到內心的分歧，因此一般而言也會產生矛盾。

人類可以同時是自我評價的主體和客體，美國喜劇演員格魯喬・馬克思（Groucho Marx）的一句名言把這個現象表達得一針見血：「我絕對不會參加一個接受我為會員的俱樂部！」如果一個人深信，他的伴侶會愛他一定有問題，那事情就不是那麼有趣了。謝天謝地，這樣的聲音（我不值得人愛！）通常不是內心團隊裡唯一的聲音。有些人說，每一個球員會在特定的時間粉墨登場：「早晨醒來以後，有兩個小時的時間覺得自己討厭得要命，避免看到鏡中的自己，覺得自己是人渣。但是你要是在華燈初上的時候看到我：在自我感覺的薰陶下，我看到整個世界就躺在我腳下，覺得自己太完美，沒人能抗拒！」

這是個極端的例子，但是每個人都認識這種心情變化，讓我們接觸到不同的自我評價者：例如先是內心的「貶抑者」，然後是「驕傲的奧斯卡」，推崇讚美我們的個性、能力和日常生活表現。這些心情無異是心靈的音樂，由每個居領先地位的內在聲音合唱團製造產生。想要研究自己的心情，可以聆聽每個參與合唱的聲音。

自我評價者的內心訊息跟所有發表的意見一樣，是方形的（參考第33頁）。他的重點不是放在關係層面（你是個魯蛇，一個誠實的人……）就是放在呼籲層面（表現完美、高尚、熱心、善良和一直很成功！）。史東（H. And S. Stone）認為，一位西方成功人士內心中跟自己有關的基本陣容是由一個多頭領導人主導，包括完美主義者、批評者和監工（他也有可能是一整個地下球隊的隊長）。

如果主要由這三個人定調，外勤有可能堅強地完成任務，但是內勤的工作氣氛一定會很糟糕。雖然這裡屬於心理治療的領域，但是這個主題無可避免還是會一再出現在社會能力的在職進修課程中。處理這個問題的方法，我們已經從〈內心的反對者〉（第186頁）那一節裡知曉。我們特別要喚起、增強和訓練內心的反對者成為鼓舞士氣的稱讚者，例如這麼建議：「請站在這張椅子後頭，發表一場讚美自己的簡短演說！」

5.3 依照主題編組球隊陣容

還沒有達到100%！
又糟糕透頂了！
你還必須……
完美主義者
批評者
監工

圖 82：一個西方成功人士與針對自己的典型陣容

我們在上一章看到，面對不同的人，基本陣容會不一樣，面對自己，也有一支獨特的球隊在值勤。現在再來看看，那些因為特定的生活範疇或生命課題（金錢、教育、政治、性……）所組成的內心團隊。在這裡要進入一個廣大領域，屬於社會心理學中「觀點」的範疇。我們把它當成「陣容」，並預期它絕對不是只有清楚明確的立場，而是有一組多樣且矛盾的發言。這組發言還會根據生命課題的具體程度而有不同的結果，題目是「我對難民問題的看法」，或者再具體些，「我家這條街上要蓋一間難民收容所，我有什麼看法？」

用內心團隊模型詮釋弗里茲．李曼的人格理論

要解釋依照主題編組球隊陣容的方

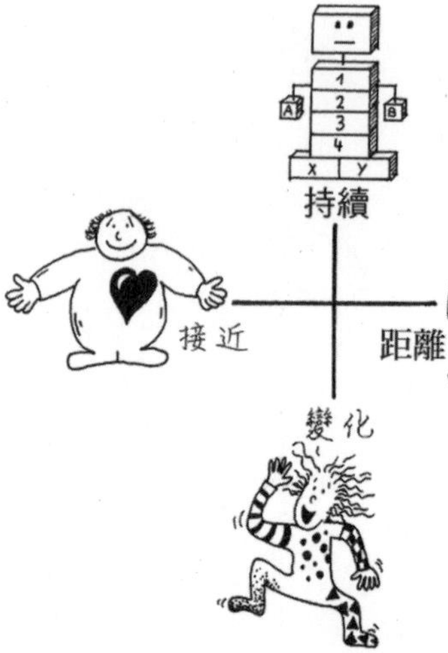

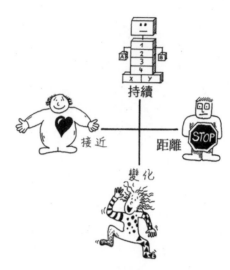

圖 83：人格的四個基本追求，
在這裡當作內心團隊中四個基本球員（黨團發言人）

法，我例外地引用一個人格理論。我說「例外」，是因為內心團隊模型的思想和它的實際應用都是以**現象學**為依歸，也就是說：我們就是觀察，誰在你心裡，誰在我心裡發揮作用，他舉手發言的信息是什麼，與這個心靈成員是否出現在任何一個理論裡無關。我在這裡把李曼的理論（Fritz Riemann）和內心團隊模型連結在一起，是為了稍微限制住討論範圍，將現象學中五花八門的現象歸納為兩個面向。

如果要談到人與人之間的差異，我們在溝通課程裡很樂意引用這兩個面向（參考 Thomann und Schulz von Thun 1988）。兩個面向產生四極，也就是人類性格中四個基本追求，我們可以把它們當成內心團隊的四個基本球員（圖八十三）。

仔細說來，基本球員指的應該是黨團發言人，因為在每個概念下面還聚集了許多次級概念。例如我們心中與人接近的人包含了不同（每個人都不一樣的）的成員，例如「無私的幫助者」，「需要依靠的人」，「不愛衝突，息事寧人的人」，「真心的鼓舞者」等等。

這四個黨團發言人在這裡想簡短地自我介紹，一方面讓有經驗的讀者溫習，另一方面當作感興趣的新讀者的導論：

接近

我關心的是真誠的近距離接觸，創造和維持一個沉浸在愛與好感的和諧共處裡。我很樂意為人服務，當我們很親近，並且真心相待時，我就在人與人的接觸中活躍起來。

需要依靠的人如我，非常害怕衝突與不和，害怕被神與世界遺棄，孤零零地一個人。你想跟我說話？太好了！我們就以人對人的平等方式談話，省去客套的裝模作樣！我希望不會太強人所難？

距離

重點在於保持應有的距離，不應該用零距離的親密面對面。每個人獨立為自己負責，不要太依賴彼此很重要。以理性、客觀和實事求是的態度處理事情，會為每個人帶來好處。

如果每個人都有可以獨處的空間，人與人之間就不會有那麼多衝突。即使面對所謂的感情問題，也要用冷靜的理智處理，並且超越一切。

想要跟我談話的人，請把要談的事情寫成書面或是傳真過來，相關的人會得到我的辦公室的回覆。

在一個不安全且混亂的世界（內心世界也一樣）裡，一個
a合適正派的和
b能掌控的
生活只有當
1.事情，
2.別人和
3.自己
透過結構和秩序，組織和計畫，才辦得到層級劃分、規則和控制。準時和紀律同樣必要，沒有這些美德，系統就無法運作。我們不願冒險，而且這跟迂腐無關！

你想要跟我談話？那我們需要一個議程，大家可以做好準備，讓我為你粗略概述這部門從一九二七年到現在的歷史，這樣你才能從歷史的關聯性上了解我的論述，如果你不打斷我，你比較能認清論述中的邏輯。

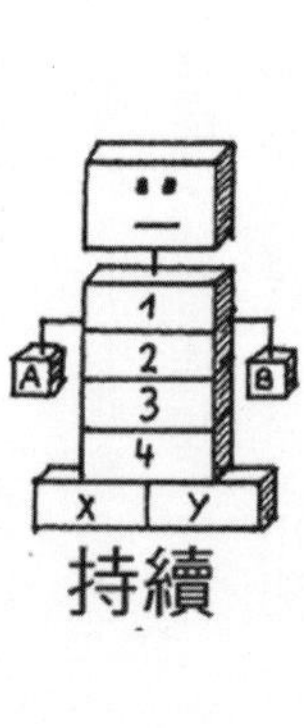

有些人，唉，世上什麼人都有！他們看起來就像自己的行事曆，完全沒有時間過生活！而生活是生氣勃勃、隨興、創意，有時候嘗試一些新奇的事物，不是一直按部就班！難以計畫和組織的事，可以現場即席反應，感受當下的魅力！至今還沒有人怪罪我，即使有，我也馬上忘了，我不是記仇的人，哈哈！

你想跟我談話？我們不是已經一直在談了，但是我還要跟你說最近發生了什麼事……我很好奇你覺得怎麼樣，特別是，你覺得我怎麼樣！但是等一下，我想，我得走了！半小時前我應該去看牙醫，沒關係，他反正知道我不是那麼準時，他是好人，非常有魅力！

你是否想起身邊的一些人？把其他人歸類到這個人格模式裡，通常要比歸類自己來得容易。原因在於，我們常常只看到別人的外勤基本球員，但是我們也認識自己的後方球隊：那些成員雖然大多待在後方，但是完全感受得到他們的存在，他們偶爾也想往前擠。人類具有多重的本質，所以我們可以這樣想像，根據李曼的人格面向，我們帶著一個「基本陣容」走過生命各階段。陣容裡面主要有一兩個，或是三個基本球員站在前面，對外發揮影響力，其他的球員則以性格相反的人待在幕後（也許被驅逐流放；圖八十四）。

內心陣容根據生命中重要的課題重新組合

只要針對很多情境取得一種平均值，就是這些典型的人格基本陣容，這也是我們的「人格」，可以用問卷調查得出（例如 Kuhl und Kazén）。

然而在這一節裡，我把注意力放在人的特點上，人可以根據前後關係讓基本陣容大風吹。保持距離的人可以在一個新關係，或是一個已經改變的舊關係中，突然把整個接觸團隊請到前面來：一半是他們拉他們，一半是他們自己陷進去。就像我們有因人而異的改組，同樣也會

圖 84：四個李曼基本球員組成的不同人格典型的基本陣容

因為生活領域和有關錢、性、誕生、死亡、生活危機、教育、休假、政治等因素而重組出不同的陣容。

只要我們認為人類的人格針對所有生活上的問題都會有同樣的傾向，那我們必須假設，例如「持續的人」特別會把他對秩序和控制的意識實現在教育（服從和準時，堅守原則！），也應用在度假（及時預訂住宿，盡可能在同一個地方度假！），以及政治上（安定和秩序，不要實驗！）。但是從跡象看來不是這樣的情形。更常見的情形是，李曼的四個基本球員不管是屬於前方或是後方球隊，他們會自己尋找活動地點。所以在特定的生活主題中，一個在後方性格相反的人有可能突然離開候補球員的位子跑上球場，主張他在整個球隊中的存在權利。也有可能是兩個或是三個性格相反的人進入球場，組成一個團隊，或是一個吵鬧不休的小組。為了具體化這個想法，我們先聽聽李曼四個基本球員對不同主題的可能立場：

接近

不是那麼重要，但是有錢的好處是可以讓人幸福。如果我有多餘的錢，我很樂意塞一些錢給孩子，或者送他們禮物。我總是能想到一些適合個人的禮物。

距離

很重要，這樣我們就不用依靠人，不需要請求別人，也不用欠人情，只要支付我們有權要求的服務。金錢使人獨立。如果必須送禮物，最好送錢，別人最清楚自己需要什麼。

主題
金錢

持續

平時節約，急時不缺！為了保護自己不受生活中的變動影響，我們應該存錢，安全投資，不要投機，替自己做好保險，好的生活方式特別表現在好的記帳習慣上。

變化

別人說我不會理財。完全不對！我很會花錢，甚至會超支，哈哈！我一點也不知道現在是否有債務！如果我意外得到一筆錢，我可以很大方。怎麼進來，就怎麼出去：花出去，帳戶裡的錢是死的！

接近

只有在有愛和親密的關係中，性才會美好。彼此真心喜歡，互相撫摸和依偎，深情對望，真的親近，在水乳交融時一起找到高潮。

距離

如果沒有太多感情，只有單純的肉慾，性才會有它特殊的誘惑力。每個人為自己的性高潮負責。陌生的性伴侶能吸引人，至少他的外表要陌生。千萬別問「你愛我嗎」這個問題，否則一切會結束。

主題
性

持續

性可以很美好，但是必須有適當的心情，並做好心理準備。不需要正好「在每個週五晚上電視新聞過後」，但是有一定的規律性，事先預告，和某種規律的過程！我已經當成習慣了……

變化

性應該隨時要有一點點緊張刺激的騷動，沒有性愛的生活會讓我完全枯萎！性真的很酷，如果很隨興，就在當下沒有計畫下發生，當然也很樂意在「不可能的」地方。我喜歡樂於實驗的精神。

接近

我最希望能在家裡，有我最親愛的人的陪伴下去世。有人握著我的手，我能跟大家道別。最可怕的想像是在醫院，一個人孤孤單單，受儀器的控制，沒人陪伴，被推走。

距離

死亡是一件私人的事，我想跟大象一樣不引人注意地離開象群死亡。然而專業的幫助是可取的，可以減低死亡的痛苦。

主題
死亡

持續

重要的是我們要慢慢調適心理做好準備：買墓碑，立遺囑，整理文件，幫遺族準備好列表，讓他們知道所有東西的位子，和他們應該注意的事項。

變化

哎呀，我們必須談論這個話題嗎？我們死亡的時間已經夠早了，讓我們先活著，而且是好好積極地活著。對我來說，最好的死亡就是砰砰！突然離開人世，也許手上還拿著香檳酒杯呢。

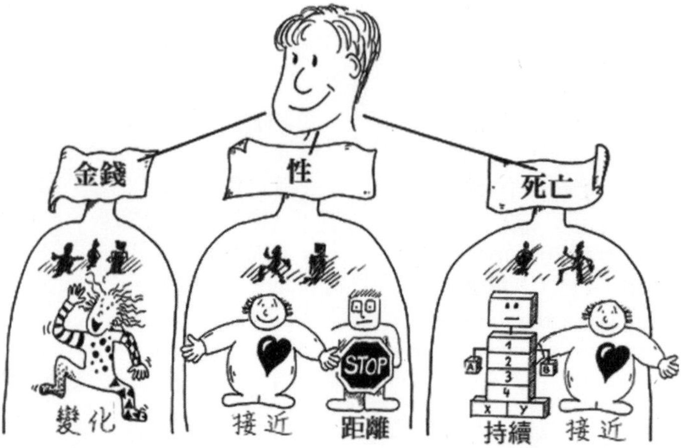

圖 85：同一個人對不同主題的不同球隊陣容（圖解例子）

希望這些例子的說明已經足夠。如果你對人格的四個基本球員發展出一種感覺，可以自己嘗試針對其他的生活主題做出類似的立場說明。

我們用圖八十五記錄同一個人對不同的生活主題會展現出非常不同的陣容：

可能有一個、兩個、三個（也許甚至所有四個）成員主導整個前場，也可能出現一個面向中的對手（參考圖八十五中間）。

在我們的課程裡，為了以強化體驗的方式導入主題，我們會玩「房間有四個角」的遊戲，讓學員慢慢走過房間。主持人會逐一針對每個新的生命主題，表達出四個立場（以不同的順序，例如主題「教育」的順序是持續—接近—變化—距離，主題「錢」的順序也許是變化—持續—距離—接近）。每個學員應該根據每個主題選擇一個最能契合心意的立場。所有選擇相同立場的成員聚集在房間裡由主持人命名的一個角落，哪一個角落屬於哪一個李曼的人格方位（首先）只有主持人知道，整個練習期間位子保持不變。

經過幾輪練習，成員可以自己評估，他最常站在哪個角落（在那裡又遇到誰）。

第6章

內心團隊和情境內容

在理想狀況下，內心團隊陣容會完全符合人與人相會時的情境。但是在實際情況中，符合的程度或多或少會變，可以（逐條逐項）透過一個好的溝通諮商，或是（全面性的）透過內心團隊發展來改善。在這一章和最後一章會補充這句話的意義和想像。

和諧的溝通具有一個雙向任務，要求我一方面要跟自己，另一方面要跟情境內容契合一致。什麼是情境的內容？要如何確認？由客觀還是主觀的標準產生？溝通情況和情境的符合程度受什麼影響？

6.1 溝通情況與情境吻合

這些都不是簡單的問題。想在溝通情況中以及與人交往時做「對」所有的事情的人，幾乎一定會失望，他會發現，這不是從已知的限定值用數學或是邏輯或是心理學可以推演出來的——還是可以？成功的溝通是交互作用的結果，絕不是我一手（或是用嘴）可以操控。有時候一個「好的」行動起不了作用，就像一個「壞的」行動也能拋磚引玉一樣。但不是所有的結果都是隨意的，或是只有透過嘗試錯誤才能發現：我們有明確值得努力追求的有效標準，因為一個對溝通情況「好的」行動會提高成功的機率。

這些有效標準隱藏在一個情境的特殊點裡面，它們希望被發現，「被感受到」。如此一來，失望就可以轉變成尋寶的樂趣，對情境的感受能力會隨著時間成熟，心中對合適或是不合適的感覺會敏銳到像地震儀，我們可以學習，把藏在情境中的邏輯歸納出來，並將溝通行動以此邏輯為依歸。

所有人對情境都有直覺，雖然我們可能會在一個混亂的場合上失去直覺。我們覺得歌舞短劇演員尤根・馮・曼格爾（Jürgen von Manger）的表演好笑又恐怖，他飾演劊子手，在行刑前對罪犯天真又親密地透露日常工作上的煩惱，以及往返監獄的交通不便（我想，你從此以後也跟這些事無關了……）：舉動可以說非常友善，但是完全不適合情境。這個極端例子在教學上有一個優點，馬上可以明顯看出這個內心團隊陣容（以「真心的話匣子」為球隊隊長）在這裡不合適，這個陣容「完全在狀況外」。在真實生活中，常常可以明顯感受到溝通不切合情境，但是無法以絕對的界線來標記。一位機場職員描述：「我們被教導要對憤怒的乘客做出合適的反應，例如航班延遲或是行李沒有跟上。有時候我們要忍受乘客最嚴重的侮辱和究責。我們學習，第一要就事論事，第二要友善地回應，絕對不可以感到受辱或是變得有攻擊性。我很喜歡這樣的反應方式，它讓我經受得住攻擊，並且能保持優越的地位。當我開始也以這種方式對朋友做出反應，也就是特別強調客觀事實，而且還一直保持一抹微笑時，我幾乎失去了所有的朋友。」在一個（專業）情境中看起來合適的內心陣容，在另一個（私人）情境中理所當然會被感受為「狀況外」和「敷衍了事」。友誼的維繫是靠真心的交流，「我們之間的關係和感覺如何？」牽動著我們的命脈。但是在機場櫃檯上完全不是這麼一回事。或者你可以拿一個父親為例，他身為領導階層，習慣用最快的方式替問題「找到有效的解決方案」。如果他晚上用這個內心團隊陣容來回答婚姻中的對話，就算他立意良善，也可能會失敗：

母親：史蒂芬又不及格了，我慢慢開始有些擔心……

父親：好，首先跟老師談一談，請去約好時間。第二，加強導入紀律和工作士氣等價值觀……

母親：第三，我要跟你離婚！

父親：拜託，卡露塔，請妳也稍微注意一下談話的紀律，否則我們無法談下去！

或者可以舉另一個領域的例子：經常有報導指出，醫生習慣從醫學技術的層面來解釋和評論事件，忽略了病人的感受。例如在生了死胎之後，醫師會提到「符合衛生原則地處理廢棄物」，或是在墮胎後說胚胎「已經變質」，特別是婦科醫師長久以來受到嚴厲的批評。用我們的模型來解釋：醫師內心團隊的隊長是「自然科學家」和「醫學技士」，但是情境內容也特別要求醫師提供「人性上的支持」。

與情境相稱的陣容

這是否意味著，針對每一個既有的情境都有一個合適、相稱的內心陣容呢？不只有一個，根據雙向契合的原則，這個陣容應該要跟情境中行動或是發表言論的人契合一致。這個人又會根據自己的身分認同來理解和定義這個情境（參考第312和340頁），把自己對角色的理解帶進情境中。就這點來說，我們既無法從經驗中期待，也無法當成規範性的理想宣布：一個情境中客觀的決定性因素在每個案例中都會（應該）產生特定的溝通行為。但是基本上對每個溝通者而言，如果想達到自己的目標，並對整體成功做出貢獻，值得仔細掌握一個情境的內容，以便能透過合適的內心球隊陣容來滿足情境內含的要求。

情境的「內含要求」挑戰我們建立「相符的內心團隊陣容」，我想用下面的例子來說明這個基本想法：

貝克和耶格（Becker and Jäger）替領導階層發展出一項方針，教導他們如何針對重要（棘手，有爭議性的）題目主導所召開的小組會議。他們的核心思想：這樣的辯論中，必須區分四個階段：

1. 初步階段
2. 行動階段
3. 融合階段
4. 執行階段

領導人在不同階段的行為應該非常不一樣：為了讓行為也能帶動氣氛，內心狀態和散發的氣質也應該根據階段的特色而不同；用我們的模型來解釋，不異是讓領導人的內心陣容配合各個不同的階段——無論如何這是理想狀態。我們再仔細看看每個階段的實際內容，它的條件，以及內心陣容該如何配合。

初步階段：剛開始需要有人來歡迎在座的人，引導他們進入情況（和情況的背景），他不僅要指出主題，而且引導的方式是邀請並「煽動」參與的人一起思考和感覺。如果領導人能在這個階段針對主題展現出「友善的主人」，能精確解釋情況的人和「有強烈影響力的策動者」，他就能「聚集所有的人」（參考圖八十六）。

一切聽起來有點老套，但是如果我們一起看看，許多會議揭幕那麼冷漠草率，缺乏組織籌畫的力量，沒有促使群體融洽的致詞，也沒有清晰明瞭的主題，那我們也不用驚訝某些討論的進展很混亂或是受到阻礙。

我個人的內心團隊裡還有一個「靜氣凝神的守衛」，他在這個階段裡監督一切安靜無聲：沒有交頭接耳，沒有人打開皮包整理文件，沒有人進出。只要有一點點分心的跡象，我會立刻中斷導言，將視線放在始作俑者身上。

行動階段：辯論開始，這裡的情況可能會很激烈，而且也應該如此。這個階段應該由一個「尊重人的人」，首先只是「接納意見」，並「鼓勵」大家發言的「主持人」來當球隊隊長，其他想擠進球場的人，例如「管秩序的人」（這樣不行，先生們！我的發言人名單上首先是A，B，C，Y和Z先生！），一個「和事佬」（但是，但是！請你們就事論事！）和一個「自我投入的人」（我不能讓事情就這樣，我現在必須說一下話！）都必須被攔下（圖八十六）。

融合階段：會議進行到所有重點都討論到的時間點上，雖然互動仍然活躍，但是不能挖

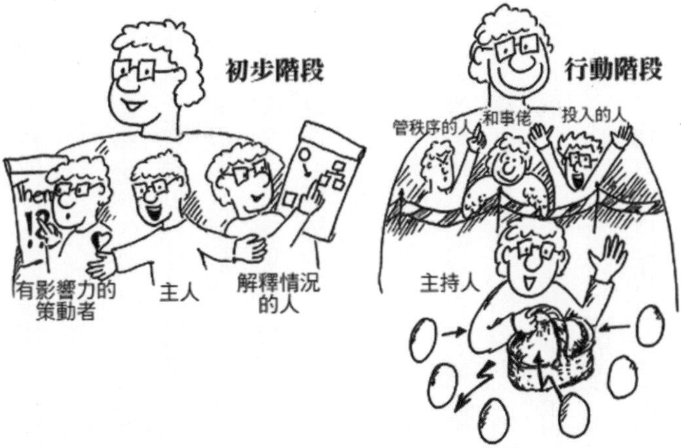

圖 86：內心陣容根據情況做（值得追求的）轉變的例子：
在前兩個階段的小組會議領導人

掘出新的觀點和看法。小組領導人原本「不是指導性」的主持人，現在要以「獨裁者」身分出場，讓討論停止，導入新的總結與融合的階段。他的球隊陣容必須在內心做一次轉變：現在需要一隻「整頓的手」，一個能把表達的意見排列組織，互相牽上關係的人，並且（或者）凸顯基本的衝突，（或者）精確表達出一致的基本觀點。在這階段有件事很重要：這隻在內心舞台上「整頓的手」不能孤單地站在寬廣的前廳，要不然有可能會被前一個階段激起的動力「吹走」。它身邊需要一個保鑣，一個「紀律的守衛」，在小組動力要再度活躍時，帶來安靜和就事論事的氣氛，必要時還必須強制干涉。這裡也是一樣：如果小組領導人「沒有把所有人聚在一起」的話，他的領導就無法符合情境的要求。

執行階段：假設眾人達成共同的決議，現在最後的關鍵就是把意見表達的結果付諸實現。一個「結構的計畫者」登上舞台，由一個必要時很「強硬的監督者」陪伴：他提問題或是確定執行成果的衡量標準，決議不被遵守時應該採取什麼措施。

我們會發現，任何事件的變化都會要求我們以極為可觀的個人改變和靈活的應變能力去面對。剛剛我內心團隊裡的一個成員都還完全正確，短短幾分鐘過後，可能就變成錯誤的陣容。我在這裡選擇用階段模型當例子並不全然是隨機的：將事件過程分**階段**的用意，不僅讓我們對於無止境的事件具有最小限度的概貌，也讓事件更容易與合適的解決方案連結在一起，標誌內心轉變的時刻。面對嬰兒，（在理想狀態下）有一個跟對處於「執拗期」的小孩不一樣的內心陣容：內心「付出關懷的人」必須跟一個能立下清楚規矩的新成員聯繫並結盟。但是，知道是一回事，內心也（及時）做到卻是另一回事。[8]

其他的階段理論也適合幫助內心的重建和調適。處理危機和命運打擊時，可以區分出好幾個階段（見Kast）。例如第一個階段的特徵常常是驚嚇和否認（這不是真的！），受波及的人還不能（完全）正視這個壞消息。在這個階段，救助人員，例如醫師，必須讓他內心中的「醫學專家」走下舞台，因為病人只是表面上在聆聽。

除了**個人的改變幅度**和**靈活的應變能力**之外，還需要第三個能力，以便形成一個相稱的內心陣容：一種知識或是一種直覺，知道哪一個情況需要哪一部分的球隊，才能把所有人聚在一起。用別的話來說：對**情境邏輯的理解力**，我們由此進入下一節。

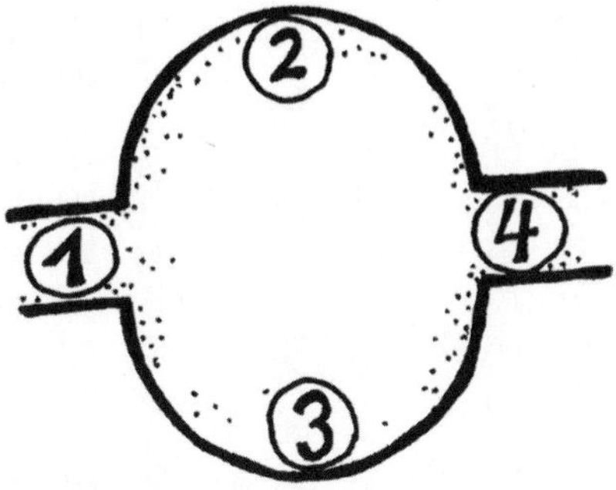

圖 87：情境模型的四個基本要件（詳細內容請看圖 88）

6.2 人際情境中的真理和邏輯：一個模型

特別是我在職場的頭幾年，一直沒有認清一個情況的特殊之處，因此行為在狀況外，所以我必須為自己發明一個模型，以便能發現這些特殊之處。它很簡單，能迅速上手，幾乎平凡無奇，但是在實際運用上常常具有澄清的力量，有時候又有強烈的迫切性（如果沒有說出來的禁忌已經到了可以討論決定的時候）。

這個模型有四個組成要件：一個入口和出口隧道，以及中間的兩個中空向外的突出（圖八十七）。

1. 入口隧道代表**過往歷史**和造成這個情境的已知誘因。
2. 上方的凸出代表**主題的結構**，也就是事件本身。
3. 下方的凸出代表在場人士（**人際之間**）**人性**的結構。
4. 出口隧道代表聚會的**目標**，也就是應該產生的結

8 內心團隊的模型在我看來是非常有前景，可以創建一個實用有幫助的教育心理學。

果。

我們現在單獨來看看這四個要件的意義：

1. **過往歷史**。人的相遇和會談在許多例子中並不是沒有動機自發產生，而是基於約定或邀請，特別是在工作和政治範疇裡。為了讓聚會（會議，內部會議，活動，會談）能舉行，事前有誘因和力量的作用。能夠闡明這個要件的問題可以是：這次聚會的動機是什麼？誰受誰的委託發出邀請？聚會前做過什麼說明、電話連絡和準備？誰跟誰會談，有什麼樣的結果？

如果要主持聚會或是活動，我一開始會著手研究過往歷史，以確保大家對整個情況有統一的了解。有時候會有黑暗的角落浮現檯面，如果過往的歷史混沌不明，那情況也不會有結果。我接受第一個教學任務時，沒有調查過往歷史，也沒有在一開始談論這個話題，後來的結果證明這是個差錯。原因是：一個專任講師在前一學期帶領學生專案小組，卻跟這個小組陷入科學與意識形態的爭論中，所以把主導權交出來給我，一個剛出爐的心理學碩士，研究重點是「方法論」。它（受爭議的）觀點正是這個小組迫切需要的。整個學期十四周，我就像快溺死的人踩不到地。

有時候聚會裡的每個參與者都有一段只有自己清楚的歷史，那通常值得在一開始的聚會就請與會人士解釋個人背景（我之所以會在這裡是因為……）。

圖八十八用亂七八糟的線來象徵動機和過往歷史各式各樣的糾葛。

2. **主題結構**。意謂：什麼主題讓我們聚在一起？日程計畫上有什麼安排？什麼是我們的任務，什麼不是？主題框架結構下有什麼次要的觀點？事先規定好的主題是什麼？什麼是現場由我們提出來的？用一句話來說：重點是什麼？

主題必須跟動機（1）和目標（4）一致，否則有些地方不對頭。有時候主題有一個被遮蔽的背面，認清它很重要，才能掌握情境內容。例子：一家企業要重組，所有部門主管都被邀請來參加一個主題為「新形象二〇〇〇」的會議：企業將來要以何種產品類型在市場上打響名聲，也就是說，哪類產品領域要擴充並加強研發。哪一種產品則屬於附帶的產品，或者應該完全放棄？如果這些部門主管代表產品的領域，這個被遮蔽的主題反面就具有爆炸力：誰有價值，值得提高他的重要性？誰必須萎縮？誰必須離開？每一個就事論事的論點在這裡都可能成為插進某人背後的一把刀，這是職場溝通上的基本經驗。

為了提高對情境有統一和明確的了解，指出今天**不應該**處理的主題也有幫助。例如青少年福利局的主管在調解兩位離婚的父母[9]時說：「我們試圖找出，孩子在哪裡能受到最好的保護。這裡並**沒有**要試圖找出，誰對婚姻的失敗要負最大的責任。同意嗎？因為從我們的角度來看，這兩件事沒有關係。」

9 調解：透過中立的第三者為衝突的當事人居間協調（在離婚前的準備階段，以及為了避免採取法院訴訟）。

3. **人際之間的結構**。意思是：誰在場，誰聚在這裡？為什麼剛好是這些人，不是別人？他們有哪些作用、角色、興趣，受誰的委託？這樣的組合是否合適，也就是說和動機（1），主題（2）以及目標（4）相契合嗎？缺了誰？為什麼？哪些出席者不清楚，為什麼或是他出席的目的為何？

特別值得重視的是事實是，每個出席人員的頭上都戴著不同的「帽子」（圖八十八）。我想藉帽子象徵他們針對情境而設定的角色。這裡舉一個例子，說明這些角色在哪裡會特別清楚地浮現：法院。在刑事訴訟中有首席法官、陪審法官、被告、檢察官、被告律師，也許還有一個附帶起訴人和他的律師。然後還有被「聆聽的」鑑定者以及被「審訊的」證人，最後是法院傳達員和媒體大眾。透過座位安排和服飾（例如長袍）可以相當容易區分出席者不同的「帽子」。職場上就困難多了，因為大家都穿戴一致地坐在桌邊。因此，一開始就弄清楚出席者的「帽子級別」可以說非常重要。

法院的例子可以清楚地說明，**根據情境所設定的角色**應該怎樣理解：法官和檢察官在情境中的角色和他們一般的職業角色相符合，律師也一樣。然而一家大企業的大主管在這裡（法院）是被告（而且必須遵守被告的行為規範）；警察在這裡是證人；精神科醫院的院長在這裡是鑑定者。職場上這樣的情形很普遍，一個董事會成員可能是在職進修中的學員，人事發展部門的主管是小組發展會議中的主持人。

這是根據情境設定的角色，它會影響我的想法，應該對這個情境做出什麼樣的貢獻，以及如何完成它。角色就像是個人（和他的內心團隊）與情境的交會點。如果某人頭上同時戴著兩頂（或是更多的）「帽子」，情況會變得很複雜。例如培訓教師候選人的研討會領導人，他一方面是支持者和指導者（教師候選人可以向他傾訴煩惱、困難、疑慮和弱點），另一方面，他又是做決定的考官和評鑑者（教師候選人最好表現出好的一面，不要透露太多的疑慮和弱點）。這類看不見的雙重帽子常常會給所有參與者帶來大問題，大部分卻又被隱匿不說。如果研討會領導人表示，一個好老師在他的眼中必須有能力察覺自己的弱點，並加以克服的話，情況會變得更讓人抓狂。該強調的是，這種人性的糾結是由角色引起的，不是人類的特性。

4.**目標**。我們這裡討論的聚會，不是為了聚會而舉行的：聚會必須產生結果，例如一個決定，一個協議，一個草案，一個共同的情報水平，團隊有特定的行動準備。

出席者帶進這個聚會的主要目標和附帶目標不會都一樣，這也屬於「情境的實情」；所以圖八十八用一團混亂的線來象徵目標的糾葛。如果想要使溝通更容易符合情境，有效的做法是會議主持人凸顯出聚會的目標，讓它對所有人具有約束力，也許也可以凸顯那些**不應該**屬於會議目標的內容。例如：「今天的目標（還）不在於擬出解決方案，而是盡可能清楚地從各個面向描述事情目前的狀態，好讓我們知道是不是需要行動，如果需要，在哪裡！」

情境的內容從這四個要件中產生；我也很喜歡採用卡琳・凡德・拉安（Karin van der Laan）的「情境的實情」一詞（參考《談話聖經1》），意指情境中那些可以界定情境重點

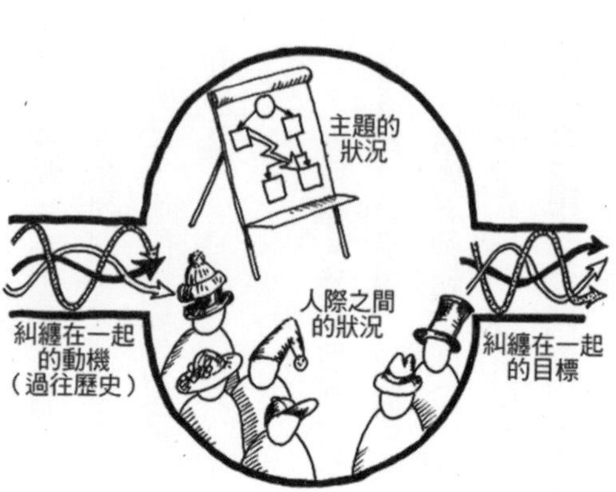

圖 88：具有四個要件的情境模型

並影響出席者心理狀況的情況總和。如果你，我的朋友，心裡有苦悶需要我的支持，因為你的太太愛上另一個人，如果我是那個人……那我不可能是你的顧問。也許我們就此談一談會有意義，但是不可能也不應該是「諮商」，這違背「情境的實情」。或者：你是知名人物，我很想要有你的親筆簽名，如果我向你請求簽名，在一般情況下完全沒問題，但是如果我是你的首席法官，那這個請求也違背了情境的實情。（然而這個情形在審判前東德國家主席時發生了）

對情境的定義和瞭解

參與成員對同一個情境的理解會非常不同，他們對情境有不同的定義。例如：一家企業在徵求一位好顧問。他們邀請優顧先生來「認識一下」，其他幾個顧問則在不同時間受到邀請。寒暄過後，公司代表說：「那就請你開始吧，優顧先生！」並將情境定義為面試，「求職者」在面試中必須展現自己的能力和計畫。優顧先生有些迷惑：「不，現在先請**你**開始！」並將情境定義為第一次諮商會談，「客戶」先報告哪裡出了狀況。只要對溝通的正確性產生迷惑或分歧，我們就有理由懷疑，參與者對情境有不同的定義，並帶著一個符合他們對情境瞭解的內心球隊陣容上陣。為了確保情境定義一致，我通常會用**與情境實情相關的引導問題**來揭開聚會或是活動序幕：

——為什麼會有這個聚會（過往歷史！）

——這個聚會有什麼意義（目的！），以至於

——正好由我（具有何種角色？）

——正好跟你們（有什麼樣的組成情況？）

——正好想要處理這個主題（怎麼產生的？）

然後我會逐條說明要點，並且介紹我對情境的理解。如果在座有人對情境的定義不同，澄清歧異的工作一定優先於處理聚會主題，要不然，這個潛在分歧會如影隨形，從看不見的角落影響合作關係。

社會情境的兩個面向

根據我的實際經驗，情境內容可以在兩個面向上有不同的變化：

情境內容一方面可以或多或少（以及對或多或少的出席者）**透明化**，在極端情形下完全混沌不明。另一方面，情境內容也可以或多或少**協調一致**，意思是：動機、目標、主題和

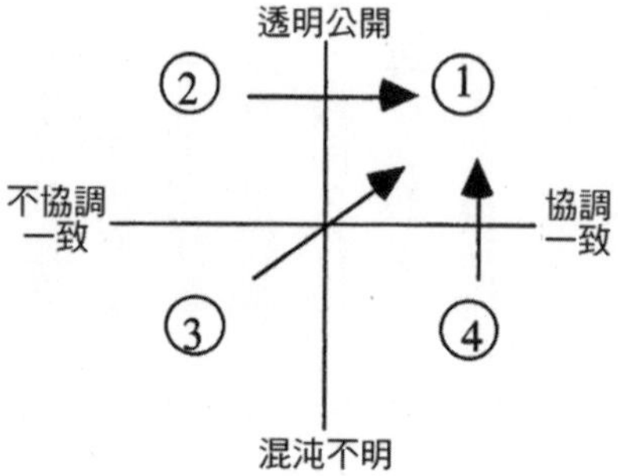

圖 89：社會情境的兩個面向（箭頭表示一個好主持人應該干涉的方向）

團體的組合相合，也就是說，根據初始狀態和目標情況判斷，剛好是正確的人帶著正確的角色分配，為了正確的主題聚在一起。會議主席或是主持人的重要任務早在準備階段（情境計畫時）以及之後在會議中盡可能達到象限1。

如果不能弭平不協調一致的情況（例如因為一個重要人物缺席），至少要公開，讓大家意識到：象限2。上面引述的引導問題（為什麼會有這個聚會，這個聚會有什麼意義……）跟四個要件模型結合，幫助我們達到理想的象限，至少是努力的目標。

這些論述對有些「老手」來說可能太過理想化：在專業和政治領域中，溝通的藝術不正是要把策略性考量隱藏在官方的情境定義後面嗎？真的，從培訓領域出身的教練常常有一個危險，我們教導學員使用「白色琴鍵」，但現實中，技巧高超的演奏家卻是使用「黑色琴鍵」演奏音樂。但是請注意！只有知道用白鍵彈奏出音樂的人才有辦法小心戒備。

一次主持的意外事件。下面的例子來自職場日常。勤勞先生是一個專案小組的組長，他在一次進修活動中抱怨他的上司：「有些領導階層主管的行為不敢讓人領教！他們冠冕堂皇的演說中充滿了遠大的領導理想，談到『公平』和『合作』，卻無法在日常生活中兌現，他們沒有理，還是會在眾目睽睽下訓斥別人。」他是否能舉例說明？「當然，這件事讓我刻骨銘心：我領導的專案小組由一個總部門主管經常出公差博士創立。最近他指示要我再一次集合專案小組和他一起開會。根據往例，是由我接下主持會議的任務。然而他沒有說明開會的目的，我想我之後會得到資訊。但是就在開會前不久，他有事不能來參加。因為他聯絡不到我，所以他打電話給我的上司，部門主管是個粗魯的人（我們用平輩互稱），請他代表出席會議。無論如何，我的上司是這麼理解的。也許總部門主管只是要我的上司在會議裡通知他缺席。我的上司通常跟我們專案小組沒有什麼交集，剛度假回來，因此對這個『代理職務』不是很高興。他在我剛要開始舉行會議的最後一秒鐘進場。我只是模糊聽到總部門主管不會參加會議。我該怎麼辦？為了先給大家一個基本的方向，我概述了專案小組到目前為止的工作。我的上司突然抓狂，在眾目睽睽之下幾乎是對我咆哮：他天殺的沒時間，我在那裡做什麼簡報？我在會議中反駁：『你想接手主持的工作嗎？』他先安靜了下來。會議也馬馬虎虎在有禮貌的情況下結束，但是後來我們大吵了一架。」

評論：根據圖八十九，這個情境處於象限3：它不協調一致，因為不是正確的人針對正確的主題坐在一起開會；而且它混沌不明，因為它不公開透明。如果主持人帶著引導情境的問題走進會議（為什麼而且有什麼意義，非要我找你以這種組合針對這個主題開會？），不協調馬上會很明顯，情境可以解釋澄清，接下來的處理方式也可以按照邏輯來決定。但是主持人避開了這些，內心因發生的事件而不安，結果他的上司，粗魯的部門主管，感覺很失望，因而發起脾氣來。這裡是最後一個可以澄清整個情境的機會，例如透過以下的反應：「你的不滿現在對我來說雖然有些突兀和激烈，可是這表示，我的處理方式有可能不符合情境。我利用這個機會檢查一下。也許你（上司）可以說說看，你代替常常出公差博士來這裡的原因，然後我們再看看，接下來可以怎麼做！」當他反應在「關係層面」上，便錯過了情境邏輯的核心：員工與上司陷入了一個假性爭端中。而且他一開始對上司「行為讓人不敢領教」的抱怨也透露，他把上司性格上的弱點當成不協調一致的原因；雖然他自己「度過難關」，但是對整個情況還是瞭解得不充分。當然，總部門主管是造成混亂的始作俑者，而部門主管可以透過一開始的發言和澄清，避免他事後發怒，但是讓情境和諧一致和公開透明的主要負責人還是主持人。

除此之外，他還有責任優先整理出情境內在的邏輯，也就是情境中溝通行動合乎邏輯順序的特性。誰先發言以及為什麼發言，並不是隨興的。**情境的邏輯**是由情境的四個內容產生，從人性和主題的角度來看有特定的順序。

6.3 情境受制於系統間的相互關係

如果我們沒有看到情境和它的整個系統關聯性，那對「情境實情」的認識就不完整。

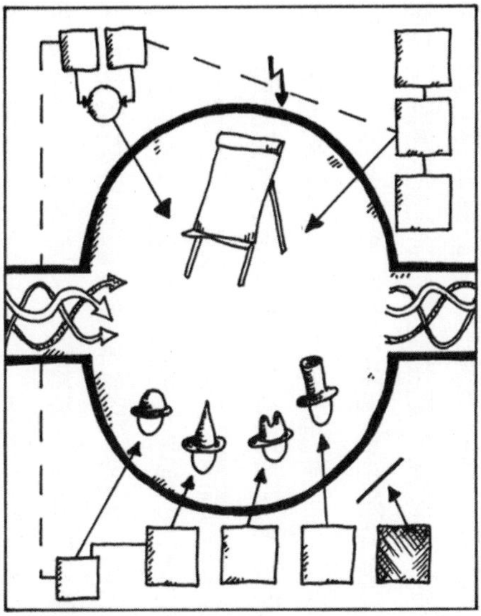

圖 90：在系統相互關係影響中的情境

因為情境中的參與者不僅帶著不同的「帽子」（＝根據情況而定的角色）相聚，他們也身著各式各樣看不見的「制服」，視他們隸屬的次級系統而定。有些人還被綁在操縱人偶的隱形線上：他們不是以個人的主權身分發言，而是根據指示，捍衛另外一個人或是一個機構的立場。聚會實際的角力場不是在情境本身。考慮到這種情形，所以我們把情境模型框起來，留下空間給「環繞在周圍的系統」（圖九十）。

銷售女教練和貶抑的男人

這裡舉一個例子來彰顯社會情境受制於系統的意義：一位女士主持一場針對書店銷售顧問所舉辦的進修活動。主題：過去的一段時間裡，有些地區的銷售狀況呈現下滑趨勢，我們可以如何提高營業額？她提供完全是男性的學員一些新點子。例如應該對在書店收銀台結帳的顧客提出選擇性的問題：「你想要我們這個月特價品的精裝版還是平裝版？」就算顧客沒有表達想要購買特價品。女教練說明：有些成員的神情一直很憤怒和不屑，對她的反應也是飛揚跋扈和貶抑：這些都是新瓶裝舊酒，對我們毫無幫助；還加上抗拒的手勢，並且彼此竊竊私語。她很清楚這一群人，總是對所有事情不屑，而且顯然不能接受女人的指導。現在該怎麼做？女性該如何跟這些人打交道？

一個好的溝通顧問會做兩項調查：第一，這個情境的**外在關係**有什麼特性？第二，尋求建議的女士的**內在關係**如何：誰在她心裡搶著要發言，並占據內心的舞台？我之後還會再論述雙重關係的諮商，這裡先把關注焦點放在外在關係上：情境以及它與較大系統的關聯性。針對這個情況的訪問調查得出下一張圖表（圖九十一）：這位銷售女教練是一家出版社的職員，屬於進修部門，並定期參加一個小組會議，行銷專家在會議裡面研發並確定新的行銷策略。那裡研發定案的東西藉由她的進修課程帶給這些男士，也就是說：公告給這些銷售顧問，並和他們一起練習相關措施。

這些銷售顧問以前是出版社的職員，現在成為領酬金的自由業者，並分別隸屬於一家或好幾家書店。他們任務的困難點在於，當書店老闆的銷售策略諮商者，並替出版社建議的方法做廣告。之所以會困難，是因為老闆常常會抗拒這些手法。他們出於職業倫理，拒絕把書當成「洗衣粉一樣」的商品做廣告。

從眼前的種種事實中可以看出來，銷售顧問在整個系統裡「裡外不是人」，要承受出版

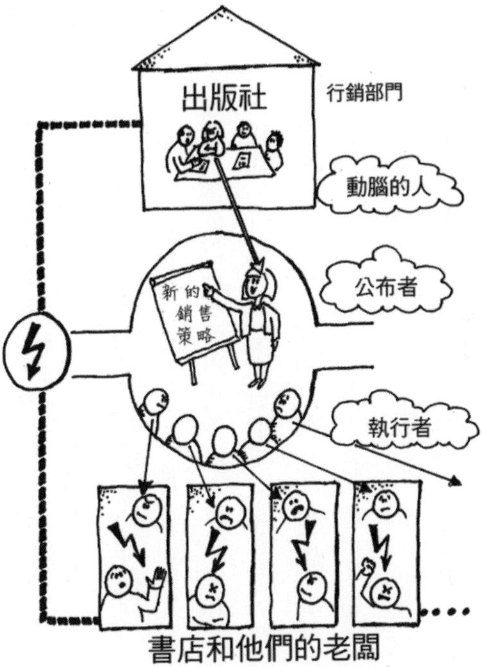

圖 91：進修活動的系統相互關係

社和書店間潛在衝突的後果，總體來說，他們扮演了一個可悲的角色，而進修的內容像是替衝突火上澆油；系統將角色做了分配：上面是「動腦的人」，中間是「公布者」，他們自己是「執行者」，這讓他們身分降級，因為他們的職業經驗在研發策略時未受到重視。所以我們可以假設，他們（必須）帶著或多或少的怨恨來忍受這個進修。從情境與系統的背景下來看，每個不高興和不屑的表示都可以預料和理解：帶著邪惡的表情玩著邪惡的遊戲。如果銷售教練想要做出適合情境的反應，她必須把所有這些情況考慮進去，不要冀望用耐心和好言好語就能將進修活動導入有意義的軌道上，對學員的「粗野」加以譴責同樣也沒有多大的效果。我之後示範「雙向調查」的時候，還會再引用這個例子。這裡只要認識到，情境的實情只有從整個系統的相互關係中才能發掘出來。當我們還看不透系統間的相互關係時，我們無法開始做溝通諮商的工作（或者自我諮商）。說仔細一點：調查相互關係已經是諮商工作中很重要的一部分。

6.4 針對某些特定情境的錯誤陣容

溝通能與情境符合的先決條件是，我必須能成功地組成一個符合情境內容的陣容，並使他們合作無間。以我們前個例子中的女性銷售教練假設，她的內心舞台上只有「敏感的含羞草」、「批評男性的女性主義者」和「能貫徹意志的前線女戰士」供她使用，這三個人有可能讓事情雪上加霜。

要如何查明哪個陣容才是正確的？可以從情境的邏輯推演出來嗎？只有一個正確的陣容嗎？如果有，又如何在內心裡實現？

看起來，用確定錯誤的類型來進一步界定符合情境的溝通會比較容易。我們可以想見有兩種可能的基本組合，它們也存在於實際經驗中：

- （我心中）缺少適合這個情境（和我在情境中角色）的人（內心的空缺）。
- （我心中）出現不適合這個情境（和我在情境中角色）的人（內心的錯誤陣容）。

通常兩者會一起出現，但是我們現在分別來觀察這兩個可能性。

內心的空缺

有時候我聽到人說：「我的情境中正是缺少這個！」他事後反省一個情境，而且不滿意自己的行為。有時候是針對一個人喜歡講的特定句子，或是一個人喜歡問的問題。那很值得看看：內心哪個成員有能力發表這樣的言論？通常在整體陣容裡有一個適合的人，但是在這個情境裡沒有派上用場。

例子：一個人舉行一場演說。符合他本性以及適合這個情境的團隊成員慢慢占據了內心的舞台：一個「實事求是的報告人」站在「娛樂藝術家」旁邊，他不時插入幽默的段子；還有第三個人加入，一個「像父親一樣的朋友」，他替聽眾把資訊和好的建議連結起來。到目前為止都很好，三人組攜手合作。但是現在有一個聽眾很激烈地打斷演講，他在大廳裡大叫：「這完全不新了，你遲了二十年！新瓶裝舊酒！」

演講人嚇呆了，受到傷害，內心滿是自我懷疑，同時也很生氣。他陷入了僵局，在困境中，他讓「專業報告者」發言，很費力地整理出哪些內容是新的。這個內心團隊成員必須做一些不屬於他專長的工作：克服充滿衝突的情境。這裡缺少了什麼？這裡缺少了**誰**？上面提到的三人組需要一個待命的「保鑣」，在發生意想不到的「襲擊」時，可以馬上到場保護三個人。這個保鑣的裝備是什麼？需要具備什麼基本能力？可以如何反應？這些問題都很重要，但最主要的是有一個保鑣在！

如果我身邊有一個保鑣可以鎮定地面對襲擊，我也許還會有點暗自高興。我的個人侍衛隊包括

- ■馬上能分開客觀事實和關係層面的人，首先在關係層面，然後對事情本身反應。例如：「我想針對事情做回答，也想針對你發言的口氣。首先對你的口氣：我認為它很狂妄，甚至厚顏無恥，它搞砸了在對話中產生新見解的氣氛。針對這件事，我想利用這個機會表達，對我來說新的東西在哪裡，而且……」；
- ■「聚精會神聆聽」的人，要求打岔的人公開表態。例如（有人以貶抑的口氣反駁）：「我的感覺是，你不僅在客觀事實層面意見不同，你還很憤怒！對嗎？你可以說一下，什麼讓你這麼生氣，造成了這等殺傷力？」（而我現在緊咬不放）；
- ■把攻擊解釋為提供合作機會的人，讓打岔的人盡他的義務，例如：「好，那我們把它整理出來：可以請你用自己的話精準表達出早已熟知的東西嗎？我再看看是否有地方需要補充，同意嗎？」；
- ■能很快整理出我承認或必須承認打岔的人說得對的地方，把這個部分反應回去，並把回答和所有在我心中其他想說的話結合在一起。例如：「完全正確，在你尖銳的措辭後面隱藏著正確的認知，這些內容是把我們每個人都知道，或是有著模糊記憶的東西先做個溫習。我可以指望你在我們品嘗新酒之前，先忍受大約十五分鐘時間溫習舊瓶中的內容？」

圖92：建立一個亟需的團隊成員：一個保鑣，把「惡意攻擊」強力擋回去

挺身維護自己立場的人也要站得住腳，要不然他會倒下去，因此我常常建議：「沒有保鑣時不要進入這個和那個情境！」有時候在溝通諮商中，某個特定的團隊成員完全不存在，必須要先被任用或是建立起來——發展內心團隊的措施。所以我有很長的一段時間亟需一個成員，他有能力立即用果決的聲音擋回或大或小的卑鄙無恥行為（圖九十二）。

我每次都以一種偽裝的自信做出「溫和」的反應，把貶抑當成「不過是他的意見」接受或是容忍。不過這種方式並沒有認真地看待對方和我自己。自從這個新的團隊成員編列進球隊之後，我必須注意，他不會反應過度。雖然只有在領導人（經過幾秒鐘檢驗其合適性和比例原則）給了綠燈通行後，他才會被換上場。但是一旦放手讓他上場，他有可能會發展出過度的衝擊力（參考第243頁及其後）。我還有一種經驗：自從有了這個儲備成員後，我幾乎用不上他！我「散發的光芒」是否改變了？就像好的警察只需要現身，根本不需要動手。

我常常也說：「沒有你的『賞識者』，就不要進入這個和那個情境！他通常是內心團隊裡發展遲緩的繼子，必須先充實自己的實質內涵，才見得了人。」在許多集會、工作討論、會議場合中，溝通情形大大受到現實狀況與理想狀況間的差距所左右：什麼情況很糟糕，或是哪些事情必須緊急完成。因此有一種氣氛會產生過多，我稱之為「缺陷的氣氛」。新學年的第一次家長會：會中充滿了抱怨、困境、願望、提議，卻沒有人說，上個學年非常成功，而且大部分的表現令人可喜，而且在老師、家長、家長代表和學生們一團和氣下結束。沒有人想辦法讓這樣的句子在會場上停留三秒鐘，並發揮它的作用。這樣普遍的缺憾有個很好的解釋。內心舞台上，有難處的人總是有優先權。另外在關係層面上稱讚並不是完全沒有問題，因為它表現出一種類似恩人的關係，並有巴結人的嫌疑。然而，應該還是有可能發展出結合稱讚與真話的文化。

如果你只看缺點
那所有的東西都是狗屎！

對了，我明天晚點來，
因為我家爐子壞了，修理工人
來的時候，我必須在場。你想
要茶水間的鑰匙嗎？這樣
你可以自己泡茶。
我沒有茶
也沒關係。

圖 93：晚上在祕書處的接觸

還有其他迫切需要的團隊成員常常缺席嗎？愛可・貝克（Elke Becker）的碩士論文詢問了女性及男性的領導階層，有哪些自己認為沒有好好反應的情境：「如果我換個表達方式就好了！」每個事件的情境與系統相互關係、內心情況，以及事件當時的內心陣容，都會被調查和重新推演。結論：通常是「人性的」情緒激動在內心取得了優勢，然後也被表達出來，相反的，內心的「專業人士」沒有出現或是遲到。

例子：老闆與祕書。老闆晚上想離開辦公室，已經穿戴好了帽子和大衣。他走進祕書的辦公室和她道別，他的員工A小姐剛好在場。他知道A小姐有時候伶牙俐齒，所以她和祕書之間常常會有點緊張。他跟祕書的關係很好，但是他也知道，對她要非常有原則，否則她容易怠惰疏忽。祕書說：「對了，我明天晚點來，因為我家的爐子壞了，修理工人來時，我必須在場。你想要茶水間的鑰匙嗎？這樣你可以自己泡茶。」

老闆措手不及。在十分之一秒的時間之內，他的內心團體動力的活動如下（圖九十四）：一大把「無名火」燒起來（她怎麼這樣放肆，她瘋了！），就在火燒起來的時候，馬上被兩個「訓練有素的監督者」扣上蓋子：一個「理性的人」（千萬不要做情緒性的反應！）和一個「親愛的小耶穌」[10]（友善一點，不要讓她在A小姐前面丟臉！）。

一個「小男孩」很驚訝，茫然不知所措，悶悶不樂，因為他沒有茶。最後因為內心其他人的僵局，是他走出去跟人接觸，他嘟囔地說：「我沒有茶也沒關係！」

雖然還有一個「系統協調者」舉手發言，他想分析情況，但是這個動作慢且仔細的專業人士跟快速激烈的人想比，根本沒有機會。他也許會將事件以下列方式做分析：

1. 這是請假申請：身為主管的我，必須在考量工作重要性後做決定。
2. 這種請假方式令人詫異：是告知，不是請求，而且還在匆匆忙忙之間。身為主管我應該批評這種請假形式。
3. 匆匆忙忙之間還有一個女同事在場，我不應該針對第一及第二點發表立場，因此：

「好，如果這是請假的申請，那我們要談一談，可以請你馬上過來我的辦公室一下嗎？」

在他的辦公室裡：「我諒解壞掉的爐子有迫切的優先性，但是我不贊同你請假的方式，因為

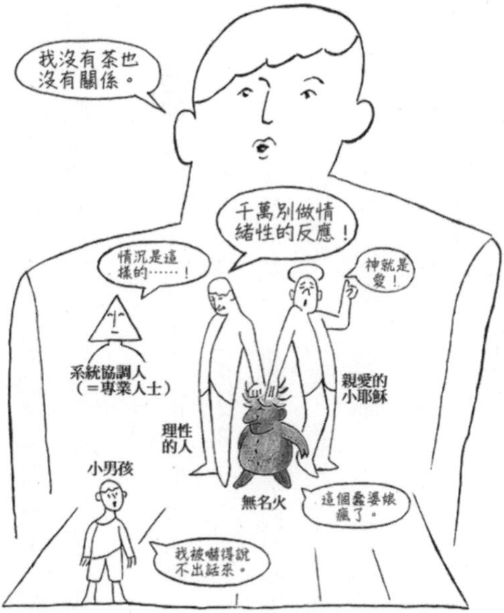

圖 94：一個主管的內心陣容。內心團隊裡的「專業人士」來得太晚

1. 太臨時，
2. 匆忙之間順便提到，而且
3. 以告知的形式，讓我面對既定的事實。你這是什麼意思？」

專業人士是內心團隊中發育比較晚的人，必須先慢慢融入基本團隊中，慢慢地「在裡面成熟」。所以「展現人性弱點」在職場上非常嚴重，在某個程度上還可以忍受，對，甚至受歡迎，因為沒有人性的專業性會淪為冷漠的工具主義。但是人性弱點太多，又容易引發出雜亂無章的感情和關係悲喜劇，使角色和任務應該相互協調的合作難以執行。

10 受試者自己挑選的名字。

錯誤的內心陣容

因此值得去研究嚴重的溝通事件，基本團隊裡哪個成員在不符合情境要求的不當時刻「插話」，在內心裡用無法阻擋的威力強行發言，甚或主導外勤的工作。

如果診斷出錯誤的內心陣容，那我們可以重新組織一個滿足情境要求的陣容，通常會與內心的團隊發展相結合。這裡要舉兩個職場上的例子。

酒吧老闆。第一個例子來自一個男士的諮商實務，諮商對象不斷重複使用暴力，特別在他擁有一家酒吧以後（見Dangers）。

他在什麼樣的情況下會出手打人呢？這裡有個情況：一位客人收到一張十六馬克的帳單。「我為什麼要付十六馬克，我只喝了兩杯啤酒？」老闆：「不對，如果你的紙條上寫著十六馬克，那你一定喝了四杯啤酒！」「不對，我只喝了兩杯！」

老闆事後在諮商裡說，這個時候湧出「一股腎上腺素」，心中出現一個「打手」。我們還會看到是誰躲在後面。

首先是一個息事寧人的店家擋在充滿腎上腺素的人前面，並接手權杖：「好，我不想找麻煩，在我的店裡，衝突不是要以打架結束。如果你說你只喝了兩杯啤酒，那你只要付兩杯啤酒的錢。」實際上沒有澄清的機會，因為服務生已經下班，只留下了帳單。

從客觀事實層面來看，爭端已經解決。但是從關係層面來說並沒有，客人覺得他的名譽受損：「但是你硬說我喝了四杯，如果我現在只付兩杯啤酒的錢，也許以後我在這個地區走動，而你到處說，他多喝了兩杯啤酒卻沒付錢。我可不要這樣，我不是騙子！」

「好，你到底想怎樣？」

「我要付我今天晚上喝啤酒的錢！」

「對，我不是跟你說，你只要付兩杯的錢！」結果現在你一言我一句，客人要求在關係層面恢復名譽，老闆在客觀事實層面上回應，兩個男人爭吵不休，而「後來不知怎地，也是一個面子問題，不是嗎？他一直坐在我對面，而且……嗯……一直跟我說，我應該打他一巴掌……我就想：既然他已經邀請我三次，那我必須對這個邀請做出反應，要不然……嗯……我就有失面子。」他遵從這個「邀請」，動手打下去。

用內心團隊模型來分析：只要「一絲不苟的生意人」（他想要收十六馬克）和「以顧客至上的老闆」（因為無法查證而願意放棄，有疑慮時站在顧客這一邊）占據內心舞台時，一切都沒問題，並符合情況要求。然而，內心首先有帶著腎上腺素的「男性競爭者」報到。對以顧客至上的老闆而言是聰明且大方自信的行動，對男性競爭者而言卻是「屈服認輸」，有傷名譽的舉動。所以當「生意人」伸出謙虛的手時，他的另外一隻手已經握拳插在褲口袋裡面。當客人還在繼續「找碴」，並且也想在關係層面「取得勝利」的時候，忍耐的限度已經超過了極限：老霹靂手[11]，名譽受到傷害的復仇者衝到前面，接手外勤任務（圖九十五）。

11 德國作家卡爾．麥爾小說中的人物，曾以快手擊中敵人太陽穴，使之倒地不起，因而得名。

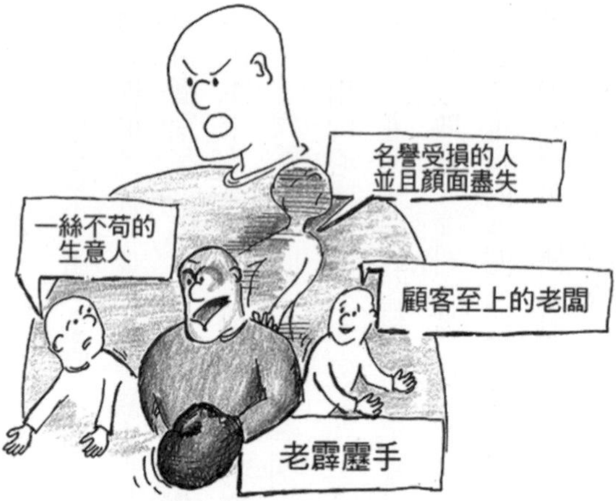

圖 95：酒吧老闆的「男性」動力

從這個事件衍生出來的內心團隊發展，以及建立一個適合情境陣容的努力，必須有三個重點：

1. **強化以顧客至上的酒吧老闆，並給他一個鮮明的輪廓**：在這裡只看到他一點眉目，還需要加強訓練：進入情境時，他對自己的角色有什麼樣的了解？他怎麼詮釋顧客的牢騷？他該怎麼反應和說什麼？
2. **擴充老霹靂手的拿手好戲**。特別在粗野的酒吧情境中，這個成員很合適，在專業上也有其必要。以顧客至上的老闆無法靠一己之力贏得尊敬，對付地痞流氓。然而，老霹靂手的拿手好戲必須擴充，讓他不要（一直立刻）拳打腳踢。好，如果他覺得自己夠強，那麼明確的話語會散發出讓人信服的氛圍。
3. **治療名譽受損的人**，他總是快速和激烈地「跳起來」，遭受失面子的打擊。是什麼舊傷口讓他這麼敏感？這些傷口可以怎樣處理和治療？

附帶一提，這個例子也能讓我們一窺暴力傾向男人的內心動力（見Dangers）。在暴力後面幾乎都躲藏著一個受到委屈的含羞草。遇到特定誘因，含羞草就有掉入沒有價值和昏眩深淵的危險，此外還結合了具有殺傷力的怒氣和自我援救，經由動手打人，一方面疏導怒氣，避免昏眩，另一方面也扳回名譽的損失。誘因常常是女人（伴侶），如果她們在行動或感情上違背大男人，也就是男人心中那個保護脆弱小男孩的人，他就會採取類似自衛的行動。如果女人原諒他並留在他身邊，他除了得到內心的成功，還得到外在的成功，所以這種克服困難的模式會成為慢性的行為。

我們必須從酒吧老闆的例子推出這個結論：在專業環境中，一直以來而且最重要的關鍵在於「掌握」他的感情，才不至於在不適當的時機「出手打人」？當配合情境的角色經理人執行外勤時，感覺的載體必須躲在布簾後面嗎？不是，這個（普遍流行的）經驗法則帶給我們錯誤的指示，因為這樣不能讓人性和專業結合。感覺通常對專業的事件有重要提示，首先必須注意到這種提示，就算他們沒有直接被表達出來，或者被發揮出來。就像前面例子裡主管的「無名火」是一個重要的提示，表示這裡有些東西不恰當。現在領導人有兩項任務：第一，檢查這個感覺是否反映出現實狀況的重要面向（它屬於溝通中有待確定的形式），或者它是從自己心靈深處升起的感覺，跟現實事件沒有理性的關聯，或者它的強度跟事件不協調。那它應該被克制，最多當成自我宣告表達，領導人同時要與它保持距離；如果它不斷干擾內心，那它就要受到監督。主管的感覺屬於第一類，酒吧老闆的衝動屬於第二類。

只要感覺跟現實有關，領導人的第二個任務是賦予它一個合適的形式：如果主管馬上把無名火爆發出來（哎，妳發瘋啦，馬虎小姐！），這是在錯誤的環境裡，錯誤的時間點上，一個錯誤的形式。但這並不表示，專業人士必須把感覺隱藏起來，正好相反。當面訓斥時（我不贊同你……的方式）包含了感覺，形式也適合情境。

這裡再舉一個例子，有一個人想隱藏他的感覺，結果卻因此造成專業上的錯誤（見Becker）：

銷售經理。愛心先生（五十五歲）是一家糖果公司的銷售經理，手下有多位區域主管，例如馬虎先生（三十五歲）。區域主管的任務在於跟糖果店老闆保持聯絡，將架上糖果做有效的陳列，布置廣告等等。銷售經理愛心先生覺得馬虎先生沒有很認真地執行聯絡工作。在一次督察巡視中，他全程陪著工作。馬虎先生犯了很多錯誤，愛心先生起初沒有說什麼。參觀完第三家店以後，愛心先生覺得情況沒有改進，於是在車裡跟員工展開對話，鼓勵他自我檢討：

愛心：你認為你執行了所有的工作要點了嗎？

馬虎：是。

愛心：你覺得你有正確並且充分地運用宣傳材料？

馬虎：也許可以做得更好。

愛心：（想不出來還可以說什麼，對話嘎然而止）。

上司愛心先生避免表態，也不和員工直接面對問題。為什麼會出現這麼奇特的行為？調查心中的構局後，產生了一張圖（圖九十六）。兩個充滿對抗情緒的聲音舉手發言：

惱怒先生：我很生氣，因為我已經仔細跟他解釋過所有事情，我雇用他，訓練他。但是過去這一段時間裡，他退步很多。他強調這星期已經去過這家店兩次了，看起來不可能。我為他投資了這麼多的心血。

失望的人：我們在民主的層面一起協議所有的事，但是現在他不遵守約定！

此外還有另外兩個友善的人物，他們認為這種負面情緒具有破壞性：

有同理心的人絕對不想數落員工的錯誤，讓他「一敗塗地」。如果一大早「就受了一肚子氣」，誰還能心情愉快地工作？不，我們必須小心謹慎地對待！旁邊站著想法類似的照顧人的人：「我用友善的態度鼓勵員工，讓工作環境氣氛良好，我看重所有小夥伴，他們都是尚待琢磨的鑽石！」

他的領導人認同這兩個基本球員，所以他們成為外勤的球賽主導者。但是心中兩個「負面人物」拚命往前擠，所以需要有人把他們關在門後面。愛心先生稱他為「我能控制自己」：「我克制自己，在職場生涯裡我能控制情緒，這當然也跟我的年紀有關。我無法忍受自己不能控制情緒，我說的情緒是指發怒和生氣。」愛心先生表示，監管情緒的人是從他自

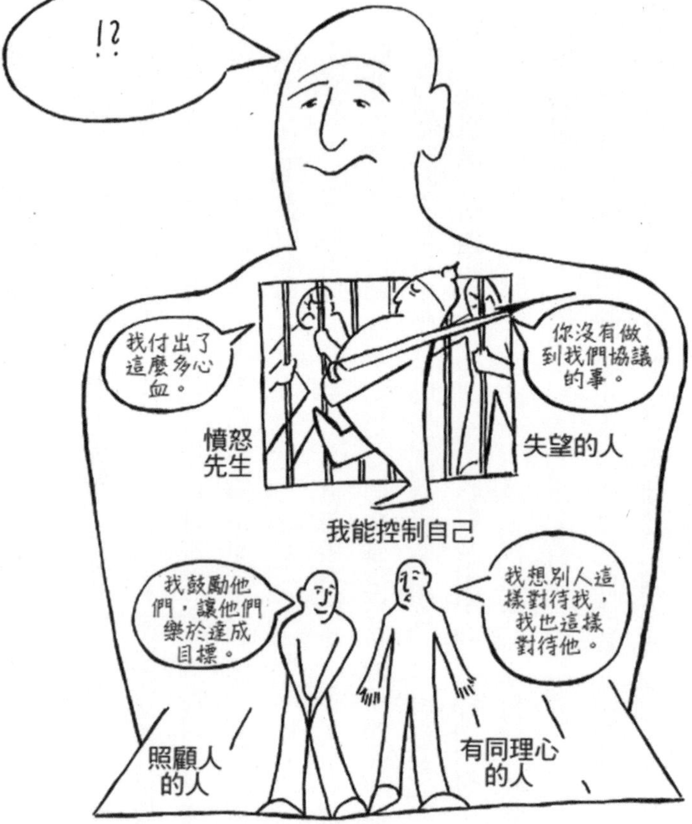

圖 96：上司愛心先生面對員工馬虎先生時的內心團隊

己的學徒經驗中發展出來的：當時他在老闆手下吃了很多苦，他發誓要成為一個不同且更好的老闆。

很顯然，這個內心陣容既不與情境也不與角色相稱。一個（太）好的心腸也會造成無法溝通。憤怒先生和失望的人應該要透透氣，接觸線上有其他同事會小心，不讓這兩個囚犯太放肆（建議讓「監獄管理人」變成「緩刑輔導員」）。這裡必須要讓團隊發展，因為驅逐到達第二階段，內心必定要痛下苦功才能達成（參考第233頁）。

6.5 和諧一致的理想狀態：一個四格公式

和諧一致的理想狀態要求跟自己以及跟情境內容（在它的系統環境裡）都達到符合狀態。前面幾章（特別是第二章）的重點是關於個人的面向（什麼符合我的本性？在內心的多重性和分歧下如何跟自己契合一致？）。這一章我們逐漸了解了情境的面向（什麼是符合情境和系統？）

現在要將兩個觀點的關聯性放在一起觀察，我想推薦一個四格公式，擬定了四個（典型的）可能性：

1. 跟自己以及情境內容相符合（＝和諧一致）；
2. 跟自己契合（符合本性不做作），但是不符合情境要求；
3. 既不符合自己，也不符合情境內容；

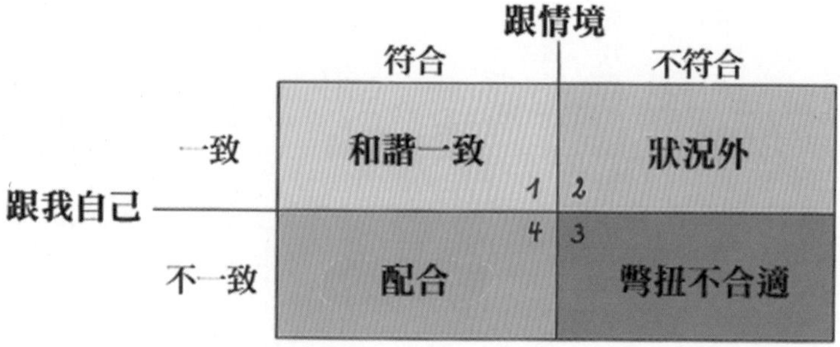

圖 97：和諧一致概念的四格公式，帶有個人和情境的要件

4. 跟自己不協調一致，但是適合情境。

第一格已經有名字，為其他三格取名字的時候，我在口語裡尋求靈感。我們首先進入**和諧一致溝通失敗時的三種變化**，這樣一來，在我們回到第一格之前，能透過界線仔細地界定和諧一致的概念。

狀況外

第二格的行為特徵是溝通者與自己契合一致，卻與情境內容不相稱：真實不做作，但在狀況外。有這樣的情形嗎？哦，有的！我年輕的時候就是這樣，在一場訂婚喜宴上完全真實不做作。當我被要求再敬酒一巡時，我有點魯莽也有點疲累，對著宴會大廳大叫：「我不是早已經敬過所有的親朋好友了嗎！」接下來的寂靜，以及女主人受驚尷尬的表情，至今都還記憶鮮明。這個不懂事的舉動不適合這場正式慶典。或是另一個例子：一個心理系學生以實習生的身分，參加匿名酗酒者的團體治療，在第一輪談話中很天真、無憂無慮地（或者他見鬼了）承認，他可能是今天早上這個小組裡唯一宿醉頭疼的人……

陪審法庭必須審理對前東德國家主席何內克（Erich Honecker）提出的控告，並做出判決。當主席法官在審理休息期間向被告索取親筆簽名，以滿足一個陪審員的願望的時候，行為完全符合真實本性，卻完全在「狀況外」，因為這個行為跟法官與被告的角色關係上有明顯的矛盾。

同樣的，在一場演說或是專題報告上，每位出席者都有一根精密的天線，能感受到演講者的口氣是否符合情境的動機與特性。演講者的內心陣容特別具有決定性。我記得一九七九年因為要頒贈榮譽博士學位給蘿絲・孔恩，我必須在漢堡大學的大禮堂致頌詞。準備演講稿的時候，我想：我從她那裡學到很多，如果頌詞中不光從「教授的」角度，也就是從講台上以專家和博士指導教授的身分出發，而是以她的學生和學徒的身分，用「我信息」來表示我從她身上得到的益處，應該也很恰當。如此一來，這個演說不僅適合情境，也與個人的情感和諧一致。到目前為止一切很好。圖九十八a表示出相關的內心團隊陣容。

擬稿的時候，出於忠於本性，感恩的學徒因為獲益匪淺，無可避免地在內心舞台上變得越來越大，一躍成真實的「巨大自我」，要致詞的教授卻在一旁萎縮（圖九十八b）。「這是在頌揚你自己啊！」朋友在審閱草稿後警告，還好我能及時調整我的內心陣容，以及整篇文章。

德國議會裡的失敗演講。當時的德國議會議長菲利浦・葉寧格（Philipp Jenninger）在一

圖 98a：心中的打算

圖 98b：實際的執行情況（＝不協調）

個意義更重大的場合上就沒有這麼好運。一九八八年他在議會演說，悼念一九三八年十一月德國屠殺猶太人的五十周年；應邀而來的客人還有德國總統、以色列大使、德國猶太人總會的主席和許多猶太公民。

這場演講引起騷動，中途有聽眾離席。坊間評論也是一面倒的震驚，認為演講者「缺乏敏感度」。葉寧格之後必須因為這場紀念演講下台。到底發生了什麼事？這場演講被認為是在「狀況外」，不是因為他說錯了話或是露了把柄，讓人懷疑他思想態度上的真誠。整場演講總體來說有一個重點，就是直言不諱地指出這也許是人類歷史上最大的罪行，並用歷史的背景烘托。

演講者的內心陣容首先出現了一個「有責任感的戰後民主人士」（他回憶並想

做解釋），一個「歷史學家」（他報導發生在一九三八年的事件和它們的關聯性），還有一個「控訴者」，控訴國家社會主義暴權以及當時的人民（程度較輕）。到目前為止，沒有造成騷動的嫌疑，除非演講者在引起無比痛苦、深刻悲哀和罪惡感情境中，毫無感情滔滔不絕地演說，才會讓人覺得不舒服和不恰當。

然而演講者在幾個段落裡提到希特勒在一九三三年到一九三六年的成就，「就算經過了這麼久，回顧也令人著迷神往」。什麼？演講者的內心陣容裡出現了「希特勒的崇拜者」？從歷史的角度來看可能沒錯，希特勒的確在這幾年內讓一個低迷的國家重新振作起來，但是今天這個場合是要為了這些成就向他高呼萬歲嗎？聽眾們的感覺應該是這樣。

對於葉寧格的演講主軸，下面的提示有一個重要意義：如果連今天的人都對這「一連串成功」投以驚訝的眼光，那當時的德國人又會是多麼為之著迷？然後他試著設身處地感受當時的政治精神氛圍，投入苦難眾生被解放的感覺：「大部分的德國人……一九三八年的時候應是堅信，在希特勒身上看到有史以來最偉大的國家領導人。」

「我們歷史上最偉大的國家領導人？他真的對希特勒高呼萬歲！」有些聽眾可能很震驚：「他只差沒有說：『很可惜，死了幾個無辜的猶太人』！」

演講者使用了一個竅門，在別的環境下合乎歷史，也有教學法上的價值：他（暫時）鑽進當時人的身體裡，用他的眼睛看世界，為他說出當時的想法和感受：

至於猶太人：他們過去不也自以為是地扮演了不合適的角色？他們不是也應該接受種

種限制？他們不是也罪有應得，應該得到告誡？撇開胡亂、不用認真看待的誇張宣傳，政治宣傳不也在基本觀點上跟自己的猜測和信念吻合？

只有從心裡面說出這些話，才能做到這樣的「重複認同」，要不然他們是訓練有素的心理治療師或溝通心理學家。對那些帶著沉痛去參加紀念儀式的人而言，演講上運用的戲劇性技巧不夠清楚。說話的不是別人，而是葉寧格，他說出的句子在迴盪。此外，他也沒有讓人清楚看到他鑽出第二個身分，並且與它保持距離，例如可以用一句提示：「當時的德國人可能有這些想法、感受和談話，他們受到蒙蔽，傾向於粉飾太平，而且他們和我們一樣，有太多的人性弱點。當情況變成特別殘酷和危險，他們把頭轉開不看。」

一旦觸動了神經，每一個容易被誤解的說法都可能導致醜聞。如果這是一堂政治教育討論課，這會是一場好演講。就算在這裡的既定框架下，這個「失誤」造成聯邦議會議長下台並不十分合理。關鍵在於政治較勁中的考量和力量對比。

符合情境的溝通：衡量標準客觀還是主觀？到這裡我已經替右上方的格子（狀況外）舉了幾個例子和想法，一起跟著思考的讀者可能已經提了這個問題：能夠客觀地判定符合情境還是狀況外嗎？或者每個人都能自由地「感覺」什麼是符合情境，什麼不是？兩者都不對。有時候「情境中有待確定的要件」，它的四種成分（圖八十八）清楚地擺在眼前，以至於它看起來幾乎是客觀的，而且可以精準地判定出每個失誤。但是，大多數人的腦袋裡面都有**自己**對情境的定義，就可能發生某個人認為反應協調一致並符合情境，對另一個人卻是「完全在狀況外」。於是會有人暗暗吃驚，或者引發大聲爭吵，而理想狀況是我們透過輔助的手段達到共識，在顧慮到差異後，決定一起發現情境的核心內容所在。譬如在一場家庭聚會上，媳婦把她的婚姻問題搬上檯面，你一言我一句，她氣哭了。合適嗎？還是狀況外？有些人覺得在家庭聚會上談論這個主題不恰當，其他人卻認為這樣的聚會是個很好的機會，了解彼此的近況，表示關心，他們討厭這種活動上看似和諧的閒聊。另一個問題是，在家庭圈裡公開自己的婚姻問題，是不是破壞了婚姻關係的隱密性，這裡的自我公開也是「對外公開」，在這個觀點下，也可以判定為「狀況外」。

每個家庭，每個團隊隨著時間發展出一套規範性想法，什麼「屬於這裡，什麼不屬於這裡」，哪些「應該做，哪些不應該做」！比如在團隊A裡，老闆在眾目睽睽下批評某個人，可能會被認為非常不禮貌和「狀況外」。在團隊B卻有可能是稀鬆平常，老闆在一起聚會時，也必須時不時「忍受」一些批評。新進人員到一個團隊，一開始也會踩到一些地雷：因為有不成文規定，這裡什麼可以做，什麼不行。

這樣的**慣例**當然替符合情境的行為設立了重要的準繩。每個團體、時期、文化之間的準繩有不同的變化。跨文化合作以及多元文化的共同生活一直含有那些不快和「驚訝」，當大家對符合情境行為的不成文想法產生分歧時，它們就會浮現。唯一能幫得上忙的就是了解對方的規範，意識到自己價值標準的相對性，但是不讓它們因此變得太隨意。

但是「符合情境的行為」絕對不只是由慣例來規範，情境中多多少少還會顯現不受慣例影響的「情勢要求」。如果宴會上突然發現一個小孩不見了，呼叫也沒有反應，現在不是去追究是誰該看顧孩子的時候。現在需要快速商定：誰去池塘邊，誰去街上，往哪個方向等等。雖然不是每個孩子都會掉進噴泉裡，但是我們的聚會也該致力於讓世界更有秩序，以保障我們的共同福利。在這層意義下可以說，每一個情境都有它特別的規定，我們多多少少能清楚地感覺到，也或多或少能好好地服從（參考 Metzger）。

當然這樣的「規定」不是情境的本質，能獨立於情境參與者之外。每一個採取行動的人會受到價值觀和目標的左右，會將情境與他的觀點[12]相連接。

情境規定的產生跟這些觀點有關。如果我們把這個列入考量，必定會多次遇上對於「符合情境」或是「狀況外」的感受和判定分歧的問題。

我又想起那起令人印象深刻的著名事件，可以當作範例。事件發生在一九六七年，在我的大學的大禮堂內，給一年級新生的開學典禮。在古典音樂伴奏下，穿著黑色長袍的校長和德高望重的人士從樓梯走向講台，揭開儀式的序幕，然而這次出乎大家意料之外，兩個前學生會的主席走在儀式的前端，把布條打開，上面寫著「長袍下是千年的腐臭」。

符合情境還是狀況外？對大學裡的高官顯要而言，這個「踰矩行動」比狀況外還嚴重，前所未聞的大逆不道。一位教授脫口說出：「你們都應該送到集中營裡！」這句話從他口中「就這樣溜了出來」（參考 Kahl）。對學生而言，他們的挑釁行動完全「合適」，也就是說，跟他們的信念相符，他們認為由大學專任教授決定一切的大學有很多弊端，應該當場譴責這些教授用化妝舞會讚美自己，為了達到這個目的，有必要「改變」這種情境的「用途」（按照當時的說法）。

這裡有一個特例，某人的行為有意識而且故意在「狀況外」（從對方的觀點來看），因為他想（從自己的觀點來看）贏得情境中的其他規定。

所以我們得到這個結論：符合情境的行為無法清楚地界定，不能獨立於參與者的觀點之外。然而這個範疇仍然具有決定性。在需要的時候，透過溝通輔導取得共識，了解情境的構成要件是什麼，要求是什麼，才是溝通成功的先決條件。

彆扭不合適

我們現在進入右下方的第三格。有人的溝通方式既不符合自己本性，也不符合情境的嗎？

想像一下，有個油漆工在你家裡。他沒有安靜勤奮地粉刷牆壁，而是想和你打交道，找話題跟你聊天，講他的困境和喜悅。他偶爾順手在油漆桶裡攪拌，話題已經一個聊過一個。假設你覺得對話內容和話題有些煩和過分親暱，無論如何都不適合彼此之間的關係和角色，而且你的時間不多，感覺如坐針氈。可是你沒有果斷地拒絕，雖然心不在焉，你還是有禮貌地回應，做出專心聆聽的表情和各式各樣簡短的評論。耐心期待那句救人脫離困境的結語：

12 「觀點」這個詞在這裡很有利，因為它既強調從特定角度出發的看法，也讓人聽出達到目標的面向。

「好，我現在不再耽誤你的時間了！」可是這句話怎麼樣也不出現。反之，油漆工意外獲得你的關心，他受到鼓動，正開始興奮地打開話匣子，而你心中油然懷疑，自己早已錯過中斷「對話」的最好時機。當你還在思考一個優雅的「退路」，不想做得太生硬粗魯，你聽到他說：「能跟你談真是太好了，你要相信我，不是所有人都能談的。最近我和一個人……」然後你放棄了。

這位油漆工的行為也許有點「狀況外」，不過**你的**行為才真的「彆扭不合適」：你既不跟自己契合一致，也不符合委託人與工人角色關係的情境，你的球隊陣容安排錯誤（圖九十九）。

該往前站的被趕到後面去，留下一個空缺。在接觸線上的經理是個錯誤的安排，站在前面的到底是個什麼樣的人啊？

也許是個「愛討好人的人」，他以敏銳的感覺察覺出談話對象的期望，很害怕讓他失望：「我一定要讓他維持好心情，要不然會有個悶悶不樂帶著敵意的人在我的屋子裡！」也許他還是個「善心人士」，無法置一個可憐人和他的麻煩於不顧。他會覺得自己很無情，沒有人性，如果他說出：「我付錢讓你來油漆，不是讓你來說話的！」不管怎樣，不論是誰：彆扭不合適的溝通提供一個誘因，讓我們用放大鏡去檢視內心團隊，並重新安排。

另一個彆扭不合適的溝通例子是「主持意外事件」（參考第315頁）：專案小組組長勤勞先生報告專案工作目前為止的發展時，他既沒有表明心裡的混亂和不安，也無法勝任主持人的角色（對情境缺乏了解）。

圖99：與工人接觸時內心彆扭不合適的陣容

得自己泡茶的主管反應也很彆扭不合適。符合本性的反應應該是發脾氣，符合情境和系統的反應應該是兩個人私底下針對請假形式交換意見。然而，舞台後方出現僵局，只好讓受委屈的小男孩出面回答。每個反應都有一點真實本性在裡面。

但是祕書的問題已經彆扭不合適：她宣告有事不能來，而不是請求准假，然後提到主管的茶水供應問題，她對情境的事實也耍了些花招。也許她對整件事的感覺不是那麼自信和無所謂，就像外表給人的感覺一樣。因為我們不了解她的看法和內心陣容，所以只能猜測。無論如何，主管覺得她的行為是「狀況外」。

（過度）配合

在第四格中我們看到一種行為，它遵循角色的要求，也很符合情境的特色，但是跟內心的自我不契合。用別的話表示：他建立了一個滿足情境要求的前方球隊，並驅逐不適用的後方球隊，而產生出這種行為。這是文明人的典型模範，無論內心遭受多大的狂風巨浪，還是有能力控制自己，舉止合宜。他知道應該怎麼做，必要時可以偽裝。

這種十足典範可以在日本的「建前」（tatemae）裡看到（見 Meckel），表現在隨時隨地技術純熟無可指摘的溝通方式，完完全全去除任何「本音」（honne）（真實的內心情況）。我們這裡也有這種典範，特別是在專業的環境中：空中小姐要用親切微笑為我服務，不管她內心的情緒如何；假期康樂人員應該笑臉迎人，就算他認為顧客很恐怖（參考第219頁）；醫生應該耐心地對待我，不管他自己的肚子如何不舒服和疼痛；就算被人辱罵，警察也要保持冷靜。從內心團隊模型的真正意義來說，「顧客至上」的美德要求服務業者做出不小的改變。

這種配合情境卻犧牲自然本性的行為，有受人歡迎的一面，也有危險的一面；在「配合」這個字的矛盾意義中可以看到這個兩個面向。值得歡迎是，我可以把自我放在後面，如果我不該站在中心位子，如果業務成功在個人成就之上，如果我必須為系統服務，因為我是系統的一分子。一個人的專業在於，他知道要要求自己的行為，以滿足角色、情境和目標，不讓自己受到心理活動阻礙。大部分針對領導階層、員工、售貨員、顧問的在職進修都是以此為目標。

危險面向：如果在情境中表現完美的專業球隊和「表現人性弱點」的候補球隊中間永遠有裂縫，如果外勤人員和內勤人員長期爭吵不休，就會危急心靈健康（參考第250頁）。另外一個危險是：把符合情境的正確性也套用到其他需要我們整個人，而不是只有專業外表的環境和關係上，例如在團隊、家庭、伴侶關係、課堂裡。這裡可以舉年輕銀行職員的例子，他在團隊中特別聽話和配合，對同事和老闆隱藏心中的話——就人性面與專業面都有不良後果。

所以危險存在於，人會被降格成為被情境的規定和期望所操縱的工具性傀儡，不會提出自己的立場，也許根本沒有自己的立場。如果配合成了被過度重視的美德，其他重要的相對美德就得不到足夠的發展機會，例如自信和正義感，不給情面的誠實，以及自身感覺與願望所帶來的活力。

協調一致

簡短訪視過第二、三、四格之後，我們現在回到出發點第一格。因為無法，也不願追隨日本的理想建前，另一方面也無法追求表現最真實的自我，不管情境要求，所以唯一的選項就是盡可能讓情境的要求和最符合我們本性的行為協調一致。這樣的行為也需要一點勇氣、正義感、誠實。在機會主義的觀點下，堅持自己的立場行為也有一點冒險，因為身為人的我具體明顯，容易受到攻擊；同時以建設性的方式兼顧情境和情境所處的較大生活環境裡的所有要求，聽候差遣，努力滿足情境中的規定。

個人和情境無法分開來看：我處在的情境乃根據自己的感受和目標所定義，而這個情境也存在我心裡，以它的「規定」當作內心的聲音，發揮作用。

該如何想像一個具體、與其他三格有區別、協調一致的溝通呢？我們再拿出年輕銀行職員的例子，他的上司說：「你應該去理髮了！」狀況外、彆扭不合適、配合以及和諧一致的答案各會是什麼呢？

狀況外：「關你什麼事了？雖然你的髮型也很奇怪，但我不會抱怨！」

彆扭不合適：「對，也許該讓你來幫我剪頭髮？」（傻笑）

配合：「好，非常感謝，我本來明天就想去理髮院！」（內心怒吼！）

和諧一致：首先用理論做引言。其實每一個措辭的建議，基本上都違背了和諧一致的精神，因為這個理想與瞬間的氣氛和說話者的說話習慣有關。以致於溝通研習課上立意良好的高貴措辭都顯得有點做作，像是標準答案。基於這個理由，溝通和諧一致的「訓練」不專求理想措辭，而是內心陣容：把所有球員聚在一起，讓正確的球員主導球賽。這樣一來，在正確的時刻想到正確的字眼的機會才大。秉持這個基本保留態度，現在我示範提出下列的反應：

「首先我很吃驚！到目前為止，我一直把這個當成私事。但是現在我明白了：髮型也代表了工作形象，你身為我的上司也必須留意到。是這樣理解嗎？」

他不否認自己的訝異和憤怒，至少有點到。同時將上司的評語與專業拉上關係，評語也是因為工作而產生。到目前為止，員工的反應對情境有建設性，讓黃牌繼續插在口袋裡，但是表示，他有一張黃牌，如果未來有「越界」的情況，他可以把黃牌抽出來。

再舉一個例子，假設我在一場家長會上。老師才剛致完歡迎詞，快槍太太馬上舉手發言，她是一位母親，用憤怒的聲音抗議語文聽寫和評分：她的小女兒已完全絕望，沒有任何信心。吃驚的女教師很震驚，做出防禦反應：那些都是練習過的文章，練習過一百遍了，要不然其他的小孩也會……「如果我的小孩整天坐在家裡哭，我才不管其他的小孩怎麼樣！」

我想：天哪！這樣下去不會有好結果！我無法忍受下去！這位母親不應該一開始就直接提出負面意見，這位老師應該接下家長會的主席和主持工作，而不是直接坐上被告的位子！我應該舉手發言嗎？但是我不想說：「快槍太太，請不要這麼開門見山！」這將會是火上加油，氣氛已經很緊張了，不該繼續發表激怒的言論，這位母親除了心疼外，還要被別人責備。下面這句話也有類似的效果：「吃驚老師，在議程還沒有決定之前，請不要捲入討論！」我也不能衝動地走到黑板前，自己接下主持工作：我沒有受到委託扮演這個角色（不被大家接受也是應該的）。或者該如實表達我的情緒：「我發覺，我開始變得有些坐立不安，生氣和不耐煩……」

千萬不可！每個人都可以、也會從中聽到他自己想聽到的責備和呼籲，也許別人也會跟著表達他們的情緒。可是聚會還沒有成形，就憑感覺觀察溝通的狀況，這也不符合情境的邏輯。所以我必須隱忍嗎？

這樣是態度配合，但是不協調一致。為了成功地把自然本性與有建設性的情境外交手腕結合在一起，我嘗試這麼說：

「我可以提一個建議嗎？在我們逐項密集討論之前，給吃驚老師一個機會，先介紹一下今晚所有的主題並收集要討論的事項嗎？接下來可以決定討論的順序，什麼事項有優先權，保證一定（轉向快槍太太）會討論到像妳現在提出來這樣讓人擔心的問題，但也會討論到快樂的事，例如我們上個學年很成功，而且就我的感覺，在和諧一致的氣氛下結束了。」

評論：當我開始「徵詢許可」時，我強調，主導權在老師手上。[13]

我使用「給機會」這個詞，避免責備老師耽誤了什麼：她到現在為止還沒有得到機會，所以這個呼籲主要是針對家長，當然特別是針對快槍太太，因此我也馬上向她確認她所關心之事的重要性（這很重要）。最後，「讚美的人」出現在舞台上，為一開始的緊張添加一些相對的力量。可以期待所有的人會馬上贊成，包括快槍太太和吃驚老師，他們兩個從情境中走出來，沒有喪失顏面。我不用清楚「公開自我」的內心世界，就做到我想要做的事。公開自己的內心世界在這裡並不適合情境。

儘管如此，我們看得越來越清楚，**「和諧一致」比較少從結果來定義，多是從它尋找的方向來定義**：我可以如何溝通？根據情況的架構和情況對我在角色上的要求？根據我心中的情緒和感觸，以及我的立場？我們做的溝通諮商是由這雙重方向來決定。

6.6 雙重觀察方向的溝通諮商

如果有人帶著與溝通有關的問題前來，根據和諧一致的概念，身為顧問的我們有雙重的工作要做：調查外在（情境系統）的相互關係，以及內心（團隊）的相互關係。用斯迪爾林（Stierlin）的話來說，我們對「系統中的個人」和「在個人裡的系統」感興趣。我們走了一圈，回到第十四頁的圖一。

我們和尋求幫助的人一起把雙向調查的結果各畫在一張大紙上，然後把兩張圖合起來：內心陣容適合外在的環境嗎？陣容內是否有衝突？內在有反對者、混亂，沒被聽到的輕聲細語？什麼攪亂了內心的澄明，阻礙了行動能力？有什麼不適合這個情境的人來攪局（錯誤的陣容）？或者缺少某個人（空缺）？在這裡，諮商顧問從單純的調查者變成一起思考和感受的談話對象，提供自己的想法。也許他可以鑽進澄清助手的角色，引導內心的議會會議，澄清衝突，或者跟一個有問題（聲音太小，不被忍受的，模糊的）團隊成員進行訪談。

如果外在的相互關係很清楚地在眼前，內心的陣容也適合這個情境，溝通自然而然就會和諧一致。接著，這樣的溝通還可以用角色扮演的遊戲練習。常常會發現，這個面向或是另一個面向仍然需要發展：也許跟內心的陣容有關，或者／並且和情境／系統結構有關，如果它們被證實功效不彰，或是和尋求建議的人最關心的事不相容。回想一下書店顧問的銷售女

13 如果策畫家長會的責任落在家長（代表）身上，情況邏輯也可能會改變。

教練（圖九十一），她的內心舞台上站著「氣憤的人」和「受委屈的人」。但是簾幕後面有一個人低語：「這些學員也有點道理！他們一直以來只能執行五個聰明人想出來的辦法；其實他們更了解現場，哪些銷售策略可行、不可行！」

這個有同理心的「系統分析師」應該站在幕前，她不會（太）把貶抑的評論當作是針對個人，而是當成情境邏輯發展出來的情況。這最終意味著，她必須質疑**整個情境和她在裡面的角色**，如果可能的話，還必須做改變——這正是諮商的結果。為了做改變，除了研討會的學員以外，重要的談話對象就是自家公司裡的「五個聰明人」。

前夫的女友來電

雙重觀察方向的溝通諮商過程可以用下面的例子示範。這是諮商實務中的真實案例，因為教學的原因做了些更動。

一位女士，本身是諮商師，帶來下列的問題：

前幾天我接到前夫的女友來電。她在電話裡仔細地描述她跟他爭吵的細節，並告訴我，她打算跟他分手。我在電話裡的反應已經十分錯亂，為什麼她偏偏要打給我，我只匆匆地見過她一面，而且根本不認識她。但是她的談話內容涉及個人隱私。當時我雖然保持距離，但是有參與談話。幾天後，這個對話始終在我腦中縈繞，我越來越不清楚該怎麼看待這件事。

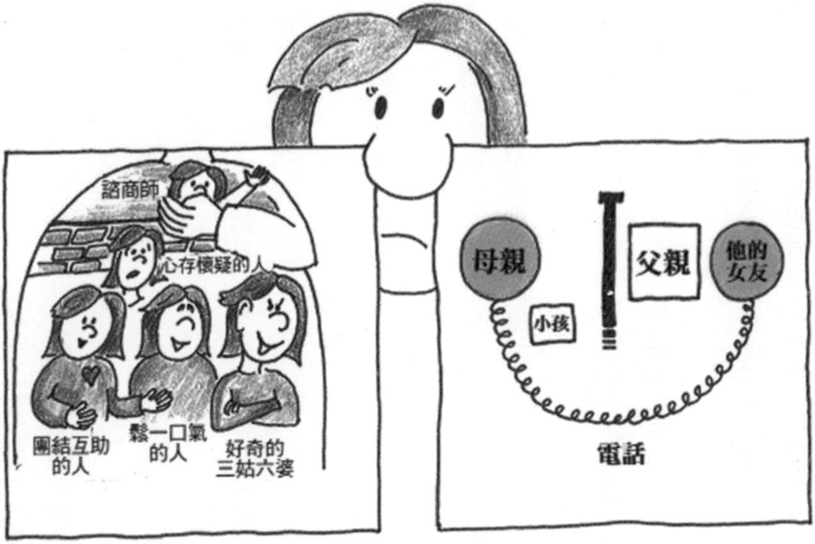

圖 100：雙重觀察方向的諮商：第一個版本＝實際狀況

如果她再打來，我該怎麼反應？

調查外在的關係。這裡首先產生了上面的圖（圖一百右邊）：她跟前夫離婚，他們有一個共同的小孩，四歲，跟她一起住，前夫並不關心小孩。小孩的父親跟他的新女友，也就是打電話來的人，一起住。

調查內心團隊的關係。調查她打電話時的內心情況後，產生另一幅圖（圖一百左邊）：三個參與者站在接觸線上：「好奇的三姑六婆」（真是緊張刺激，你快說吧！）、「鬆了一口氣的前妻」（這些困難我很清楚，很高興聽到這不只是我的問題！）、「團結互助的人」（我可以想像妳的心情，我很樂意站在女人的立場支持妳！）。「心存懷疑的人」小聲地（後來因此更大聲）發言：「為什麼她偏偏打電話給我？她根本不認識我！她想打探我嗎？然後把我說的話和反應馬上熱呼呼地轉述給我前夫聽，好在我們之間製造新的緊張？」

這個「心存懷疑的人」站在不引人注目的地方，在三個樂於與人接觸的人後面，她稍微克制自己，但還是讓人感覺到她的存在：雖然有談話的意願，卻參雜了一絲保留態度。

最後還有一個「諮商師」，受過良好的專業訓練，通常會馬上反應。但是領導人有意讓她退居幕後：「這裡沒妳的事，這不是諮商的情境，她既沒有明確向妳尋求建議，也沒有打算付妳錢！」

到目前為止是**調查階段**，並用兩幅畫來表述。

評論：可以理解這位女士的內心陣容，從心理學的角度來看也可信。在這個情境裡非常適合壓抑她的「顧問」（一般而言是內心團隊的基本球員）。問題核心在於三個「開放的人」和「懷疑的人」之間有很大的分歧。內心團隊裡的衝突讓她覺得這通電話不和諧一致，阻礙她用內心的明確性進行對談。

深入。接下來要藉著內心團隊會議（參考第98頁）深入自我澄清的階段，結果顯示，「心存懷疑的人」的強度增加，在受邀參加的單人訪問中，留下了下列紀錄：

心存懷疑的人：為什麼她（打電話的人）偏偏想跟我談她的煩惱？基本上對她來說，我是陌生人。雖然我跟前夫沒有什麼聯繫，（暫停）除了一段已逝的愛……他還是我孩子的爸，將來也不會變（雖然他現在想盡辦法忘記）。但是我絕對不會干涉他的伴侶關係，以免破壞我們一輩子應盡的父母角色關係！

我不知道他的女友會從我們的談話中抽出什麼「子彈」。之後他對我說：「都是妳的錯，讓我和女友關係破碎！」不，不！（跟領導人說：）你一定要置身事外，千萬不要讓前面那三個興奮的人把你引誘入陷阱！

雖然這三個人義正嚴詞地回答，捍衛他們關心的事（你完全不了解蜚短流長的樂趣！我們必須幫助這個女人！）；但是在領導人面前，「心存懷疑的人」明顯爭取到優勢：「她比其他三個人都有道理！」

評估。現在是走出體驗的層面，並保持距離的時候：我們從深入階段得到哪些認知和結論？

第一，「心存懷疑的人」走出混亂不舒服的迷霧，終於明白，她的猜疑植基於她非常積極關切之事：她希望在婚姻失敗後，還能與前夫做一對好父母。顯然我們必須給這個捍衛父母角色的律師一個新名字：家長媽媽。

第二，做過澄清以後，必須補充並修正那幅情境圖（圖一百右邊）：必須更清楚地表達婚姻關係中的分離狀態和父母角色中的連繫狀態，因為它是「情境實情」中很重要的部分。

第三，在領導人的指揮以及與諮商師的對話中，**要重新建立起內心團隊**。心存懷疑的

圖 101：雙重觀察方向的諮商：根據澄清過程和諮商結果所得到的第二個版本

「家長媽媽」被任命為球賽的主導人，並占領接觸線。「好奇的三姑六婆」現在遭受跟「諮商師」一樣的命運，被趕到分界線後面：雖然原則上不應該受到道德譴責，但是在這個情境中，她是一個錯誤的隊員。

「鬆一口氣的人」可以在後面歡呼，但是必須嚴格限制在執行內勤的範圍內。「團結合作的人」只能演小配角，在拒絕接觸時，發出友善和溫馨的語調。圖一〇一顯示新的情況。

熟練。現在只缺諮商的最後階段：根據最新陣容具體地練習溝通。她的陣容裡現在有持拒絕態度的「家長媽媽」當球賽主導人，以及「團結合作的人」可以配合音樂發出聲調，如果再有來電，她可以如何反應？她試著用自己的話說：

前妻：我考慮過，如果妳再打電話來，我可以如何反應。上一次通話時我覺得有趣，但也不是沒有同情妳，我可以想像妳的經歷。但是後來我心裡不舒服，我意識到，我跟哈拉德還是有關係，因為我們是拉夫的父母。我不想讓共同的父母角色有負擔，因為他感覺到我的干涉或是站在妳這一邊，所以我不想在他背後跟妳聯絡。妳能了解嗎？

諮商師（自動接下了打電話的角色）：但是這件事只有我們知道！

前妻（對諮商師說）：我該說什麼？我不知道可不可以信任她？

諮商師：試試看這句話：「就算如此！我就是不想背著他做這件事！」妳看這樣是否符合或者合不合適。

前妻：我就是不想在他背後做任何事。（對諮商師說）雖然誘惑很大！（笑）沒錯，這句話合適。

具體把話說出來不只是為了練習溝通，也是最後一次測試和諧一致：這樣說話的感覺怎麼樣？內心對此有什麼回音？是否深深感受到**內心的贊同**——那就表示我跟自己意見一致，可以光明正大站在自己這一邊。有份量重的聲音發出抗議或是不快的信號？那我們必須聽取這些聲音，通常只要在說話時做一點改變，他們就會滿意。

幾點結論

最後要掌握幾個重點，這對以和諧一致為理想的雙向觀察溝通諮商很重要：

■尋求建議者一開始的內心陣容是很重要的出發點，但（還）不是達到和諧一致溝通的關鍵。必須先解開裡面的錯誤和混亂：錯誤的人選、空缺、極端的立場、錯誤的球賽主導人以及尚未形成團隊。不管如何，在這個最初的陣容裡可以看到和感覺到，當事人發生什麼事，心裡關切什麼，什麼事不能被忽略。

■情境系統圖裡部分是客觀的，只要它具有無可辯駁的事實和關聯性；部分是主觀的，因為它反射出尋求協助者建構的世界。所有的人都戴著適合自己鼻子的眼鏡，透過這副眼鏡，有些東西看得清楚，有些東西模糊，有些東西甚至看不到。更有甚者：人們用自己眼睛看到的東西，有很大部分是自己的作品。因此「我的看法不同」是每個對話中常用到的重要句子，因為「真相從兩個人開始」（見Möller）。所以，雙重圖畫的右邊也只是一個出發點。必須在諮商中，特別是透過諮商師目標性的問題，加以補充、擴大，有時候也要修正。在我們的例子裡，因為一個內心團隊成員戴上眼鏡，看到一些他的同事到目前為止沒有看得那麼清楚的事，所以能夠把圖畫擴大。每一個團隊成員都用自己的眼睛看世界。

■在諮商實務中，情境系統圖可能會非常複雜和變化多端，特別是在職場上。那裡的整體相互關係通常有結構、歷史、關係變化和情境邏輯的面向：**結構上**的面向：層級，組織結構圖，委託人，角色等等。**歷史的**面向：事件的歷史：事件之前發生了什麼事，現在的情況是怎麼形成的？**關係變化**：誰站在誰的一邊基於什麼條件？**情境邏輯**：根據圖八十八（第312頁）調查情境中的四個內容。

無論如何，一張紙通常不夠用，我特別選擇了相互關係一目了然的例子，這樣讀者才不至於因為有太多樹木而看不見森林（雙重觀察方向的原則）。

- ■首先一定要調查出情境系統圖，然後加上尋求建議者的問題，建立起一個與內心陣容有關的基礎，這個清楚的關聯很重要，要不然我們內心的發言會越來越離題。
- ■兩張圖畫彼此互相關聯，並且在諮商過程中相互靠近：內心陣容越來越努力去符合情境系統的相互關係；相互關係也有可能因為內心團隊會議上越來越清晰的認知，認為有必要改變價值觀和目標。

原本這是給專業諮商師的方法論說明，結果變成了一本書，而這本書非常厚。我在這裡介紹了諮商方案的基本特色，基於以下原因：每個想要「正確」溝通的人必須依藉自我反省和自我諮商，藉雙重的觀察方向尋找和諧一致的溝通。如果任用一位溝通諮商師供內心團隊日常使用，並協助領導人執行艱難的任務，你覺得如何？你已經有一個了？沒錯！這本書就是為這位諮商師設計的小型在職進修。我希望這本書能對你有幫助。

參考書目

Adler, A.: Der Sinn des Lebens. Frankfurt a.M. 1973

Amendt, G.: Die bevormundete Frau oder Die Macht der Frauenärzte. Frankfurt a.M. 1985

Assagioli, R.: Psychosynthese. Reinbek 1993

Bach, G. R., und Torbet, L.: Ich liebe mich, ich hasse mich. Reinbek 1985

Bach, G. R., und Wyden, P.: Streiten verbindet. Spielregeln für Liebe und Ehe. Düsseldorf 1969

Bandler, R., und Grinder, J.: Neue Wege der Kurzzeittherapie. Paderborn 1985

Becker, E.: Hätte ich mich bloß anders geäußert! Das innere Team von Führungskräften im Falle mißglückter Kommunikation in beruflichen Kontakten. Unveröffentl. Diplomarbeit, Hamburg 1997

Becker, H., und Jager, K.: Teams müssen sich zusammenraufen. In: Harvard Business Manager, Hamburg IV/1994

Bliesener, T.: Sprache des Herzens. Peri- und Präverbale Modi von Kommunikation. In: D. Krallmann und H. W. Schmitz (Hg.): Akten des internationalen Gerold-Ungeheuer-Symposiums 1995. Münster 1996

Bock, T., und Deranders, J. E.: Stimmenreich. Mitteilungen über den Wahnsinn. Bonn 1992

Bossemeyer, C., und Lohse, A.: Team-Dialog. Entwicklung

und Erprobung einer neuen Methode für die Beziehungsklärung in Partnerschaften. Unveröffentl. Diplomarbeit, Hamburg 1995

Brückner, C.: Wenn Du geredet hättest, Desdemona. Ungehaltene Reden ungehaltener Frauen. Hamburg 1995

Casey, J. F.: Ich bin viele. Reinbek 1992

Chopich, E. J., und Paul, M.: Aussöhnung mit dem inneren Kind. Freiburg i.Br. 1993

Cohn, R. C.: Von der Psychoanalyse zur Themenzentrierten Interaktion. Stuttgart 1975

Cohn, R. C., und Schulz von Thun, F.: Wir sind Politiker und Politikerinnen – wir alle! In: R. Standhardt und C. Lohmer (Hg): Zur Tat befreien. Mainz 1994

Dangers, T.: Die Bedeutung der Vorbilder für gewalttatige Männer auf ihrer Suche nach Männlichkeit. Unveröffentl. Diplomarbeit, Hamburg 1993

Dostojewski, F. M.: Der Spieler. Frankfurt a.M. 1986

Dürckheim, K.Graf: Vom doppelten Ursprung des Menschen. Freiburg i.Br. 1973

Ellis, A.: Die rational-emotive Therapie. Das innere Selbstgespräch bei seelischen Problemen und seine Veränderung. München 1977

Ernst, H.: Das Ich in der Zukunft. In: Psychologie heute 12/1991, S. 20-26

Ferrucci, P.: Werde, der du bist. Reinbek 1986

Fisher, R., Ury, W., und Patton, B.: Das Harvard-Konzept. Sachgerecht verhandeln – erfolgreich verhandeln. Frankfurt a.M. 1993

Frank, A.: Tagebuch. Frankfurt a.M. 1992

Frankl, V.: Ärztliche Seelsorge. Munchen 1975

Gergen, K. J.: Das übersättigte Selbst. Heidelberg 1996

Glasl, F.: Konfliktmanagement. Bern 1990

Goethe, J. W.: Faust. Erster und Zweiter Teil. München (1977)

Goldhagen, D.J.: Hitlers willige Vollstrecker. Berlin 1996

Goleman, D.: Emotionale Intelligenz. München 1995

Goulding, M.: Kopfbewohner oder Wer bestimmt dein Denken? Paderborn 1996

Hager-van der Laan, J., und van der Laan, K.: Beurteilungsverfahren in kooperativen Arbeitsbeziehungen. In: R. Selbach und K.-K. Pullich (Hg.): Handbuch Mitarbeiterbeurteilung. 1992

Hager-van der Laan, J., und van der Laan, K.: Rolle und Selbstverständnis – Der Einzelne in der Auseinandersetzung mit der ärgerlichen Tatsache der Gesellschaft. Unveröffentl. Seminarskript 1984

Hesse, H.: Der Steppenwolf. Frankfurt a.M. 1974

Huber, M.: Multiple Personlichkeitsstörung. In: Verhaltenstherapie und psychosoziale Praxis 1/1994, S. 61-71

Huber, M.: Multiple Persönlichkeiten. Überlebende extremer Gewalt. Frankfurt a.M. 1996

Jenninger, P.: Rede zum 50. Jahrestag der Judenpogrome in der Gedenkstunde des Bundestages. Abgedruckt in: Frankfurter Rundschau, 11. 11. 1988

Jun, G.: Charakter. Berlin 1989

Jung, C. G.: Über die Psychologie des Unbewußten. Frankfurt a.M. 1975

Jungk, R.: Trotzdem. München 1993

Kahl, R.: Eine Parole, die Geschichte lostrat. In: taz, Hamburg, 8./9. 11. 1997

Kast, V.: Der schöpferische Sprung. München 1989

Kleist, H. von: Über die allmahliche Verfertigung der Gedanken beim Reden. In: Sämtliche Werke, Gutersloh o.J.

Klemperer, V.: Ich will Zeugnis ablegen bis zum Letzten. Berlin 1995

Kuhl, J., und Kazen, M.: Persönlichkeits-Stil und Störungs-Inventar (PSSI). Göttingen 1997

Lau, J.: Hystorischer Fortschritt. Nachrichten aus der Psychoszene. Die Zeit Nr. 25, 13. 6. 1997

Matt, E.: Episode und Doppel-Leben. Zur Delinquenz Jugendlicher. In: Monatszeitschrift für Kriminologie und Strafrechtsreform 3/1995, S. 153-164

Meckel, A.: Deutschland – Japan. 100 Ansichten. Düsseldorf 1989

Metzger, W.: Psychologie und Pädagogik zwischen Lerntheorie, Tiefenpsychologie, Gestalttheorie und Verhaltensforschung. Bern 1975

Meyer, A.: Die Arbeiter vom Erlebnisdienst – eine qualitative Studie zum subjektiven Erleben des Arbeitsalltags von Clubanimateuren. Unveröffentl. Diplomarbeit, Hamburg 1997

Moeller, M. L.: Die Wahrheit beginnt zu zweit. Reinbek 1992

Müller, K.: Homiletik. Ein Handbuch fur kritische Zeiten. Regensburg 1994

O'Connor, J., und Seymour, J.: Neurolinguistisches Programmieren: Gelungene Kommunikation und persönliche Entfaltung. Freiburg i.Br. 1992

Orban, P.: Der multiple Mensch. Frankfurt a.M. 1996

Ornstein, R.: Multimind, ein neues Modell des menschlichen Geistes. Paderborn 1992

Redlich, A.: Berufsbezogene Supervision in Gruppen. In: A. Redlich (Hg.): Materialien aus der Arbeitsgruppe Beratung und Training, Bd. 19. Hamburg 1994

Redlich, A.: Konfliktmoderation. Hamburg 1997

Reimann, H., u.a.: Basale Soziologie: Hauptprobleme. München 1975

Richter, H. E.: Eltern, Kind und Neurose. Reinbek 1969

Riemann, F.: Grundformen der Angst. München 1969

Rinser, L.: Mit wem reden. Frankfurt a.M. 1984

Rogoll, R.: Nimm Dich, wie Du bist. Freiburg i.Br. 1976

Saß, H., Wittisch, H.U., und Zaudig, M.: Diagnostisches und statistisches Manual Psychischer Störungen. In: DSM IV, übersetzt nach der vierten Auflage des Diagnostic and Statistical Manual of Mental Disorder der American Psychiatric Association. Göttingen 1996

Satir, V.: Meine vielen Gesichter. München 1988

Saum-Aldendorf, T.: Die 100 Gesichter der Hysterie. Streit um die Modediagnose Multiple Persönlichkeit. Interview mit V.Dittmann. In: Psychologie heute 4/1996

Sautter, Y.: Inneres Team: Welche inneren Konstellationen ergeben sich berufsspezifisch in bestimmten Standardsituationen, hier am Beispiel von Werbefilmregisseuren? Unveröffentl. Diplomarbeit, Hamburg 1997

Schlegel, L.: Die Transaktionale Analyse. Tübingen, Basel 1995

Schulz von Thun, F.: Laudatio auf Ruth Cohn. In: Zeitschrift für

Humanistische Psychologie 4/1980, S. 7-12

Schulz von Thun, F.: Miteinander reden 1. Störungen und Klärungen. Reinbek 1981ff.

Schulz von Thun, F.: Erziehung als zwischenmenschliche Kommunikation. In: B. Fittkau (Hg.): Pädagogisch-psychologische Hilfen für Erziehung, Unterricht und Beratung. Braunschweig 1983

Schulz von Thun, F.: Miteinander reden 2. Stile, Werte und Persönlichkeitsentwicklung. Reinbek 1989ff.

Schulz von Thun, F.: Praxisberatung in Gruppen. Weinheim, Basel 1996

Schulz von Thun, F., und Stratmann, R.: Zur Psychologie der Zivilcourage. Ein TZI-Lehrversuch – Reflexionen zum Prozeß und Erkenntnisse zum Thema. In: G. Portele und M. Heger: Hochschule und Lebendiges Lernen. Beispiele für Themenzentrierte Interaktion. Weinheim 1995

Schwanitz, D.: Der Campus. Frankfurt a.M. 1995

Schwartz, R. C.: Systemische Therapie mit der inneren Familie. München 1997

Sieg, E.: Beim Frauenarzt/bei der Frauenarztin. Auswirkungen herkömmlicher Machtstrukturen und emanzipatorischer Entwicklung in der Gynäkologischen Situation auf das Leben und Erleben von Frauen. Unveröffentl. Diplomarbeit, Hamburg 1988

Stahl, E.: Dynamik in Gruppen. Handbuch der Gruppenleitung. Hamburg, 2. Aufl. 2008

Stevens, J. O.: Die Kunst der Wahrnehmung. Übungen der

Gestalttherapie. München 1975

Stevenson, R. L.: Dr. Jekyll und Mr. Hyde. Stuttgart 1984

Stierlin, H.: Ich und die anderen. Psychotherapie in einer sich wandelnden Gesellschaft. Stuttgart 1994

Strathenwerth, I.: Hör mal, wer da spricht. In: Die Zeit Nr. 43, 20. 10. 1995, S. 82

Stone, H., und Stone, S.: Du bist viele. München 1994

Thomann, C.: Klärungshilfe 2. Konflikte im Beruf. Reinbek 1998

Thomann, C., und Schulz von Thun, F.: Klärungshilfe 1. Handbuch für Therapeuten, Gesprächshelfe und Moderatoren in schwierigen Gesprächen. Reinbek 1988ff.

Tolstoi, L. N.: Krieg und Frieden, Bd. 1 und 2. München 1990

Tonnies, S.: Selbstkommunikation. Heidelberg 1994

Wagner, A., u.a.: Bewußtseinskonflikte im Schulalltag. Weinheim 1984

Wille, A.: Voice Dialog – Dialog der Stimmen. In: Praxis Kinderpsychologie, Kinderpsychiatrie 40/1991, S. 227-231

Winkler, M.: Die Flöhe und die Wanzen gehören auch zum Ganzen, Befragung junger Trainerinnen und Analyse ihrer beruflichen Ersterfahrungen. Unveröffentl. Diplomarbeit, Hamburg 1993

Zirkler, M.: Das innere Ensemble als Beratungsmethode. Eine Erprobung in Erstgesprächen. Unveröffentl. Diplomarbeit, Hamburg 1996

國家圖書館出版品預行編目資料

我與內心團隊的溝通心理學 / 費德曼.舒茲.馮.圖恩(Friedmann Schulz von Thun)著；彭意梅譯. -- 初版. -- 臺北市：商周出版：家庭傳媒城邦分公司發行, 2018.07

面； 公分. -- (Live & learn ; 43)
譯自：Miteinander reden. 3 : Das "Innere Team" und situationsgerechte Kommunikation : Kommunikation, Person, Situation.

ISBN 978-986-477-500-2 (平裝)

1.溝通 2.傳播心理學

177.1 107010559

我與內心團隊的溝通心理學

Miteinander Reden 3: Das „innere Team“ und situationsgerechte Kommunikation: Kommunikation, Person, Situation

作　　者／費德曼．舒茲．馮．圖恩（Friedemann Schulz von Thun）
譯　　者／彭意梅
責任編輯／余筱嵐

版　　權／林心紅
行銷業務／林秀津、王瑜
總 編 輯／程鳳儀
總 經 理／彭之琬
發 行 人／何飛鵬
法律顧問／元禾法律事務所 王子文律師
出　　版／商周出版
台北市104民生東路二段141號9樓
電話：(02) 25007008　傳真：(02)25007759
E-mail：bwp.service@cite.com.tw
Blog：http://bwp25007008.pixnet.net/blog
發　　行／英屬蓋曼群島商家庭傳媒股份有限公司城邦分公司
台北市中山區民生東路二段141號2樓
書虫客服服務專線：(02)25007718；(02)25007719
服務時間：週一至週五上午09:30-12:00；下午13:30-17:00
24小時傳真專線：(02)25001990；(02)25001991
劃撥帳號：19863813；戶名：書虫股份有限公司
讀者服務信箱：service@readingclub.com.tw
城邦讀書花園：www.cite.com.tw
香港發行所／城邦（香港）出版集團有限公司
香港灣仔駱克道193號東超商業中心1樓
E-mail：hkcite@biznetvigator.com
電話：(852) 25086231 傳真：(852) 25789337
馬新發行所／城邦（馬新）出版集團【Cite (M) Sdn. Bhd.】
41, Jalan Radin Anum, Bandar Baru Sri Petaling,
57000 Kuala Lumpur, Malaysia.
Tel: (603) 90578822 Fax: (603) 90576622
Email: cite@cite.com.my

封面設計／李東記
排　　版／極翔企業有限公司
印　　刷／韋懋印刷事業有限公司
經 銷 商／聯合發行股份有限公司
電話：(02) 2917-8022 Fax: (02) 2911-0053
地址：新北市231新店區寶橋路235巷6弄6號2樓

■2018年7月17日初版
定價480元

Printed in Taiwan

城邦讀書花園
www.cite.com.tw

 ISBN 978-986-477-500-2